U0943509

基因中的人类简史

［澳］克里斯廷·肯奈利——著
李孚声　杨欣然——译

天地出版社｜TIANDI PRESS

图书在版编目（CIP）数据

基因中的人类简史 /（澳）克里斯廷·肯奈利著；李孚声，杨欣然译. —成都：天地出版社，2018.11
ISBN 978-7-5455-4119-9

Ⅰ. ①基… Ⅱ. ①克… ②李… ③杨… Ⅲ. ①世界史—通俗读物 Ⅳ. ①K109

中国版本图书馆CIP数据核字（2018）第192475号

著作权登记号 图字：21-2018-450

基因中的人类简史

JIYIN ZHONG DE RENLEI JIANSHI

出品人	杨 政
著　者	［澳］克里斯廷·肯奈利
译　者	李孚声　杨欣然
责任编辑	张秋红
装帧设计	思想工社
责任印制	葛红梅
出版发行	天地出版社
	（成都市槐树街2号　邮政编码：610014）
网　址	http://www.tiandiph.com
	http://www.天地出版社.com
电子邮箱	tiandicbs@vip.163.com
经　销	新华文轩出版传媒股份有限公司
印　刷	河北鹏润印刷有限公司
版　次	2018年11月第1版
印　次	2018年11月第1次印刷
成品尺寸	165mm×235mm　1/16
印　张	21.5
字　数	310千
定　价	58.00元
书　号	ISBN 978-7-5455-4119-9

咨询电话：（028）87734639（总编室）
购书热线：（010）67693207（市场部）

谨以此书献给 J&D

知名媒体评论

这本书从一个睿智、绝妙和极其有趣的视角讲述了DNA如何“揭开那些原本销声匿迹的历史真相”。……肯奈利向人们展示了从一些确定检测技术和一点点唾液之中，我们可以提炼出多少远见和卓识。本书内容宏大，叙事扣人心弦，科学的解释令人叹为观止，笔触生动，娓娓道来，再加上精妙的判断，使其成为遗传领域最丰富、新颖和有趣的畅销书。

——《纽约时报书评》

对于家族谱系的质疑可能会让人生发生翻天覆地的变化……然而有一点人们还没有引起足够的重视，那就是家谱学可以揭开涉及我们所有人的秘密：人类的起源、世界政治史，以及决定现代生活社会结构的本源。正如克里斯廷·肯奈利在这本引人入胜的新书中写到的那样，家谱学的发展带给我们前所未有的“历史透明度”。支持家谱学的最佳论点如下：它揭示出了先天遗传和后天影响，我们每个人都可以通过了解与判断让那些隐藏的历史重见天日。

——《纽约时报》

家族的难解之谜——祖父是谁——激励着科普作家

克里斯廷·肯奈利去探寻“人的身份”这一文化现象。她全身心地投入其中，重新评判了那些颇具争议的家谱学惯例，仔细审视了DNA测试技术。这部精彩的作品穿插着很多引人入胜的真实故事。

——《自然》杂志

这部新颖、刺激的作品，将核心关注点聚焦在人类身份的构建上，综合运用了心理学、社会学、哲学和孟德尔遗传学等多个学科的方法，对各个人类族群的案例进行分析，揭示出了DNA、文化和环境之间相互作用的关系……肯奈利通过本书告诉人们：基因的遗传特征会因为其他基因、非编码DNA和体内的化学变化等因素而改变。她认为一个人对自己身份的了解与他（她）的遗传基因至少具有同等重要的作用。

——《纽约客》

是基因的历史造就了现在的我们吗？我们从细胞内的基因历史痕迹中又能发掘出多少关于它的事实呢？我们又想去了解多少呢？肯奈利女士将目光着眼于全球范围，通过一个个故事的讲述，既带我们领略了当今生物学最专业的领域，又不失对历史大局观的把握。

——《华尔街日报》

肯奈利以动人的笔触，审视了外界环境对个人健康的直接影响，以及世代累积的文化因素的长期影响。为此，她采访了分子生物学家、人口遗传学家、家谱学家、世界上最大的人口档案库的负责人。肯奈利将这些有趣的材料组织成复杂而有趣的叙事，娓娓道来。同时，她将个人历史与人类历史混合在一起进行分析，通过这样的方式向读者提供了跨越自然科学、社会科学和哲学的学识和阅读体验。

——《出版者周刊》

推荐序

暑假，一位出版界的朋友送给我一本即将面世的新书——《基因中的人类简史》，其时，适逢我在西北探亲旅行途中，于是便在舟车劳顿之余闲来翻看，没想到却被其中的内容深深吸引。

作者克里斯廷·肯奈利是一位知名作家，她以人类历史及家谱、文化、习俗、遗传疾病等社会现象为背景，以人类族群在非洲、亚洲、澳洲、欧洲、美洲等地的迁徙、融合与冲突为线索，充分利用基因组计划及基因检测等现代技术的最新成果，揭示出了很多不为人知的历史事实。作者还对社会、文化和基因技术的关系进行了理性的思考，倡导政府和个人积极合理地运用基因技术为社会和个人健康服务，并从遗传的角度驳斥了种族优越论——“从历史的角度研究人类的差异，把相关文化的、社会学的、历史的、遗传学的、进化生物学的因素整合起来思考”。

书中关于人类迁徙、族群形成、历史演进与基因之间关联的分析，也恰恰激起了我在旅途中的一些思考：散落在环青海湖区域、辽阔的祁连草原，以及其他长河大漠、群峦叠嶂间的人们，是如何繁衍、联系、会聚成一个族群、一个社会的？丝绸之路又是如何冲破地理的天然阻隔，促进了不同地域、民族和国家的人员、商品以及技术的交流？这种交流在中华民族的基因库中又留下了怎样的历史痕迹？那些早已埋入戈壁黄沙中的西域古国的历史，我们能够从现代人的基因中解读出来吗？好书常常可以激荡头脑，阅读的乐趣尽在于此。而读到基因与人类特征的关系时，我不禁再次回看探亲途中家族祖孙四代、妻子祖孙三代的合影，发现血缘相近的各人样貌、神态，确乎相似，不由得佩服基因的强大。坦率地说，我原本对于人类文明的起源、历史脉络、各个族群的演化、遗传基因等并非了解至深，读过本书以后却有一种豁然开朗的感觉：原来，在人类迁徙、演进的历史链条中，基因一直隐藏在千姿百态甚至千奇百怪的社会现象背后，不自觉地发挥着强大的作用；基因分析使我们在看待纷繁复杂的人类社会现象时多了一分科学的理性，多了一种精妙的工具，也多了一份尊重、包容和自我批评的心态。

作者非常善于使用基因技术的最新成果来揭示隐藏在其中的历史。比如，人们早先知道"Y"染色体是按照父传子的方式传递的，而最新的研究显示线粒体DNA是按照母传女的方式传递的，两者均是"顺着单一线路遗传"，因此基因在母系中也有与父系"对等"的遗传脉络："线粒体DNA同Y染色体是一样的，因为母亲的线粒体DNA是不能同父亲的线粒体DNA再组合的，因此，父亲的线粒体DNA不再传递，而母亲的线粒体DNA仍要遗传给她所有的孩子。如果她有很多女儿，她的线粒体DNA从此就会广泛散播。"现代美洲土著人的Y染色体绝大多数出自欧洲祖先，而他们的线粒体DNA却不是这样，这种基因构成揭示出了以下的史实：最初的美洲殖民者都是男性，当他们涌入美洲后，杀掉了大部分当地的男性人口，比较彻底地消灭了土著男性的Y染色体；同时他们同土著女性繁衍的后代继承了这些殖民者的Y染色体，而他们孩子身上的线粒体DNA则是由土著母亲遗传下来的。

从现代遗传学来看，基因是生命信息的唯一传递者，生命体是基因表达的载体。人作为最重要的生命体，每个细胞的遗传信息都由23对染色体承载，其中22对是常染色体，一对是决定性别的性染色体。女性拥有两个X

染色体（XX），而男性拥有一个X染色体和一个Y染色体（XY）。也就是说，儿子继承来自父亲的Y染色体和母亲的X染色体，女儿继承父母的X染色体。人类社会很早就开始以男性为主线构建家族脉络，好像我们的祖先在现代遗传学出现几千年之前就“知道”了Y染色体这条遗传线索，不能不说这是惊人的巧合。

书中关于家谱的理性分析也很有意思，读者可以从非伦理学的视角，更好地理解家谱为何得以在中国延续2000年之久，并思考它的意义所在。即便在当今社会，很多国人、家族也非常重视传统姓氏家谱的编纂和更新。家谱可以帮助一个人找到自己在家族历史中的位置，进而找到个体在人类历史长河中的位置，成为个人身份认同的根基。家谱通常以男性为主线，女性为配角，记得前几年，汤氏家族续修家谱，我从父亲那里得知每户只有汤姓男丁才有资格捐资。而事实上，从基因差异的角度考虑，男性女性之间的差别极小，不同族裔、人种之间的差别亦是如此。现代种族主义者可能希望有些DNA比其他DNA更为尊贵，但是人类基因组中没有什么东西可以用来“装点”种族主义——比如具有某种基因的人会比其他人更聪慧、美貌或纯洁。这在一定程度上也应验了2000多年前的那句话：“王侯将相宁有种乎？”家谱的主要作用是让我们知道“我是谁，我从哪里来”，尊重先辈并凝聚血缘关系，从而慎终追远；家族血缘或种族血统绝不是自傲或自卑的依据。

之前，人们常常认为基因只是循着固有的自然规律作用于人类，但是作者在书中提出了不同的观点，她认为人类社会活动、文化、环境对于基因同样具有非常大的影响，会在基因中留下“烙印”，这些烙印反过来也会影响到人类社会与文化，人们也可以对基因的传承施加有益的影响。“环境改变基因的方式并不是含糊不清的：我们听到、看到、感觉到和触摸到的一切事物，都通过某种类型的生化作用转化到我们的机体组织中。”80年前的流感大爆发在你祖先基因中留下的标记，可能以某种方式遗传给你，并对你的身体产生影响。人们也可以通过基因检测、致病基因筛查，有效地减少“地中海贫血症”“亨廷顿病”等遗传疾病的发生率。“遗传并不像我们害怕的那样具有决定性的作用。越来越多的证据显示，文化、历史给予我们的影响比我们知道的要更加深远。”正如遗传学家兼科学博客作者拉吉比·汗所说的那样，“文化是博大厚重的，而基因是光滑细腻的。”我们在利用基因解读过去的同时，也可以放眼未来。

转眼间，暑期里快乐的旅程行将结束了，书也已读到尾声。能够在旅程中有这样一本书陪伴，与这样一位智者“同行”，实属有缘。看过最后一页，合上整本书，闭上双眼，让思绪尽情舒展，仿佛刚刚完成一次穿越时空的旅行。读书，就是一次思想的对谈，读者与作者。我深感作者知识之广博、评论之理性、态度之包容，思考问题的视角不拘一格，能将故事性、趣味性、科学性、批判性在一本书中兼容并蓄，实为可贵，读完让人意犹未尽，故提笔写下所思所感，是为序。

汤顺清　暨南大学博士生导师

2018年8月26日于广州暨南园

译者序

我是从一位美国朋友那里第一次听说《基因中的人类简史》的，他告诉我，读完这本书，他由衷地感觉真实的历史比虚构的小说更为精彩：命运、冒险、抗争、谜团、预言、宿命、真理，基因揭示的人类历史仿佛是一部悬疑小说，但却又如此真实地发生在了现实的世界里。

对于本书如此高的评价，起初我是将信将疑的。不过作者的履历让我对这本书有了一些期许：克里斯廷·肯奈利是一位知名记者，她的文章经常见诸《纽约时报》《纽约客》《时代》等一线媒体，题材广泛，涉猎文化、历史、商业、经济、社会、科技、哲学领域，观点犀利，笔触生动；她还是一位作家，著有《文字起源》等畅销书，获得过《洛杉矶时代》畅销图书金奖等奖项，而这本《基因中的人类简史》一经出版就入选了《纽约时报书评》“年度百佳图书”。2018年，四川天地出版社决定出版《基因中的人类简史》中文版，我有幸参与了全书的翻译工作，并在图书上市之前一睹为快。

我是抱着审视的态度开始阅读的，不过立刻就被书中一个个历史的谜团吸引住了。肯奈利果然是一位讲故事的好手，她从自己祖父扑朔迷离的身世讲起，穿梭往来于广袤的时空之中，时而带你亲临几万年前人类走出非洲的十字路口，时而带你走进血雨腥风的德意志帝国，时而带你参观摩门教储藏档案的神秘岩洞，时而带你抽丝剥茧解开百年谜案。肯奈利在书中融合人类家谱学、遗传学、基因技术的最新研究成果，透过基因，从一个全新的视角解读历史。于是，读完本书，你会感觉杰弗逊、埃及法老、维京海盗、澳洲囚犯这些熟悉的历史人物，以及走出非洲、奴隶贸易、殖民主义、囚犯流放、大饥荒、大迁徙这些熟悉的历史事件，仿佛以基因和文化为媒介与我们每个人都产生了息息相关的联系。

与此同时，肯奈利也从社会学和人类学的角度出发对基因技术的历史和未来进行了深入的思考。不同于以色列作家尤瓦尔·赫拉利（著有《人类简史》）对基因技术的抨击，肯奈利对于基因技术应用于人类自身持开放的态度。虽然担心基因检测结果作为一种个人隐私遭到保险公司等机构的不当使用，但肯奈利鼓励人们检测自己的基因，并根据检测结果对生活作出调整，以获得更为健康的体魄，同时倡导政府规范隐私信息的保护，号召医学界将检测结果应用到诊断和治疗之中。这让我想到美国好莱坞女星安吉丽娜·朱莉的例子：朱莉通过基因检测得知自己是 BRCA1 突变基因携带者，加上其家族病史，她患上乳腺癌的概率是80%，于是在38岁那年，朱莉选择了手术切除双侧乳腺，将乳腺癌患病风险降到了5%。技术的发展从来都是双刃剑，基因技术也一样，是因噎废食、裹足不前，还是直面问题、迎难而上，肯奈利在书中给出了自己鲜明的观点。

有文字记载的人类历史不过几千年，而基因中记载的历史则可以轻易追溯到几万年前，并可以通过技术精确地加以印证。每每在书中读到这样的案例，我都感觉曾经遥远的历史仿佛触手可及。比如，肯奈利在第十二章写道：地球上85%的人都携带有1%~3%尼安德特人的基因。尼安德特人是与人类完全不同的物种，它们与人类在物种上的差别，就像狮子和老虎之间的差别那么大。它是与现代人类的祖先“智人”同时期的物种，在人类的祖先走出非洲以后，正是因为与尼安德特人之间的物种融合，才变得更加耐寒，肤色也变得更浅，并且更加适合北半球的环境。难以想象是吗？几万年前的人类历史，竟然可以从现代人类的基因中解读出来！

美国国家奠基人、制宪元勋、总统托马斯·杰弗逊的案例更是一波三折，跌宕起伏。他与黑人女奴萨莉·赫明斯之间到底有着怎样的关系，他们是否留下了一支血脉一直延续到了现在？科学家们用Y染色体基因检测技术，解开了这个萦绕了200年之久的历史谜团。在肯奈利环环紧扣的讲述下，这个故事读来颇有法医探案的感觉。

肯奈利的推理与想象也给我留下了深刻的印象。在讲述家谱树时，她这样描述道：如果沿着你的家谱树一直往上追溯，父辈、祖父辈、曾祖父辈、高祖父辈……当你追溯到3000年前的时候，那么当时生活在世界上并且留下后代的每一个人都将出现在你的家谱树上，他们都是你的祖先！包括埃及法老、周武王、亚述王等等。也就是说，现在世界上活着的每一个人，包括你、普京、梅西、乔丹，在3000年前都拥有共同的祖先！

说到基因中的人类历史，遗传疾病是其中不可或缺的内容。肯奈利对这部分的讲述很好地诠释了人类利用基因技术与宿命进行抗争的精神，尤其是对亨廷顿病历史的描述更是如此。亨廷顿病是由亨廷廷基因变异导致的单基因遗传疾病。一旦到了发病的年龄，病人的四肢和身体会不停地摆动，不但会慢慢失去控制身体的能力，还会失去记忆和思考能力。他们可能还会性情大变，经常会攻击自己的亲人。这种衰退是缓慢而不可逆的，在许多年的过程中逐渐显现。从发现亨廷顿病具有遗传性，到确定其致病的亨廷廷基因，人类走过了100多年的漫长历程。现在，人类已经可以利用基因技术检测出亨廷顿病的致病基因，也可以使用基因技术帮助携带致病基因的夫妇生育健康的后代。这是了不起的进步！

在亨廷顿病的研究中，人们还发现亨廷廷基因也存在于一种黏菌体内，当研究人员关闭黏菌的亨廷廷基因时，黏菌会生病；而当研究人员把健康人类的亨廷廷基因移植到黏菌体内时，黏菌奇迹般地恢复了健康。

这说明存在一种生活在几亿年前的物种，它是人类和黏菌共同的祖先，亨廷廷基因就是“家谱”证明。基因将“人类”的历史瞬间回溯到了几亿年前，让人叹为观止！

村上春树在《1Q84》中曾写道：“人类最终只不过是基因的载体，或者说是基因的通道，基因就像骑着赛马一样一代接一代地骑着我们跑进赛场。”然而，人类会甘心永远只做基因的“坐骑”吗？现在，我们可以透过基因逐步解密历史；也许在不远的将来，我们就可以透过基因改变未来了。正如肯奈利在书中所言：基因是你人生拿到的第一副牌，怎么打就看你的了！

自 序

我写本书的目的，是想以一种自然的方式把普通读者对家族长辈、祖先所存在的疑问和我们对人文科学、自然科学的思考放在一起进行综合研究。传统领域的研究是相互借鉴的，这在当今个人基因组和DNA大数据时代更是如此。当我开始写作时，我同哈佛大学的迈克尔·麦考密克有过一次难忘的谈话。麦考密克是一位研究古罗马帝国和中世纪史的历史学家，后来他又把研究兴趣从古代手抄稿拓展到了Y染色体、古代火灾后土壤中的木炭层和古代人骨里的同位素。他说："在19世纪，公认的历史证据只有书面记录，而现在的证据是有关原子的无序排列和基因。史前的历史与有文字记载的历史之间，即便不是融为一体的，其界限也是很模糊的。"

我的研究集中在遗传和我们对遗传的哲学思考方面，这两个方面或是全新的，或是没有得到足够的重视。然而，这两方面的无形性使它们更加有趣。本书内容取材于心理学、经济学、历史学、遗传学，还有商业和科学领域的趣闻逸事和数据，以及许多有魅力的人物的生活经历。从某种程度来讲，所有这些领域都对几代人所传承的东西提供了范例，而且这些学科相互联系，融会贯通。我希望在本书完成时，祖先的概念能够把遗传学和历史学这两门学科卓有成效地结合起来，并且引领我们将这两种截然不同的数据统一运用起来。

本书主要聚焦于个人的基因、生活经历和独有特征之间的联系，以及遗传学和基因组学能够给予我们的相关知识。当然，由于篇幅有限，有一些非常吸引人的调查发现不能收入本书，譬如，本书将不涉及双胞胎的研究以及遗传因素造成双胞胎差异等问题。在我们能够深入探究基因组之前，对于双胞胎的研究，是有关遗传研究的最佳途径之一。同卵双胞胎具有相同的基因组，因此，当他们的相貌出现了不同，聪明才智出现了差异，或患上了不同的疾病时，我们才知道同样的基因组可能以不同的方式表现出来。我们还可能了解到，哪些环境因素会通过基因组影响一个人。对遗传学家说来，双胞胎永远是个有趣的题目，但是，对于“什么东西遗传了下来”这一问题，传统的双胞胎研究只是采取了间接的方法。

撰写一部关于DNA的书有它自身的难题，因为自然科学家和人文学者对这个主题常常有不同的看法，其他人可能还会有另外的看法。到目前为止，对于基因与健康、基因与文化、基因与历史、基因与种族、基因与特征之间的关系，几乎还没有综合性的研究。我们经常认为生命中的这些方面毫不相关，而且当我们试图了解DNA所起的作用时，往往只从某一个角度看问题，然而，DNA的演进实际上并不像我们设想的那样。

常常会出现这样的情形：当人们讨论DNA时，他们谈论的根本不是DNA本身，而是有关生物决定论、种族歧视、性别歧视等观念，或者有关所有权的概念等问题。或者人们内心有一种愤怒的抵制情绪，他们绝对不能接受自己的命运被不能控制的东西左右。人们有时强调：在DNA中发现的共同因素证明了我们是一个大家族的成员，而DNA中的不同因素又造成了我们之间存在着许多的差异。在书中某些合适的地方，我将努力对这些人们所关注的问题直接进行探寻，而当我用DNA一词时，我指的就是DNA，而无其他意思。

DNA如何塑造我们的身体？这是一门富有趣味但仍处于形成阶段的科

学。目前最可靠的研究成果就在肌体健康和肌体特征等方面，因此我主要采纳这些领域的研究成果。DNA是否影响到人的行为、决策能力，以及复杂的人类特性，例如语言和智力？当然会影响，但可能不是很多人想象的或害怕的那样。目前，遗传学中最为复杂的问题之一是DNA在人类常见疾病中所起的作用。如果我们一旦找到了这些难解之谜的答案，遗传学和人的行为之间的关系可能就会变得更为清晰了。

为了便于从事科研工作的读者理解本书，我想作一点说明。当我谈到基因组的位置时，我可能会用“位点”或“部位”等词来表达。当我讨论单核苷酸多态性时，我经常用“微粒”一词来代替。有时我用“基因”一词意指基因里所有可能的等位基因，有时则仅指一个等位基因，例如在“一个特定条件下或特征里的等位基因”一句话中的“等位基因”。

目录
CONTENTS

第三部分 遗传是如何塑造身体和健康的

前言

我们追寻着祖先的脚步，谁都无法置身其外。

——Midnight Oil乐队

一个人不能，也绝不允许，仅仅因为过去不适应现在就把过去从历史中抹去。

——戈尔达·迈尔

飞机从正北朝着正南飞行，我朝窗外望去，看到了喜马拉雅山的顶峰。这山峰先是呈云朵状，然后化为冰雪覆盖的悬崖峭壁，完完全全矗立在云海之中。这样的景象尽管我过去看到过多次，但每一次都让我非常惊讶。看到这景象，我实实在在地感到我正处在非常高远、非常奇特的环境之中。三万英尺的高度，阳光洒满机身，前方夜幕降临，我们正朝着黑暗急速飞行，然后迅速穿过黑暗，几个小时后当飞机降落时，我们将迎来清晨。

“看哪，CB！”我让男友注意窗外的景象。他问我山上是否有人，可能有吧，我想，但即便是有人，此时此刻也只是山上的人和我们这些长途飞机里边的乘客。我们正沿着人类环境外壳的边缘飞行，我们的下方，有60亿人在呼吸，在生活；我们的上方，却没有任何能够呼吸的生物。

这个时候，我有点疲倦，看不了书了，何况还喝了不少葡萄酒。我所能做的就是凝神沉思。这时，现实又回到身边，飞机上有一半人处在半睡半醒的状态，另一半人怕惊醒这些人，总是从他们身边小心翼翼地跨过去，厕所门前也老是排着长队。在这次飞行之前，我和男友有过几次令人兴奋而且寓意深长的飞行。我们是在英格兰相识的，这次旅行是飞往墨尔本去看望我的父母。将来某一天，我们俩也会成为父母，当时，这真是个非比寻常的想法，但是对于如何当父母，我们却知之甚少，连这事的一半都不了解，甚至不知道自己不了解的那一半是什么，这话听起来有点像老生常谈。

当飞机飞过印度洋时，我想起了一件事，这件事我一直都不太了解。我有一个高祖爷爷名叫迈克尔·迪根，170年前，就在同一时间，他也朝着这个方向乘船航行，从北半球一路南下，前往南半球。当时他只有15岁，乘坐的是金尼尔号三桅帆船，整个航程是105天。船驶离都柏林港时，船上有174人，等到达澳大利亚时，有两人死去。迪根离开家时，那个国家正要闹饥荒。在那以后的10年中，有100万人饿死，250万人外出逃荒。迪根是因为偷了一条手绢而作为罪犯被流放到范迪门地（塔斯马尼亚岛）的，即便是他能有幸在刑满时活下来，也不允许返回家园。乘坐金尼尔号船的都是罪犯，但在他们到达目的地时，当中的很多人已变成顺民了。航行结束时，船上的医生在每个囚犯的行为报告上都做了记录："好""守法"，甚至"非常好"。但是，不知怎么的，迪根得到的记录却是"总找麻烦"。

在21世纪，我们乘坐快速航船穿越海洋，乘坐小型飞机穿越时空。通常我们知道上一两代人，也知道下一两代人，但是，死亡是横亘在我们与祖先和后人之间不可逾越的一条线。这条线使我们既见不到祖先，又见不到后辈。在西方，能够看见或非常了解上三代的人是不多见的。暂且不论我们了不了解他们，现在要考虑的是这些人究竟是不是对我们产生了影响呢?

从古至今，人类进行过一些重大的迁徙。在几十万年中，我们曾在非洲繁衍生息，后来，又大批地离开了非洲大陆，流向世界各地。人类的环球旅行在6万年前就开始了，在后来的45000年中，我们继续旅行，直到在地球上所有可以居住的大陆定居下来。

从9世纪的北欧海盗驾驶着维京大战船向海洋出发开始，在人类经历的扩张、奴隶制、香料贸易和终结于20世纪的殖民主义等各个时期，有许许多多的船只驶过海洋。这些航船载着远离出生地的冒险者、囚犯、奴隶和移民，他们中的大多数人再也无法返回家园。19世纪下半叶被称为人类大迁徙时期，在这次大迁徙的高潮中，有5500万移民从欧洲、亚洲、非洲大陆的旧世界涌入美洲和澳大利亚的新世界。就整个人类而言，无论是在许多人的生活中，还是在他们后代的生活中，那些航行都是至关重要的。从文化方面讲，迁徙永远改变了他们家庭的历史。从生物学的角度来说，这些船满载着人类基因组的混合样本，每到一地，他们都使整个人类的基因结构发生了改变，并在当地的人类基因库里释放新的变体，创造出前所未有的人体物质的重组形式，继而建立新型血统，这些血统又进一步扩展开来，形成分支，世世代代繁衍了下去。

我很想知道我的那位囚犯祖先是否想到过，他的后代有一天会审视他的生活，或者仅仅把他当作去世很久的家族成员中的一员，就仿佛是过往的一缕云烟。在那次恐怖的旅程之后，他又活了很多很多年，尽管我是在他故去多年后才出生的，但是与我说过话的人、与他说过话的人，也曾经一起说过话的。你看，我又回到人类的状况上来了。他和我分别接触过的人，互相之间也曾有过接触。虽然我们永远无法交谈，我无法见到他，也无法听到他的声音，但是可以说他现在仍然同我在一起，而且并不只是在我的思绪之中。这可不是比喻，而是事实，就像喜马拉雅山一样真实。我身上的某些信息就来自于他，如果我和男友结婚生子，这些信息中的一部分也会传给孩子。

我们本身就是一种器皿，每个人体内的每个细胞都是一个巨大的DNA储存库，存储着前辈们遗传给我们的30亿个碱基对。这是一个既定法则，这个法则对于与我同机的466位乘客来说都适用，无论他们乘坐的是几等舱，出于什么目的旅行。他们身体里都带有他们高祖辈的基因，带有他们祖辈和先祖的痕迹。在这架飞机上的是一个巨大的群体——在历史的长河中由千百万人传下来的1.4万亿个碱基对。我们能够一同起飞，这本身就是奇迹。

在我上小学二年级的时候，老师给我们留了一个作业，让我们回家询问父母的家族情况，并画出家族树。当天下午我就同父母讲了做作业的要求，同他们说我打算先写出我的名字和生日，再在我的名字上画出枝干，在枝干上写出父母的名字和职业，然后我再添加他们父母的名字和生日，然后我把线向上延伸，把他们连接起来。

我以前从未想过多少关于祖先的事。我的父母告诉我，我父亲的父母在我出生前就去世了，而我母亲的父母住在国外。但是在我精心制作的家族树上，我可以看出那些人曾经存在过，而且同我有关联。

老师告诉我，如果我幸运的话，我父母能说出他们的祖父母——我的曾祖父母的名字，还有他们生活的年代，都做过什么工作。

但是我不太幸运，虽然我父母对这个作业很感兴趣，但又为此感到很恼火，他们问我："你们老师为什么要问这些问题？是作业吗？这同她有什么关系？"

最后，我的父母提了几条建议，我自然把这些建议写了下来。当时他们本可以强压不满，对我撒谎，但他们并没有那么做，他们已经愤怒到无法去掩饰事实了。所以我很早就学到，一个人的过去可能会以奇怪的方式使人烦恼，对往事的记忆不但有意义，而且怪异。那件事使我对几个问题产生了伴随一生的兴趣：为什么家族很重要？家族对你有什么影响？尤其是为什么死去多年的人还在对活着的人产生影响？

现在几乎每个人都曾被问过类似的问题："你是谁？"对于这个问题，最古老、最普遍的冲动反应是急着谈及自己的家族。多年来，我本能地想用这种古老的、普遍的方式回答这个问题，但我没这么做——我在中学学习了生物学和历史，后来开始上学位课，并获取了各种研究方法。我偶尔在我妈妈那儿问一下我祖父母的情况，但是在多数情况下，对于我们家族、历史和特征等问题在我脑子里还是一团迷雾。

这种情况在1990年的一天发生了改变。这天，父母和我们兄妹五人坐在厨房里，爸爸郑重其事地说，到了该告诉你们真相的时候了。他说，那个生了他的人，也就是我们认为是爷爷的人，其实并不是爸爸的父亲，而是他的外祖父，已故去多年。爸爸的母亲是我们曾外祖父的女儿。

对于父亲来说，承认这个事实是很尴尬的。他在说这件事时说话都有点困难，现在我的记忆中还时时浮现出他那弯曲的胳膊和支撑着额头的手。那时母亲把手放在他的肩膀上，无声地安慰着父亲，而我们五个孩子只是呆呆地坐在那里，盯着他们俩异常痛苦的表情，没有一个站起来分担他们的痛苦，当时没有，后来也没有。自从我父亲出生以后，社会在迅速发展，至少在我们看来，如今很少有人像20世纪30年代那样在意生父身份的问题了。说来也真是奇怪，尽管我的父母非常保守，总想按照他们的意愿把我们培养成他们那样的人，但是我们五个孩子谁也不随他们。

这并不是说，我们很清楚发生了什么事。在那以前有一个事实我们谁也没有质疑过，这就是祖辈是一块小小的基石，奠定了我们后代的特征。这个说法是很合理的。但是听到父亲说出了真相，这个事实就破灭了。但凡听到这样的事情，人们往往都会举止失态，当时我就大声嚷道："我早就知道这里边有事！"我现在仍然对我这样的反应感到内疚，我发现爸爸虽然没有哭出来，但很明显，他把眼泪咽了回去。

后来怎么样了呢？我父亲不想再谈这件事了，可是我想谈。那个人，我实际上的祖父，叫什么名字？我应该姓他的姓吗？他到底是谁？我父亲长得像他吗？我长得像他吗？像所有正常的孩子一样，在很长的一段时间里，我曾经想象着如果父母突然离世，我会怎样活下去（我的旅行背包已经准备好，以防万一）。当时有半分钟的工夫，我又陷入了这个想象之中，没有注意周围的人，只知道身边有一个不为人所知的故事，一个解不开的谜。

但是，我父亲停止了这个话题。他说以前他曾经听人说过那个人的名字，但是他没有书面证据证明这个名字同他有什么关系，因此他也就不便告诉我们了。

然而，这正是我的症结所在，当你把亲人和信息放在一起时，你肯定会有一种神秘感和痛苦感，但是实际上你又能从中了解到什么呢？

我们那次飞过喜马拉雅山的旅行仅仅是个开始，之后我们又乘飞机多次旅行。现在CB和我已经结婚，住在墨尔本，我们在一无所有的境况下生了两个孩子，两个美裔澳大利亚孩子。

一天早晨，一个普通的早晨，我们全家人坐在厨房里，这所房子离我从小长大的家不远。吃过早饭，我们四个人把盘子往桌边一推，就开始盯着眼前一个盛满盐水的容器、一瓶冰凉的杜松子酒，还有四个盛满发着荧光的绿色液体的杯子，就像是要调制给人提神的鸡尾酒，可那时才上午十点，而我们的两个儿子，一个九岁，一个六岁。其实，我们是在做实验，要从我们的唾液里提取一些细胞，并分解这些细胞，找出隐藏在里面的DNA。

"DNA就是……" 我开始说话了。

"我知道DNA是什么。"我九岁的儿子打断了我。

"那好，是什么？"

"是你全身流动的一种物质。"他边说边用手指在空中划了个螺旋形圈子，"这种物质能告诉别人你是谁，说明你从哪里来，还形成了你的血型。"

我本打算上网查查维基百科，抄一下现成答案，可儿子的回答已经很圆满了。在上高三之前我没学过DNA，高三那年，按照老师的规定我学了一遍孟德尔的基因表，譬如，增加一两个显性基因，或一两个隐性基因什么的。孟德尔数据计算得很精确，我喜欢。但除此以外，我没想太多。当时，“基因”这个词还没有在社会上流传开来，但是很快情形就不一样了。从20世纪90年代开始，无论是科学工作者还是新闻记者，谈论什么话题都言必称“基因”，人的智力、语言、性格，就连红头发，都通通在基因里找到了体现特性的根据。虽然事情发生了很大变化，但是当年流行的很多理论今天仍在流行，譬如：

·基因是生物世界的原子。

·基因是刻在细胞中的时间老人、宿命、命运之手、生命的故事，无法逃避。

·基因也不是绝对的，仅仅是有时起作用而已。

·一个单一基因和一个单一特征之间的联系可能是清晰的，可观察到的。

·一个单一基因和一个单一特征之间的联系可能是模糊而复杂的。

·多个基因和单一特征之间的联系可能是可观察的，但是复杂的。

·一个基因的变异、缺失或增加，或者一部分看来不起任何作用的DNA，仍然可能对你的形成有着决定性的影响，或者一点儿影响也没有。

·基因组是人的条形码，是无法规避的、最为真实的特性。

·你就是你，这是令人震惊的、非常有力的、不可否认的事实，无论你去过什么地方，你都不能不留下痕迹——一根头发、一个细胞、一点儿口水痕迹，而这些痕迹都只属于你，都有可能让别人找到你。

在20世纪90年代后期，甚至出现过一个短暂但是引人注目的希望——不久以后我们就可以复制自己了。克隆人类几乎是当时每一个主流杂志和报刊上的题目，有时人们觉得如果哪个星期没有一篇关于克隆的文章，就跟这个星期没过似的。这些文章的语气如此急切，以至于我们觉得自己的复制品就要来敲门，索取车钥匙了。人们对克隆人的伦理问题进行过无休止的辩论，好像要讨论克隆人，伦理问题是最佳开场白。1998年，美国最知名的记者巴巴拉・沃尔特斯对非常有影响力的软件设计者、商业巨头比尔・盖茨进行了一次难得的采访。沃尔特斯对这位亿万富翁在世界上的影响和他个人对公司的影响提出了质疑。紧接着，她追问了一个让大家感到更尖锐、更应景的问题："你愿意被克隆吗？"盖茨非常明智地回答说不愿意。

直到2014年，仍然没有克隆人出现，记者们也早已不再问人们想不想被克隆的问题了。很多克隆出来的动物，像克隆羊多利，还有据说"已经绝种"后又复活的北山羊，都已死亡（有的夭折，有的死得很惨）。其他一些克隆动物，像世界上第一只克隆宠物（生于2001年）"拷贝猫"现在活得还挺不错（但是制造这个拷贝猫的公司已经不存在了）。在2013年，科学家有史以来第一次仅仅从一滴血中就克隆出了一只老鼠。在2014年，一家叫作秀岩生物的韩国公司宣布一只叫作"迷你威尼"的克隆腊肠狗诞生了，这只狗是为一位比赛获奖的英国女士制造的。

在世纪之交，我们坚信有一个比我们更具有"我们的特点"的种族即将出现，后来被证实是愚蠢的、根本行不通的，就像20世纪50年代我们预计现在所有的汽车都会飞一样。然而，这种痴迷会引发一个更为有趣的疑问，就是克隆人这个信念为什么行不通。我们现在知道：如果你提取了一个人的基因组，并打算从中培植出另一个人时，那个复制出来的人当然与第一个人有着许多相同之处，但也会有差异。这是因为，起码从理论上讲，你能够复制出一个基因组，但是你不能复制出促使这个基因组成长的准确的条件。基因对于它周围的环境是有反应的，这些基因随着环境变化，时而发展，时而停滞，而一个人的生活经历，就像我们的母亲告诉我们的那样，是独一无二的。即使是在同一个家庭里长大的同卵双胞胎，在身高、面部表情或者其他特征方面也是不一样的。而且一对双胞胎的年龄越大，生活经历越丰富，他们看起来就越不一样。

从科学方面来讲，真正使克隆人成为不可能的，并不仅仅是因为我们各自独一无二的生活经历，而且因为生命中那无数个会引发基因做出反应的因素都是不可预测、不可复制的，在某种程度上讲也是不可知的。我们怎么能把在一年中影响一个单一基因的因素量化呢？我们又怎么可能把人一生中影响到基因组的因素，按照准确的顺序和数量重现呢？比方说，在你八岁时经历过一个极为炎热的夏天；在你十岁时有过一次痛苦的遭遇；你在学校吃的所有面包都是由一种从外国进口的小麦粉做的，而这种小麦粉本身还拥有一段无法简化、难以复制的历史。

尽管如此，基因拥有的划时代的生命力仍在不断增长——媒体对于基因的报道无处不在，我们也想当然地把有关身体或情感上的一切都归因于基因，或者是明确地与基因划清界限。基因在涉及父母身份题材的文学作品中获得了越来越多的关注，它还可以为作案现场提供线索，以及在人类生命科学中起到关键作用。

CB和我拿起盛着盐水的杯子，往嘴里灌了一大口。我们应该把这水含在嘴里30秒钟，但是强烈的味道混着突然增多的口水，使我们很难把水含住。盐水从我们嘴里收集了细胞，盐分使细胞壁变软。最后我们把水吐到绿色的液体中，这液体的三成是水，一成是洗涤剂。“你身体里的细胞就像气球，”CB说，“在这些气球中还有一个小气球，叫作细胞核，洗涤剂先打破那个大气球，然后又打破细胞核，接着你的DNA就浮了出来。”

他拿起一杯盐溶液，说：“你们两个小家伙想试试吗？”

纳特挺浪漫，说道：“是不是有点儿海洋的味道？”

芬恩却无动于衷，说：“我可不试，我从来不干这事。”

我答应如果他试试的话就给他两块钱，芬恩立刻把水倒进嘴里。

当这两个孩子把他们嘴里混着细胞的盐水吐出来后，CB和我很小心地搅着混合液体，液体的颜色还是绿的，不过有点儿发混，表面浮起一层白沫，盐和洗涤剂正在分解细胞和细胞核。然后我们慢慢地加进杜松子酒，先把酒倒进勺子里，让酒顺着勺子流到杯子里，于是一层清亮的液体出现在绿色液体和泡沫之间。由于DNA不溶解于酒精，因此我们就能把DNA与漂浮在溶液上的其他细胞分开。我们等着白色的小块儿慢慢出现，等着蜘蛛网般的线在液体中形成。就在这条线迅速闪现的一秒钟里，我们四个人的眼睛都盯在同一点上，心里出现了同一个念头：要的就是这个！

我们拨弄着液体，一圈圈儿地搅动，观察着一缕缕顺水流动的块状物。在每一个块状物里都有一个密码，这个密码所包含的信息比天上的星星还要多。科学家说，这些信息不仅有可能勾勒出几万年人类基因的发展史，还有可能在历史的坐标中标示出我们自身的DNA所处的位置。在这四个杯子中有我们全家人的基因密码，有我们的两个帅男孩儿的基因，他们的基因一半是我的，一半是CB的，这些基因都是通过我们聚在一起的，他们两个是一个家族的后代。在这杯满是泡泡的液体里游动的块状物里有着氨基酸组合对子，这些组合对子在他们出生前，或者说是在我出生前就排列好了，这是千百代人DNA不断重组的结果。

我们自己的DNA能够告诉我们世界的历史吗？如果说能，是不是太武断了？对于我们大多数人来说，宏观的历史不是个人的历史，而是我们乐于去了解的东西，是一沓公认为重要的人和事的快照。

这些快照的最上面是我们认为属于当代的一切，有iPhone，有普锐斯汽车，有叙利亚的冲突，有首例H1N1病毒感染者。继而往下是一些魅力十足的发型、世界重大事件，还有过去几十年里荒诞的技术发明，譬如：与运动鞋一般大的手机，房子一样大的电脑等。

再往下是18、19世纪留下来的有关工业、航海和新闻业发端的画面。再往前就是被称为文艺复兴时期的精彩年代的画面了，在那个时期，人人作画，个个雕塑。再往下就是中世纪的画面，当时的农民身穿粗布衣，且疾病缠身。

在这些农民之前是北欧海盗（戴着有护鼻的头盔，乘坐配有很多船桨的帆船）。再往前是愚昧无知的黑暗时代（更肮脏的粗麻布衣服，更可怕的疾病）。在北欧海盗之前是古罗马人的画面（有马路、管道和狂欢场景），再往前是古希腊人的画面（神像、纪念柱、雕塑）。还有几幅《圣经》时期的画面（沙滩、骆驼、阳光），这些画面的下面就是一长串古埃及人的快照（金字塔、木乃伊，还有猫）。

当你看到木乃伊时，快照就剩薄薄的一层了，记录在图像中的是一段漫长的、混杂的野蛮时期。这个时期里的人都身穿兽皮，手执武器。快到底层的是石器时代的模糊图像（石头、凌乱的头发、穴居住所），再往下就剩几张照片了。这些照片太暗了，几乎看不出什么内容。一个洞穴，一堆赭土，最底层的一张是一个长得像黑猩猩的东西。

这些快照是分散的不相关的，但是照片承载的历史却是连续不断的。我们可以顺着我们创建的记录，沿着载有六千年的文字记录、四万年的图画追寻历史。我们还可以顺着口述史实、谣传轶事和代代相传的故事追寻历史。现在，我们可以顺着一条最长的线索追寻，这就是DNA。

为什么要去关注我们来自何方？或者为何人之后？是因为那些从上几代人身上遗传给我们的东西吗？祖先的生活对于我们有什么影响呢？对于特性和遗传，对于家庭成员为什么长得相似这一难解之谜，我们家族里有着很多想法，譬如：她长着和她父亲一样的鼻子；他有着和他爷爷一样的冒失的幽默感，他们俩简直就是一个模子刻出来的。这些相似之处哪个是真实的，哪个又是虚构的？对此我们到底知道些什么？

多年来，我把家人对父亲的父亲一事刻意回避视为真实的存在，而非不存在的事情。我能看出来，父亲出身的秘密对于他的生活有着很大影响，而且对我的生活也有影响。这个秘密背后的那个人又如何呢？他留给后人的除了怦然一声关闭几代人的传承之外，还有什么更有意义的结果呢？我的DNA中有25%来自于他，这对我的成长有什么决定性的影响？

这个问题又在我心里引发了千百个问题，使我产生了撰写《基因中的人类简史》的愿望。这本书是我个人的探求，我在全世界范围内追踪了一些人的足迹，这些人为搞清楚祖先传承给了我们什么做出了很多的贡献。事实上，人类传承的全部内容竟然如此丰富，几乎盛满欲溢，其中有故事，有秘密，有姓名，有日期，有情感，有概念，有决策工具，还有DNA。而且，这仅仅是个开始。这些在我们的头脑中和身体上遗传下来的材料之所以那么有趣，就在于这些材料如何塑造了我们的生活、我们的特征和我们的将来。

当我踏上了探寻之旅后，遇到了“路径依赖”这一概念。这个概念是物理学家用来解释机械是如何最有效地使用能量进行运转的。这个概念后来被经济学家用来解释将来的事是如何依赖过去到现在的路径的。经济学家还用它来解释为什么某些经济体比其他经济体发展得更健康，为什么法律要这样书写，为什么技术在不同的地方有不同的发展方式等。当我们谈论生活中的良性循环和恶性循环时，谈论有些事物总是蒸蒸日上，有些事物却每况愈下时，我们就会谈到“路径依赖”这个概念模式。

QWERTY标准键盘就是“路径依赖”模式在科技领域里的经典例子，在打字机时代所有企图争当标准键盘的设计中，不知出于什么不起眼的原因，QWERTY获胜。对于人的手指来说，尽管QWERTY实际上并不是最省劲的，也不是最好用的键盘设计，但是，由于被千百万人使用，QWERTY标准键盘最终被广泛接受了，这一设计早已深入人心，谁也不可能做任何更改。人们对此很执着，这种执着意味着几乎所有的笔记本电脑和键盘都是采用QWERTY设计。

当我接触到“路径依赖”这一概念时，我感到十分震惊，猛然意识到我这部书所写的，实际上就是关于这一概念如何影响到人们的心智和肌体。“路径依赖”当然也是进化论的另一种说法，意思是任何事物都不是突然地、完全出人意料地发生的，而基本上是逐步地发生的。进化是在过去事物的基础上进行的，譬如，我们身体和大脑的形态是祖先遗传给我们的形态。我们与黑猩猩长得相像绝非巧合，因为人类和黑猩猩在五百万年前同属一个祖先。

一个让我关注的问题，也是这本书的主旨，就是探究我们的决策和自我认识中，有多少是源自于“路径依赖”。寻找答案的唯一方法当然就是坐下来，回头看，看一看人类所走过的所有路径。最为理想的方法是再现那些引领我们到达现在的重要路径：路径的源头在哪儿，沿路走过来的都有谁，路径在哪里缓慢转弯，在哪里急转弯。就像一句谚语说的那样，旅行的本质并不是要去目的地，而是在旅途中的经历。

既然我们问到传承的是什么，我们就必须问是谁在进行着传承，是父母，是社会，还是政府？有些东西是偶然传承的，还是特意传承的？这个传承过程是完整的，还是有欠缺的？在传承过程中，我们如何看待我们所传承下去的东西？我们看得见我们传承下去的东西吗？就文化传承来说，我们基本相信我们能看见。但是对于DNA来讲，在人类历史的大部分时间中我们是看不见的。

尽管如此，如果你曾经想知道是什么东西遗传到你身上，如果你像我一样想了解过去的什么事物对你是真正重要的话，你会因为活在当代而感到幸运，因为我们用以追寻过去的方式——我们创造的纪录、抽象的文化遗产、看得见的DNA，在过去的十年里彻底得到改观。

纸制记录的大幅度数字化改变了我们获得并使用这些记录的方式，更为重要的是，改变了这些记录能够给我们提供的信息。另外，由于使用了新型的数字化系统，一些精明的研究者找到了估测远古历史事件对于现在社会形态造成影响的方法。

当然了，还有DNA这一自然界的数字化记录。在以往几十年里，我们对于DNA的兴趣主要集中在基因方面，集中在DNA对于健康的影响和对身体特征的限定。随着我们对于基因组的深入了解，我们知道了DNA不但同我们的过去有密切联系，而且同我们的将来也有联系。我们知道了基因组中大部分不是编码DNA——那些表达蛋白质并在我们体内产生作用的基因——而是非编码DNA，以前称之为垃圾DNA。我们现在知道，即便非编码DNA的影响不是直接的，也仍会对我们的基因造成重大影响——或许影响根本就不明显。然而，即便是不明显，如一群精英科学家所展示的那样，我们也能从中学会解读自身的历史。

把DNA当作历史工具来使用，这一点非同寻常：DNA不但揭示了生理层面的过去，还能阐释社会层面的过去。人生人，人再生人，且辈辈相传，在传宗接代的过程中，人们传递着基因，传递着大量非编码DNA，从这些DNA中，我们探寻种群选择的痕迹，还可以追寻千百年前发生的重大的个人遭遇。因此，尽管多年来，我们就DNA对社会的影响作用进行过辩论（辩论题目有DNA的影响是决定性的，还是无关紧要的？DNA决定人的智力、行为、种族吗？），但更为明显的事实是社会也影响着DNA。

现在有一点变得越来越清楚了：如果我们把DNA和书面记录以及一个群体的抽象遗产，如忠诚、情感、概念等放在一起来研究，以前不可知的东西就会以非常准确的定义展现出来。历史脉络会变得清晰可见，而且我们不但能看见微观历史和宏观历史，我们还能看见连接这两种历史之间的路径。更为重要的是，我们可以开始梳理基因的行为和我们对于基因的了解（或误解）是如何影响着历史的。

从这些分散的信息中构建历史，最终会使我们了解到，在我们狭小的生存空间里发生的事件是如何映射到历史长河中的；人的一生如何受时代和种群的影响；普通人的生活如何影响时代；过去的历史在多大程度上造就了现在的我们，我们又在多大程度上不受它的影响。使用书面记录、文化历史和

DNA还使我们更容易地了解到影响着世界历史的强大力量还影响着你和你的家庭，而且影响是双向的：你的家庭对世界历史也有影响。

但是，我们现在面对的问题是如何找到传承的东西：我们经常强烈地感觉到自己已经知道什么传递了下来，如何传递的，它看起来什么样，带给我们什么影响。那么首先，我们必须审视自己对于传承的看法，当然了，这些看法本身也是传承下来的。

传承什么的观念，来自历史的传承

1 PART 第一部分

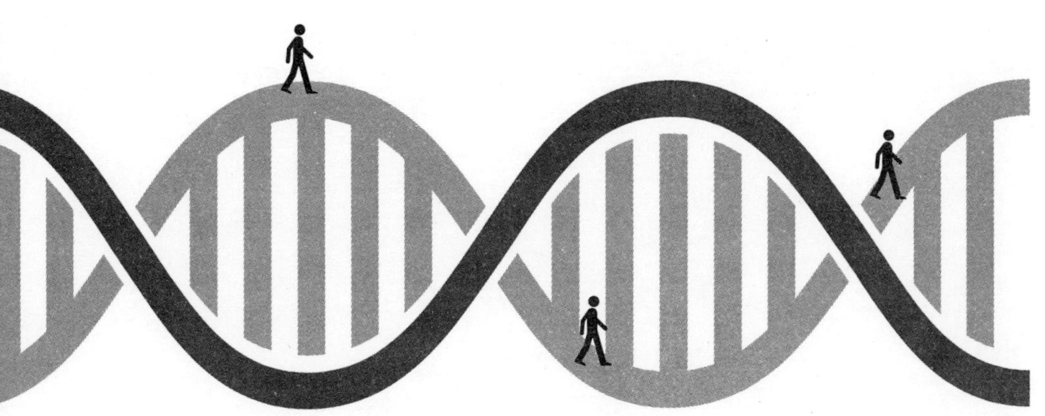

第一章

不要问什么传承了下来

出了什么事情，你就直说吧！

——罗伯特·洛威尔《尾声》

有一次，我参加了在澳大利亚帕拉马塔镇归国军人联盟举行的家谱学巡回宣传活动。这是在简朴的城镇举行的简朴的聚会。这个活动从规模和参加人数来说，都和全世界其他有关家族历史的聚会相差无几。在这次聚会上，几位自由历史学家和专职家谱学家作了讲座，题目涵盖搭乘轮船的旅客清单和军事历史，还有几位档案管理员对如何查询文件提出了建议。展示大厅里人头攒动，有如Ancestry.com这样的公司展位，也有超小规模的当地社团，例如从19世纪就有记录的板球俱乐部、铁路职工社团等。还有一组人帮着那些囚犯的后代查找他们与父辈之间的关联。在澳大利亚，如果你能证明自己与囚犯有关联，就如同在家谱方面中了头奖。这个奖项就像在其他国家得到某些特别社团授予的成员资格一样，譬如，英国五月花后裔总社、不列颠国王私生子女后裔社，或是马萨诸塞州的女巫之子社团等。

我在展厅里走来走去，一会儿查软件找资料，一会儿同专家谈话，一会儿又和与会者聊天。但是，这次聚会的主题仍然叫人捉摸不定，这很奇怪。有一种强大的力量把这些人聚集在一起，虽然这些人都觉得这股力量非常重要，但是谁也说不清楚它为什么重要，怎么重要。

在餐厅吃午饭排队时，站在我前面的是两位上了年纪的女士，她们正谈论她们自家的亲戚。她们俩人讨论家谱就像讨论食谱，又好像在比较她们花园里的花木。午餐排队的人走得很慢，她们两位的谈话一直在持续，每次她们在各自的家谱中提到一个人，我的额头上就冒汗。天哪！眼前不就两个人吗？她们怎么有那么多表亲呢？而且越数越多！让我感到紧张的倒不是她们的谈话内容，而是所牵涉的方方面面。请设想一下：如果一个人有四个祖父母，她就有八个曾祖父母，十六个高祖父母，三十二个太高祖父母。因此在五代之中，每一个人就有三十二个亲戚，而且这仅仅还是直系。

如果你再数一数直系祖先的兄弟姐妹，说实话，数字大到简直不得了。即便你自己的父母都是独生子女，但是你越是往前数，你的家族里前辈的兄弟姐妹就越多。在19世纪，一个家庭有五个或八个，甚至十几个孩子是很普遍的事。因此，如果你想考察家族在不久以前的境遇，你轻而易举就能找到三百人，甚至更多。如果你有个孩子，数字就会翻一番。因为这个孩子的出现，你必须把你配偶的家谱加到你自己庞大的家谱上。

这个工作量大得难以想象。我怎么能够调查如此庞大的、想一想都叫人脑袋发胀的群体呢？而他们中的每一个人又代表着成千上万种不同的生活，我又怎么能够理解这些人？当我丈夫在读研究生时，每次走进大学的图书馆，他都感觉仿佛要晕倒，书籍浩繁的程度超出人的想象，书的作者是无比浩大的人群，书的内容涉及另一个更浩大的人群，这些作者参考了更多的作者，而这后者又写了浩如烟海的关于其他人的书。书籍如此浩繁，加上他意识到他这一辈子也别想读完这么多的书，因此他烦恼不已！每天都有几百个人漫不经心地进出图书馆，但对于CB来说，看一眼图书馆的馆藏，就如同看到了自己的末日。在这次聚会上我就有这种感觉。怎么有这么多人曾活在世上，而他们每一个人在有生之年都会有东西传给后世？在帕拉马塔的聚会上我只不过想同一些有相同爱好的人聊聊天，可又从哪儿找起呢？就算找到死神拍我肩膀的时候，这个愿望也难以实现。

几分钟以后，我才看清楚所有的与会者在查看什么，他们在查看成百上千份历史文件、自行出版的书籍、列有一组组姓名的光盘，和存储一些过世的人的信息的数据库，人们早就不记得他们了，大厅里每个人都在寻找那些永远逝去的人。

虽然面对这么多资料，但我好像依然无法真正走进家族历史、世界历史和所有历史的历史，这不单单是这次巡回宣传活动的问题，自从我告诉人们我要写的这本书的题目时，我就收到很多客气的鼓励，也经常听到怀疑的声音。有一个朋友就说："家谱学？这就像那些相信有上辈子的人的观点一样，是不是？而且他们的上辈子都是埃及女王克莉奥佩特拉，没有一个是无名的奴隶。"

其实，寻祖归宗这事听上去并不是很好，人们经常把家谱学和占星术相提并论，说家谱学就是占星术在现实中的再现。这两者一样不一样还有待研究，但是因占星术而感到烦恼的人却不多见。可是关于家谱学，我遇到的很多人对此都不感兴趣，而且是十分不感兴趣。有个人就评论道："呵，这真是美国人常干的事，所有我认识的美国人都干这事。"其他人反对家谱学是因为它不是"真正的历史"，原因是它太私人化了。

有些人认为家谱学家不是受过训练的档案管理员，即便是他们找到了很有价值的带有亲戚姓名或事件的资料，他们也不知道这些资料是什么。

倾向于存在主义哲学的评论家认为，即便得到了有关某人过去的这样或那样的文件，你也不能从中确定他或她在过去真正是什么样子。

我很快发现在现实中对于家谱学的批评真是太多了，诸如，家谱学家是过于浪漫的人，家谱学家是精英主义者，家谱学家是制造事端的人，等等。《卫报》专栏作家佐伊·威廉姆斯写道："家谱学表达了一种无声的、不敢声张的偏见。事实上，四处搜寻教区登记册中有关祖先的记载说明：'对于来自萨福克郡或其他什么地方的人，我还是比较重视的，噢，别误会，我并不是说来自国外不好，我的意思是说，不来自国外要好得多。'"

《泰晤士报》记者萨瑟南姆·桑弗拉对于家族历史给出了最尖刻的批评："如果你给我介绍一位家谱学家，我就给你介绍一个痴迷地想证实自己来自皇家、贵族或名人世家的人，既可恶又无聊。"桑弗拉写了一部336页的书，描述了他20世纪80年代在武尔弗汉普顿长大的生活，当时他是个年轻的锡克教教徒。他说："说传记作家诋毁家谱学，这简直太虚伪了，在有人指出这件事之前，我会说给人立传与家谱学是截然不同的两回事，前者相当于对音乐的兴趣，后者相当于对高保真音响设备的兴趣。也许把家谱学视为不断GOOGLE自己的行为在学术领域中的体现更恰当。"

在一篇名为《家谱学纯属胡说》的博客文章中，科普作家理查德·康尼夫把这一观点说得更过分："在以前，只有富人和名人才纠结于自己的家族历史，他们用这种方式证明他们曾经存在过，而且将永远存在，以维系该家族的权力。奇怪的是，长期在野外研究灵长类动物的生物学家说，这和自然界中家族关系所起的作用一样，在等级较高的狒狒和绿猴家族里，祖母辈按照常规要确保小狒狒蒂法尼和绿猴珀西三世得到其他地位较低的小猴子的特殊对待。这培养了这些幼猴的社会地位优势感，从而有助于保持一个猿猴王朝代代相传。"

就像许多评论家一样，康尼夫坚信，从平等主义的角度说，家谱学是一派胡言；从任何事都必须讲证据的观念谈，家谱学也是荒诞无稽的。他还说："如若调查任何一个家族前十代的历史，都可能会发现有未被认可的人爬上了家族树。温斯顿·丘吉尔爵士为他是伟大的18世纪莫尔伯勒公爵约翰·丘吉尔将军的后裔而自豪，但是他的家族在两性方面却有过一段非同寻常的历史，丘吉尔的父亲死于梅毒，而他的母亲据说在婚内就有200个情夫。"这位在父系社会中极有特权的女人在她的文化或其他文化里有着怎样的代表性？许多评论家把这种非婚生子的困扰归因于家谱学。

康尼夫解释说他有个女儿，十几岁，是个家谱学爱好者，他想让女儿明白"在她的家谱中没有什么东西能够给她决定性的影响"。事实果真如此吗？如果一个人的血统是一系列人组合的最终产物，那么这个断言的可行性则值得商榷。当然，我们身上的某些特征是从我们父母、祖父母、高祖父母那里遗传下来的，但是我们所继承的不一定都是身体上的，也不一定都是直接的。人们如何看待自己，在某种程度上，反映出他们对于自己特征的看法，这些特征是在家族中遗传下来的。如果你认为家谱包含和你有血缘关系的所有人的特质——不仅仅是生理特征，还有他们独特的历史（包括他们的文化、他们的选择、他们的性格，还有他们所经历的重要事件），那么，这些因素对他们产生了什么影响？以及随之对你产生了什么影响？这依然是一个有趣的、悬而未决的问题。的确，我越思考那些反对家谱学的人所提出的观点，就越觉得他们对生命中这些难以定义的方面如何世代相传知之甚少，因此他们得出的"遗传因素对我们不会产生真正影响"的结论根本站不住脚。

那么我们又怎样看待这样一个事实：从字面意义上说，人是从父母的原材料那里创造出来的，而父母又出自他们的父母。譬如，面部特征有很强的遗传性就是事实。那么又该如何解释这个事实？我们的相貌常常影响着我们对自己的看法。我并不是说我们所继承下来的DNA的独特组合完完全全，或绝大部分能够界定我们是谁或我们怎样看待自己，但是，DNA的组合肯定对我们有着巨大影响。

那么，遗传给我们的DNA在多大程度上对我们有影响，我们又在多大程度上受生活环境的影响（这种影响也主要是通过遗传给我们的DNA起作用）？这是两个有争议的问题，但有一点是肯定的：在任何人生活中的任何部分，没有一个单一的因素会决定这个人的特质。对于这些观点，我以后还要讨论，但是现在我至少可以说：如果你是某人的生物学意义上的孩子，那么你的DNA当然就出自那个人。把你养大的人也许根本不是你的生身父母，但是你无疑会受到他们文化的影响。你生长的环境的许多方面塑造了你的基因，但是你的DNA是通过你家族的血统遗传给你的。

即便是到头来你的基因模式不是你母亲也不是你父亲所具有的基因模式，那这个模式也是源自他们遗传给你的DNA。即便是到头来你所具有的特质你的父母并没有，你的DNA也是这个特质的基础，而你的DNA源自于他们。事实上，如果没有基因编码作基础，你身上的任何东西都无法让你称之为人，而且这基因编码一直在你的一生中起作用。

那么，研究家族历史引起了那么多人的愤懑又是怎么回事？谁也不会朝一个任性的编织工发火，谁也不会因为一个网球运动员缺乏情感而指责他，但是人们却刻意地对家谱学家冷嘲热讽。看来，对这些聚集在帕拉马塔的家谱爱好者所提的问题，令一个高雅的世界不屑一顾：我们和祖先有哪些共同点？有哪些不同？我们生活中哪些东西来自我们的祖先？我越想这些问题，就越觉得我在那次巡回宣传活动中认识的人，和那些持有建谱寻根无用论的人之间差距很大。

不仅是新闻记者和科普作家不理会人们对家谱的好奇之心，学术界的人士也是如此。有一位心理学教授告诉我说：“我觉得那些分解自己并且想从中找出意义的人非常令人不快，这种做法毫无意义，也解释不了你是谁。”一位历史学家认为：“人们只想要那些有益于他们目前身份的家族历史，当历史丑陋时，他们就想把它抹杀。”

有一次，我问一位档案管理员，从事档案管理的人会对家谱学持什么样的态度，他告诉我说：“人们普遍认为家谱学家不是真正的朋友，他们也不是真正意义上的档案使用者，而是消耗资源的半吊子爱好者。”

即便是在我接触的遗传学家中，那些对自己的家族历史有所涉猎的人，在提及此事时也会显得很窘迫，他们总说：你知道，我们干这一行只不过是因为好玩儿而已。

在一篇2012年发表于《纽约书评》杂志的文章中，一位哈佛大学的生物学教授理查德·卢恩丁谈到了他曾在佛蒙特州的马尔波罗历史协会当财务主管时的工作，他负责处理一些请求——人们索要200年前由伊弗雷姆·牛顿牧师写成的马尔波罗历史文件的副本。马尔波罗的历史包括许多家谱信息，卢恩丁说：“给我们写信的人总是一次又一次地说他们作为早期殖民者的后代而感到‘骄傲’。”他还说：

> 对于我们本身的活动，无论是感到骄傲还是感到羞耻，这都是正常的情感。但是，对于别人的与我们毫无干系的活动，我们为什么感到骄傲（或羞耻）？我们是要表达一种虚假的谦恭呢，还是为了减轻为我们自己的行为所承担的责任？

后来，卢恩丁曾探讨过犹太人关于他们享有共同的遗传基因的观念，而且这一点被认为是“一个团体的身份特征和骄傲的源泉”。他又反复重申他的观点：

我们老是问一个问题：为什么了解那些遥远的祖先或者一段共有的历史会使我们感到“骄傲”？是否是因为对着历史的镜子打扮自己，比起在时尚的镜子面前审视自己的形象，让我们感觉不那么自高自大了呢？

卢恩丁对于热衷于追根寻源行为的藐视是确定无疑的，但是按照同样的论点类推的话，我们可能就不应该为喜欢的球队打赢了比赛而感到高兴了。但是，通常我们都会感到很满足，尽管球队的大部分球员对你并不关心，对家谱学的爱好并不比为自己的主场球队叫好的冲动更为复杂。无论如何，如果对于从基因上或从历史上同我们有关联的团体倾注感情是不合适的话，那么，界线又从哪里划分呢？我们能为祖父母感到骄傲吗？如果按照卢恩丁的标准，我们就不能，因为我们同他们的行为没有丝毫关系。对于我们父母的大部分生活也是如此，如果我们问这样的问题：我们为什么应该感到骄傲？其中暗含的一个问题是：我们为什么对事物应该有感情？这就有点虚无主义的色彩了。那么，我们又为什么不应该感到骄傲呢？

大约在卢恩丁的文章发表的同时，埃茜・梅・华盛顿－威廉姆斯去世的讣告发布了。埃茜于1925年出生在南科罗来纳州的艾肯，2003年她在一次新闻发布会上说她是一个私生女，父亲是美国国会议员斯特罗姆・瑟蒙德，是个白人，母亲是当时在瑟蒙德家当佣人的非裔美国少女，是黑人。在埃茜20多岁时，她父亲斯特罗姆・瑟蒙德是南科罗来纳州的州长，后来又长期担任美国国会的参议员，并一度竞选美国总统。他是一个严格的种族隔离主义者，他曾说过：“华盛顿的所有法律和军人的刺刀也不能使黑人进入到我们的家庭、我们的学校、我们的教堂以及我们所有的娱乐场所。”

埃茜等到斯特罗姆・瑟蒙德去世后才公开宣布斯特罗姆・瑟蒙德是她的父亲。她说：“我的孩子有权知道他们的祖辈是谁，是干什么的，来自何方。我有责任教育他们，并让他们了解自己家族的过去。他们有权知道并理解他们的黑人和白人祖先的丰富历史。” 2005年，在埃茜撰写回忆录时，她已经是四个孩子的母亲，十三个孙辈的祖母，四个曾孙辈的曾祖母了。很难想象她的后代会对她的出身无动于衷。

在发布了这条历史性的消息后，高雅而自信的埃茜说，当她决定与公众分享她的家史细节时，有一种“深深的平静之感”充满她的全身。对于一些人，实际上对很多人来说，他们自己的家谱，当然还有别人的家谱的一些细节，也许是平淡无奇的，但是一旦丢失或受到压制，这些细节就会产生巨大的力量。

“我们为什么应该为祖先感到骄傲？为什么不应该为祖先感到骄傲？”这两个问题或许不会给我们更深的启发，但是如果问“我们为什么会为他们感到骄傲？”这就肯定很有意思了，因为很显然，很多人都会为祖先感到骄傲的。即便是卢恩丁也承认，各个时期不同文化的人都对祖先感兴趣。是什么促使他们感兴趣的？是自豪，是悲伤，是开心，还是好奇？回答这个问题的难度简直超乎人的想象。

不列颠哥伦比亚大学的社会学教授温迪·罗丝说，当她还是个小姑娘时，她就想在长大以后当个家谱学家：“我一直是我家的档案管理员。”但是，罗丝一家是犹太人，由于第二次世界大战的爆发，他们对战前几辈人的事知之甚少。罗丝解释说：“总觉得别人可以建立家谱，而我们却不能，因为家庭记录都丢失了。我和一个英国女士很要好，她把自己家族的历史追溯到了16世纪，我总是通过她，间接地感受自己家族的历史。”

一次，罗丝在欧洲背包旅行，来到了波兰的雷曼诺镇，这里是她的一个曾祖父的老家。这里仅存的过去犹太人社区的遗迹是一个犹太教堂的废墟。在那里罗丝碰到了一位老者，这老人应该有80多岁了，他们之间连比带画，借助游客那种特有的方式进行交流。她跟他说她想找到老犹太人的墓地，于是他把她领到了一个陡峭的山坡上。她回忆说："我简直跟不上他的脚步，他真是精力充沛。"他们来到了一片齐胸深的荒草滩，这里曾经是犹太人的墓地。他比画着对她说，他在战争年代还是个小孩子。"他用手势把纳粹来到墓地的情景表演出来，纳粹把犹太人排成一排，然后朝他们扫射，枪杀了所有的人。后来纳粹搬走了墓碑，并用墓碑铺了一条路。"说着，老人指向山脚下的那条纳粹用墓碑铺成的路。

罗丝终于站在了她的祖先曾经站立过的地方，对罗丝来说，这种感觉是非比寻常的。大约15年以后，罗丝和她丈夫到立陶宛的斯凡克欧尼斯旅行，罗丝确信她的一个高祖爷爷一定在那里居住过，那曾是一个处处洋溢着活力的犹太人社区。不寻常的是，那里的犹太人墓地保存得还不错。"我们又开始手脚并用，四处搜寻，墓地被杂草覆盖，很多墓碑都倒了，不过大多数墓碑还比较完整。"有一个翻译与他们同行，帮她寻找她家的墓碑，也包括罗丝高祖爷爷的。当罗丝看见墓碑时，她发现上面还有她高祖爷爷的名字，那是她第一次知道他的名字。

罗丝说，这事"难以置信，绝对难以置信，我当时掉泪了"。为什么那次相遇那么让人动情？"那是一种打破了一堵墙的感觉，也是一种受挫感，当你极想了解你的家族、你的过去，极想了解那些人过去生活得怎样，来自何方，都是什么人，以及这些人身上都有什么故事的时候，却发现你已经永远不会找到结果了，心里就充满了失望。一旦你感觉这是个永久之谜时，你就会觉得任何信息都像是无价之宝，无论是一个名字，还是某个人曾经居住过的地方，都是一种连接，一种你曾认为无法再建立的连接。"

罗丝采访了很多追根寻源的人（详述见第十二章），而且她强烈地感到他们很难解释是什么迫使他们必须这样做的。罗丝说："采访那些热切的家谱学家，尤其是遗传家谱学家，我很想知道他们为什么对家谱学那么感兴趣。让我惊讶的是他们也说不清楚到底为什么，就好像很难把一个基本的愿望、一个原始的兴趣用语言表达出来一样。有些人尽量回答你的问题，但是他们给出的答案有点儿像陈词滥调，有的说他们想找到自己在历史上的位置，有的说他们想知道自己是从哪儿来的，还有的说他们的探寻使得历史更有意思。但是我觉得很多人如此投入，背后的东西一定远比这些原因深刻得多。”

我是在开始寻找家谱学原始资料时遇到温迪·罗丝的。我推断，一定有人调查过探寻家族历史是出于怎样的心理，或者更确切地说，探究过遗传的哲学思想是如何影响着人们对于家族历史的探询的。凡是有人的地方就有家谱研究存在。我问过家谱学家、遗传学家、历史学家，以及那些因为工作关系而对遗传和历史提出这样或那样问题的人，但是没人能给我提供可以依据的系统文献。

除了罗丝以外，还有几位学者对这个题目进行了调查，但都仅仅是短期的单独的调查。这看起来有些奇怪。不管怎样，历史学家都承认人的观念甚至情感是以文化传承的；经济学家研究的是社会经济状态，尤其是贫困重复出现的方式；心理学家、社会科学家，甚至英语教授都承认家族是强有力的遗传动力。大多数研究人类行为的学者都认为，个人会受抚养他的人的影响，而且一个家庭单位就可能具有一个特征。但是，很明显，还没有一个领域把有关遗传的所有观点综合起来研究。

跟罗丝一样，我也开始研究我们的家族历史。但是，我仅简略地查阅了上几代人的历史片段，就足以使我感到惊叹了。可我在很长的一段时间里并没有深入下去。当我真正开始向纵深探询家族的过去时，我思绪纷乱，百感交集，其中有安慰，有满足，还有绝望。

我不知不觉被一位又一位的祖先吸引，有时候一个单一的细节就使我感觉到我与他们的关联，尽管这个感觉很短暂。有一天，我觉得我应该研究一下父亲的曾祖母——朱莉娅·狄龙，结果出乎我的意料。虽然她是我16位高祖父母之一，而且我多次听到过她的名字，但对她却一无所知。我不能解释为什么我从没有把她看作是一个活生生的人，一个在时间长河里留下痕迹的人。

我是在一份轮船旅客登记册上发现她的名字的，后来我才听说，那是在1862年，她带着她的四个孩子登上了从爱尔兰驶往澳大利亚的闪电号轮船，我简直震惊了。在我有了两个孩子的时候，我千方百计避免带他们去超市购物，因为他们每次穿行于奶制品区时，都犹如《奥德赛》中所描述的艰难旅程一般。这样漫长的航程，朱莉娅是怎么带着孩子完成的呢？

朱莉娅一到达澳大利亚，就和丈夫丹尼尔团聚了，丹尼尔是事先乘轮船到达的。一家人在维多利亚农村的金矿区生活了一段时间，后来朱莉娅又生了五个孩子。就像那个时代的许多家庭一样，朱莉娅的两个孩子夭折了。杰里·迈亚在15岁死于热病，约翰娜在18岁时在一个小乡镇做仆人时去世。我在政府档案馆里找到了有关约翰娜死亡的泛黄发脆的档案材料。材料上说：约翰娜一直说身上疼得厉害，不得不卧床休息。她的雇主伊丽莎白·法雷尔给她检查了以后说："我发现她在发烧，并且受疼痛折磨，我建议她服用芥子膏。"大夫请来了，给她服了一剂药，又开了一剂药。"莫非是那药使她病情恶化了？"法雷尔很纳闷。他们把可怜的约翰娜独自留在房间里。后来，法雷尔爬上楼梯看望约翰娜，一开始以为约翰娜睡着了，其实她已经去世了。法雷尔马上叫来管家，告诉他说"约翰娜已在床上死亡"。

尽管朱莉娅大多时间都表现出超人的适应能力，但当时的艰苦生活依然使我惊骇不已。有一次，我去美国参加会议，由于时差，我凌晨5点就醒了——我用一天的时间大约飞行了相当于朱莉娅40天的航程。在会议中我对一个家谱学家说，一想起朱莉娅吃的那些苦，我就难过。

“不过，她也给你留下了深刻的印象！”那位家谱学家回答说。是的，她的确给我留下了深刻印象。

一天，我突然产生了一个想法：尽管我对朱莉娅的遭遇百感交集，但我不知道朱莉娅是否想到过我。一想到她，我心里还真有些抑郁，对于她来说我是谁？不过是她众多重孙女之一。一个大家族与时间跨度是不对等的。朱莉娅处于家族树的一个结点上，在这之下又有许多枝干延伸开来，我只不过是其中的一个细枝。即便她还在世，我对她而言肯定也没有多大意义。

后来我找到了朱莉娅的一张照片，她看上去大约70岁，很难说清楚是她本来就身材矮小呢，还是因为年迈而变瘦小了。她身穿一条带褶边的黑色连衣裙，头戴一顶黑色的帽子，用带子系在颚下，前面装饰着白色的花。她的眼角下垂，我猜测这张照片是为了纪念家里的一位死者而拍摄的。她的眼神，明亮而神秘，反映出的是悲伤还是疲惫？我仍然不知道同她有亲戚关系对我意味着什么，但是，毫无疑问，她的鼻子和我父亲的鼻子简直一模一样。

我们个人是如何丢失，然后又是如何找到自己的家谱信息的呢？我们总是习惯性地认为，那些关于自己或家族的事，都是随着时间的推移自然而然地丢失的。诚然，记忆力绝对是有限的，但心理因素也会造成信息的丢失。

2012年，乔迪·夸伊得巴赫、丹尼尔·吉尔伯特和他们的一个同事报告了他们的一次试验。在试验中，他们询问了不同年龄段的人群两个问题：一是问十年前他们喜欢什么，重视什么，什么是最为重要的事情；二是问他们目前喜欢的东西预计十年以后会发生多大的变化。这三位研究者发现这些试验对象很善于评估自己十年来发生的变化，都说变化很大。与此相反，这些人总是低估他们在今后十年中将会发生的变化，实际上，他们根本就不认为自己会有多大变化。

根据这三位研究者的调查，人们都倾向于认为“现在”就是“过去与将来的分水岭”，也就是说，你在今后的有生之年什么样，今天就已有定论了。这三位研究者把这种现象叫作“历史终结的幻想”，调查结果还显示，这种现象存在于对性格特征、核心价值观，甚至是最好的朋友的判断上。他们还发现人的年龄越大，幻想就越少，调查对象中最年长的人也认为在有生之年自己再也不会改变了。这三位研究者在结论中写道：“历史就在今天终结。”

也许，这个历史幻想终结论，在人们如何看待一代人的时间问题上，也同样适用。我们生活在一定的时间范围内，对于大多数人来说，我们或许能往前看到两代人，往后看到两三代。我们认为自己位于时间跨度的重要中心点，在我们之前生活的人只不过是前辈而已，这种心态很难突破。直到你勾勒出整个家谱以后，才会明白人生是多么短暂，生命是怎样的转瞬即逝，而你在家族中的作用又是多么微乎其微。一个家族总是向前发展的，但没人能够预测或者掌控它的发展方向。

人们一般认为，他们此时此刻是站在一个弧形抛物线的最高处的，这条线一直不可阻挡地朝着他们向上延伸，然后从他们所站之处缓缓地下落。当人们深入研究家谱时，可能会吃惊地发现，上述观念是错误的，那种站在家族家谱最高处的感觉是“现代主义”观念的产物。只有在探究家族的过去时，人们才开始否定这种观念。而且人们往往是在生活中发生了重大事件之后才想起要探根寻源的，譬如：父母或者祖父母的去世，或儿孙的出生等。这是最明显、最常见的原因，这些事件常常使人停下繁忙的脚步，开始考虑一些有关人生的问题：我到底来自何方？我又去往何处？我给后人留下了什么？

年龄增长也是人们探根寻源的原因。来自新英格兰历史家谱学协会的戴维·兰伯特对我说："人们在结婚生子、成家立业、退休养老后突然感到二老双亲已经不在了，一种悲伤的情感油然而生，因此开始追踪溯源，寻找过去。"人人都要变老，但在西方文化中，人们往往对衰老感到不安。2012年，小说家威尔·塞尔夫告诉《卫报》记者，他的小说《伞》中的一些人物的原型就是他祖父一辈的家庭成员。他说："我用一种中年人枯燥乏味的方式搞了一点家史调查。"

然而，如果说人的年龄越大，就越能感知到生活范围的边界，这是非常有道理的。到了中年，你已经经历了人生中的几个重要时期，你人生历史的肌理也已呈现，你家中故去的人数很有可能也在增加。此时你会越来越多地意识到你已经失去什么，你还将要失去什么。

在一棵由众多亲戚组成的巨大家族树上找到自己的位置，可能使人感到很舒心，但也可能使人感到迷茫。我发现要把这么多的祖先都装到脑子里，是件令人头晕的事。让我感到不舒服的，不仅仅是人数太多，而且还意识到，他们都存在过，历史会随着他们的去世而终结。

我的迷茫也许可以从西方文化心理学中得到解释。一项著名的研究比较了两组人的思维模式：一组来自西方的、教育发达的、工业化的、富庶的、民主的国家（简称WEIRD），另一组来自其他文化。他们发现，西方人坚持个性，认为自己是自主的、独立的人，循规蹈矩的动机较弱，而且更倾向于驾驭自己的命运。与此相反，来自非WEIRD社会的人，更自然地倾向于把自己与家族和社区所形成的网络不可分割地连在一起。他们往往陷入角色和关系网里，更适应合作，更愿意"融入"，而不是"出众"。

有些人可能会因为自己不能完全主宰命运而生气，但是有很多人，起码是过了40岁的人，就会认为自己不会因此生气了。如果他们再年长一些，就会想弄清楚拥有遗产究竟意味着什么。如果他们的孩子又有了孩子，那么，他们的高龄就足以使他们与去世多年的祖先有了更多的共同之处。

放弃个人的现代主义观念，不仅动摇了现在比过去重要的意识，而且还对一系列相互关联的、人们轻易做出的假设提出了质疑。例如：我们往往感到我们自身是个整体，但是瞥一眼历史就知道我们是由几个部分构成的。尽管复杂的发展过程使得我们凭借肉眼无法分辨出各个部分之间的缝隙，但我们的确是由许多的片断组合而成的。父母生了我们，他们每人贡献出了自己DNA的样本，即 23个染色体。如果考虑到我们的祖父母，我们的DNA就是由四部分构成的，他们每人贡献了25%。

我们把文化也看作是一个整体。从表面看，我们对日常生活中的每样东西都很熟悉，但实际上我们却是生活在古代和现代技术的混合体中。语言也是如此，想一想“特洛伊木马”这样的词，我们用它来代表攻击计算机的木马病毒，但是这个词的原始概念却出自古希腊的真人真事。今天的普通词汇或新词汇，有哪些还能再用上2000年？ 譬如，Dot-com、Internet，还有YOLO。

并不是所有文化都把追寻过去看作是件奇怪的事，也不都认为家族历史是毫无根据的野史。实际上，很多西方人必须很费劲地去寻找他们曾祖父母的名字，然而，不知道曾祖父母的名字，对其他文化来说，显得有点奇怪。许多亚洲人的家谱可以追溯到久远的年代，还有的文化保存着异常久远的家谱记录，每当有一个新生儿出生，他们就在家谱上加上一个名字。这样的家谱是以延续后代为基础的，而我们的家谱是以追溯先辈为基础的，其中的不同点是我们把自己放在聚光灯下最重要的位置。

有一个研究者跟我说，“如果你打算很轻松地进行家族历史研究，你最好出生在中国。中国人一直有保持家族历史记录的习俗，这种纪录是绝妙的以姓氏为基础的家谱。通过家谱你可追溯到几千年前的祖先。”他接着说，“我认为西方人有时误以为中国人崇拜祖先，其实这是一种极其深刻的文化情感，中国人认为，如果你与你的后辈人、先辈人、兄弟姐妹没有关联，你好像就不是完整的人。”

2009年，在中国山东省完成了“天下第一家”孔氏家族家谱的官方修订工作。孔子出生在2560年前。根据修订后的版本，这位古代的和平与和谐社会的倡导者有83代后裔，共有200万人。[1937年版的家谱记录了60万后人，最新一版首次包括了妇女、海外家族成员和少数民族成员，像来自云南省的71岁高龄的回民孔祥献（音译）。在修订期间，孔子仍在世的后代包括90岁的无儿无女的孔德懋（音译），他是中国大陆唯一的孔子直系后代，还有来自西伦敦的16岁的詹姆斯·亨，他是孔氏家族年长者的孙子，还是曼彻斯特联队的忠实球迷。]

在新西兰毛利族文化中有一个述说家史的特定词汇——Whakapiri，指的是毛利人之间弄清楚他们共同祖先时的做法。背诵家谱和代代相传的故事的做法叫作whakapapa，据说如果一个毛利人了解了自己的家谱，他就能够一代一代地追寻到一千年前的祖先，直至最先来到新西兰的人。

许多非洲文化都具有同样强的口述传统。在西非，griot的意思就是那个记得所有历史并具备族群身份特征的人。在索马里，10岁以下的儿童就开始背诵他们的家谱了，其中包括他们的世系、家族分支和他们所属的十代以前的更大部落。

奇怪的是，家谱学评论家对于上述这类活动在其他文化中所起的传统作用并不了解。然而，值得关注的是，在全世界，人们不但会深深地思考“祖先是谁”这个问题，还会发明各种办法去保存他们的信息。所有对家谱学家的批评都出自这样的假设：随着时间的推移，信息的流失是很自然的事，而人为的介入则显得有些小题大做，很不自然。在我们所处的信息景观中，没有什么事情是不可避免的，或者是不可分割的，毕竟这不是自然景观。

夸伊得巴赫和吉尔伯特的研究工作显示，我们思考过去的方式不是不带有感情色彩的，而是涉及了生存和死亡的心理，这种心理影响着我们如何在时间跨度中看待自己，这种心理在某种程度上受文化的影响，有些文化对待自己过去的方式与西方人惯有的方式不同。很明显，这里存在着巨大的社会因素，在过去的某一时间内，无论是社会还是个人，对于保存什么、放弃什么都做过选择。我们为什么要做这样的选择呢?

第二章

家谱的历史

让我们歌颂伟人，歌颂生养我们的父辈。

——塞拉齐格言

长期以来，在家谱研究中，不乏年轻有为的个人历史学家，有些人从小就对家谱产生了兴趣。19世纪中叶，来自马萨诸塞州的乔纳森·布朗·布赖特曾经抱怨家里人对家族历史缺少兴趣：“除了我以外谁都不在意家族历史……他们天生就不是研究家谱的人。”

戴维·艾伦·兰伯特比布赖特晚生了100年，据我所知，他们俩没有家族关系，却有相同的志趣。兰伯特在世界上历史最悠久的新英格兰历史家谱协会工作了20多年，然而，对家谱学开始感兴趣的时候他才7岁。他11岁加入了家乡的历史协会，14岁时，来到了新英格兰历史家谱协会，一到那儿就被挡在了门外，因为协会规定，如果没有父母或监护人陪伴，未成年人不得入内。“可是我的父母对家谱不感兴趣。”他解释道。过了三年，他又来了，还带着一份13页的报告，报告封面上有他手绘的祖父肖像。他还着手编写了一部马萨诸塞联邦墓地指南。这本书几年以后出版了，现在被誉为“墓地宝典”，因为它收录了该州所有的墓碑，甚至包括最不起眼的墓地里的最小墓碑。他终于在2013年被任命为该家谱协会的首席家谱学家。

我拜访了兰伯特，他的办公室在波士顿纽伯里大街一座八层高的宏伟建筑里，面朝大街。兰伯特留着修剪得很整齐的花白小胡子。他谈吐严谨、举止谦和，但时不时会抖出几个有关家谱学的小笑话。［譬如，他祖母家姓“普尔”，与“年久失修”同音，因此他的祖父总说他翻过小山到一栋“年久失修的”房子里（普尔家）去接新娘。］他的办公室里全是木制书架和古老的书籍，天花板上面还吊着几个枝形大吊灯。我们坐下来以后就谈起了他的个人历史和美国家谱学的历史。

兰伯特很小的时候，在家里看到了一张夹在书里的照片，照片上的人他都不认识。他的祖母告诉他照片上的人是她的父母。这时他才知道80岁的祖母也曾经有过父母，而她的父母在美国南北战争时期才十几岁，这让兰伯特感到很惊讶。后来，他又了解到祖母的叔叔在亚伯拉罕·林肯的葬礼上当过敲鼓男孩，后来在战争中双目失明了。他还知道了叔祖父的儿子在塞勒姆镇审理女巫的案子中担任地方法官，后来还放弃了法官头衔——成了唯一放弃治安法官头衔的人。从家谱中他还得知，他的一位祖先玛丽·布拉德伯里夫人据说曾经遭人控告，控告的罪名是有人看见她穿得像一只蓝色野猪在邻居的院子里乱跑。兰伯特最终把家族历史追溯到生于5世纪的不列颠西撒克逊国王瑟迪克，这位国王起码是兰伯特家族47代以前的祖先了。

当兰伯特开始调查家族历史时，还没有互联网。他跟我说：“你写一封信发往英国，等上一个半月以后，或许能得到回音，或许杳无音信。”兰伯特是天生的历史学家，他10岁时曾搜寻过战争留下的箭头，他想知道箭头都是谁扔掉的，于是开始研究住在他家附近的印第安人。有一天，他来到了一个印第安人的议事会。一到那儿，有人就告诉他：“走过来的那位就是庞克珀格印第安人的首领。”兰伯特走近那个人，问道：“你是谁？”那个人说他叫克林顿·维克逊。兰伯特说：“呵，你就是克拉伦斯·维克逊的儿子了，你父亲是在骑自行车时被一个刚拿了驾照的女孩撞死的。也就是说，你是林迪亚·廷克汉姆的孙子，而且你们廷克汉姆姓氏进入了班克罗夫特家族，后来又进入了伯勒尔家族。这说明你是个莫霍人，来自17世纪的摩门特奥格家族。”

“那位首领看着我，张着嘴，半天合不上。”兰伯特回忆着当时的情景。后来庞克珀格印第安人请他当了部落的历史学家。当兰伯特的父母去世后，他们邀请他参加一个部落会议，并给他取了个阿尔冈昆族印第安人的名字，意思是“一个把曾经失去的祖先寻找回来的人，一个探寻过去的人”，简称为“过去历史的追寻者”。

兰伯特陪着我穿过新英格兰历史家谱协会大楼（他停下来请一位客人把她的手包从《独立宣言》的第一签署人约翰·汉考克坐过的椅子上拿开），大楼里有许多精美的19世纪的家族群体画像、不平常的手绘图表和几百年前的家谱。有一幅1884年的家族树简直就是一棵真正意义上的树。这棵树的底部是粗大的树干，分为三个大分支，再分为许多细小的分支，每个分支都用黑线刻出来。还有一幅几十英尺长的画在上等皮纸上的图表，已有几百年的历史了。每一个名字旁边都配有不同的小盾徽，这些盾徽一代接一代地组合与复制：明亮的金色狮子、蓝色的人字形、红白相间的棋盘一次又一次被混合为不同的图案。在一间最先进的家谱保护研究室里，有家谱协会的工作人员保存的皮纸、古董级的纸质书籍、散页，还有殖民时代人们在裤子的后兜里携带的记录等。

如今，作为新英格兰历史协会的首席家谱学家，兰伯特负责管理280万件手稿。对于他来说，这栋大楼就是美国的国家阁楼，他说：“即使有人在1897年给这里写了一封信，随信寄来的几张照片或文件，我们也会永久保存的。”他每天都坐在楼门前接待来宾，来访者会问他各种问题，有的问他：“我想了解一下我的祖父，他参加过第二次世界大战。我在哪儿能找到有关他的记录？” 有的说“我的祖先是五月花号轮船乘客的后代”，还有的说“我的祖先是一个朝圣者”，还有的说“我的祖先是‘黑胡子’海盗船上的人”等等，不一而足。

我们知道，《圣经》里就有家谱学，亚伯拉罕是艾萨克的父亲，艾萨克是雅各布的父亲，而雅各布是犹大的父亲。大约在《旧约全书》写成的时期，罗马人就开始把他们的祖先肖像绘制在教堂的中庭之上，画中的祖先和后代是用彩带花环连接的。当然，西方现代家谱学始于贵族的兴起，欧洲有权势的家族利用家谱来建立继承顺序，并用联姻来加强王朝之间的联系。许多现代家谱学可以追溯到17世纪，但只有少数皇室家谱可以追溯到6世纪。

家谱的流行用了几百年的时间，但是建立家谱的想法早在12世纪就对贵族产生了吸引力，他们认为建立家谱是从封地获取利益的保证。贵族家庭的成员坚信，他们的身体里流淌着祖先的血液，祖先的财富同样也要传承给他们。他们用来书写家谱的羊皮纸卷就有10米长。大约400年之后，资产阶级也开始建立家谱了。

当欧洲人移居到新大陆时，他们也把对于祖先的信念和家谱带到了那里。在殖民地时期的美国，家谱学的一个重要功能就是建立血缘纽带。殖民者在寄往英国的家族信件中经常会询问家族信息，这也证明了当时人们渴望与家乡建立联系的普遍愿望。有些殖民者用带有纹章的印记给信封封口，在画像中穿的衣服总是带有盾徽，银器上也雕刻着盾徽。还有些人使用英国头衔，或用其他方式显示他们非同一般的出身。女人们则会用刺绣来绣出家族树。最简单的家谱仅仅是把家族成员的姓名和出生年月日记录在特别的书籍或圣经之中。约翰·福勒船长在1711年去世后被葬在马萨诸塞州的查尔斯顿，他的墓碑上刻着这样的盾徽：一只狮子侧向站立，举着爪子，旁边是三朵花的图案。在弗吉尼亚的阿并顿教堂墓地，有一座1658年的墓碑，上面刻着：

永远怀念
弗吉尼亚州格洛斯特郡的刘易斯·伯韦尔少校，
他是一位绅士，
是贝德福德郡和北安普顿郡
古老的伯韦尔家族的后裔

在殖民地时期的美国，同权势家族建立联系并不是家族寻根的唯一目的。本杰明·富兰克林生于1706年，是美国最知名的早期公民之一，这样一位杰出而学识广博的人，最初曾给一个印刷工当学徒，后来创办了当时美国发行量最大的报纸。他为报纸和其他出版物撰稿（经常使用笔名），还搞了大量的发明，包括一种乐器、节能炉灶，当然，还有游泳用的蛙蹼。为了探究闪电的本质，富兰克林所做的风筝实验在美国历史上，乃至在科学史上都绝对是永恒的篇章。他还是反对奴隶制的积极分子，晚年在巴黎当过外交家，还为制定美国《独立宣言》作出过贡献。尽管工作繁忙，他仍然抽出时间研究家谱。

有一年，他和儿子威廉去英国旅行，为了调查家族的源头，他顺便去了北安普顿郡的惠灵堡、阿克顿和班巴里。富兰克林一生都将自己视为印刷工，并始终以工人阶级的出身为豪。为了了解自己的家族历史，他和威廉去过墓地，查询过教堂记录。他证实了有关自己祖先的最初记载，是1563年阿克顿教堂给托马斯之子罗伯特·富兰克林的洗礼。富兰克林认识了很多英国的堂表亲戚，回到美国以后他还和一个表妹——来自惠灵堡的玛丽·费希尔保持着通信联系。如果我们现在觉得他们通信的语言已经过时的话，那出生于12世纪的人，则会对他们说话的语气——那些人在写给生活在异国他乡的亲戚的信中，或者在边饮茶边聊家常的谈话中，用的就是这种语气——感觉很熟悉。富兰克林曾写信给玛丽：

自我开始，上行五代，皆为家中幼子；……倘若家中有可继承之遗产，我等五人皆无份。

玛丽回信说：

从父辈开始，我是家族中仍未移居国外的最后一人，而且……已来日无多……我很高兴在异国他乡有年轻支脉延续。据此，我衷心祝福你和家人幸福安康、前程似锦。

在那个纷乱的时代，家庭流离失所，社会动荡不安，家谱则以其最简约的形式，成为家族成员至关重要的记录。家谱还用于纪念那些已经逝去的人。家族中的家谱学家记录了死于猩红热或者一出生就夭折的孩子，还有那些在接连不断的灾难中死去的妻子或丈夫。例如，在1793年为麻省什鲁斯伯里的约翰·法勒立少校立的墓碑上就刻着他七个孩子的名字“帕蒂、约翰、露西、露西、帕蒂、汉纳、雷丽斯”，这七个孩子中有六个在出生后一年内就夭折了，只有一个孩子活到了三岁。1815年，莱弗里特·索顿斯托尔在一封写给他妹妹的信中说，他正在写有关他们祖先的记录，不然的话，有关材料就会永远丢失了，他说：“令人吃惊的是，现存的材料真是太少了。”

对有些人来说，记录自己的经历或者祖先的生活，具有道德和宗教方面的意义。殖民主义者记录他们的时代以激励后人，清教徒相信“新英格兰儿女家谱登记簿”将用于最后审判日。

按照富兰克瓦·韦尔的说法，美国的家谱学从一开始就是“各种欲望的产物”。韦尔是巴黎大学校长，著有《家族树：美国家谱学的历史》一书。他对于美国家谱学的好奇始于2008年奥巴马当选总统时，是从对于巴拉克·奥巴马和夫人米歇尔家族的兴趣引发的。美国总统的祖先历来就是公众关注的话题，而奥巴马夫妇格外引人瞩目，因为他们是美国第一个非洲裔第一家庭。巴拉克·侯赛因·奥巴马生于夏威夷，父亲老巴拉克·奥巴马是肯尼亚政府的经济学家，母亲斯坦利·安·邓纳姆是来自肯萨斯州的人类学家。家谱学家们把奥巴马的母系家族追溯到了来自爱尔兰、德国、法国、瑞士的美国人，最多的是来自英国的美国人，父系家族追溯到了肯尼亚非洲人。目前仍在进行的一些调查显示，奥巴马家族还和一些美国名人有关联，像萨拉·佩林、沃伦·巴菲特、布拉德·皮特，甚至乔治·布什，这些调查者对此感到兴奋。

奥巴马入主白宫以后，人们认为他与美国奴隶制没有关系，因为他的父亲来自肯尼亚，而他的夫人米歇尔的家族历史被认为是更具有典型美国特征的，因为这个家族牵涉到了美国黑人和白人、奴隶、南北战争中的南部联邦军人，还有传教士。但是在2012年，来自Ancestry.com网站的一个团体透露，在奥巴马家族的故事中有一个奇怪的变故。原来，奥巴马的白人母亲的祖先是美国最早的非洲奴隶，名叫约翰·庞奇。在17世纪中叶，庞奇先后住在弗吉尼亚州和马里兰州，是契约奴仆，后来企图逃跑未遂，被判终身奴役。

显然，家谱学不仅揭示了人们如何建构自己的身份特征，还揭示出了别人对他们的看法。自从奥巴马当选美国第44任总统开始，一个称为“出生地质疑者”的非主流政治团体就从家谱的角度，对于奥巴马的总统竞选资格进行了无情的质疑。尽管面对许多相反的证据，但这个团体仍然声称奥巴马出生在肯尼亚，因此认定，按照宪法规定，他不具备担任美国最高职务的权利。

尽管很多人关注奥巴马的出身，但对于家谱学从历史上来看对美国人意味着什么的问题，韦尔却找不到现实的解释。他写道：“实际上家谱学可以说是我们对当代美国文化了解最少的东西。”令人吃惊的是，第一个对美国家谱学进行全面研究的竟是韦尔，一个法国人。

韦尔着手归纳四百年来美国人从事家谱工作的动机，他发现存在多种动机，但在某些时期有些动机显得尤为重要。

在美国历史上最为动乱的时期当然要数18世纪末和19世纪初，那时越来越多的人希望摆脱英国的枷锁，建立一个独立的共和国，这意味着与贵族攀亲附戚的愿望越来越不被社会接受了。美国人开始重新把这块土地定位成一个国家，他们对待自己祖先的方式也发生了变化。在独立战争前后，美国与英国日臻复杂的关系演变成与时间，尤其是与历史越来越复杂的关系了。这是一个转折点——美国国内的家谱学逐渐转变为美国人的家谱学。同时，现代的反家谱学思想也在此时出现了。

韦尔记录下来的许多迹象表明，对于个人历史的厌恶（即便仅仅是对某个家族感到好奇），与新兴的共和国同时诞生。1783年，独立战争结束之后，一些大陆陆军军官组成了一个名为辛辛那提协会的团体，协会名称取自古罗马政治家辛辛那图斯的名字。像很多类似组织一样，这个协会为其成员提供友好的援助。协会还规定，当一个协会成员去世后，他的会员资格将传给他的长子。到这个协会在13个州都建立了分会时，有关协会会员资格的规定在全美国掀起了轩然大波，因为辛辛那提的军官们被指控企图在新兴的共和国里建立一个新的世袭贵族阶层。

1815年，莱弗里特·索顿斯托尔借助姐姐的帮助整理出了家族家谱，他写道："这些信息不是为公众提供的……我不愿意把我的调查公之于众，因为许多人会认为我是出于虚荣心才这样做的，尤其是那些出身卑微的人。虚荣心，我没有，但我有以此为荣的自豪感，自豪是正常的感情。"

那么，到底什么叫出身卑微呢？出身卑微就是在社会上没有地位。实际上就是缺少一份档案记录，因为多数记录基本上都用于记载有权势的人：比如记录在法律文件中的产权人的名字，而早期的人口普查人员是不会记录妇女、奴隶或原住民的详细信息的。尽管家族中的一些人已消失在了时间的长河里，但那些家族档案仍然还在，随着时间的推移，这些档案本身代表了强大的权力。可以说没有档案，就没有权力。

然而，人们认为，家谱学是与“人人生来平等”、人人都有“生活、自由和追求幸福”的权利这一美好的理念背道而驰的。托马斯·杰弗逊在美国《独立宣言》里写下了这些话，他还在1821年撰写的自传里提到了父亲一脉来自威尔士，而母亲一脉来自英格兰和苏格兰。正像韦尔指出的那样，杰弗逊还加上了一条谦卑的告诫：“让每个人都将其信仰与功绩归因于家族吧。”

散文作家和诗人拉尔夫·沃尔多·爱默生是新兴共和国前瞻性人物的代表，他在1836年宣称：

> 我们的时代是怀旧的时代，是建立在前辈坟墓上的时代。这个时代书写着各种传记、历史和评论。过去的几代人直面上帝和自然，而我们则要通过他们的眼睛去观察。为什么我们不去享受与宇宙万物本来的联系呢？

爱默生呼吁拥抱现在，呼吁人们与过去断绝关系，他继续说道：“我们为什么总是在过去的枯骨中摸索？为什么让活着的一代人穿上从褪色衣柜中翻出来的假面舞会服装？今天，阳光一样灿烂。” 而在一年前他写的话中，措辞可没这么含蓄：“我同家谱学家谈话就像在同一具僵尸聊天。”

韦尔描述了一个戏剧评论家在1833年写下的一段戏剧评论，这部戏剧描写了一位非常得意于自己纯正血统的英国准男爵。观众在看完这部戏以后心里“充满了对英国贵族的蔑视，暗自庆幸在美国没有什么准男爵”。名著《白鲸》的作者赫尔曼·梅尔维尔的父亲阿伦非常热衷于宣扬自己同英国和挪威贵族的血缘关系（而赫尔曼·梅尔维尔的祖父却做了一件臭名昭著的事，他从波士顿倾茶事件的现场回来的时候，鞋子里装满了茶叶）。梅尔维尔在他1852年写的小说《皮埃尔》中，用自己的方式对家谱学进行了一番嘲讽：

15岁的查尔斯·米尔索普立志当一名演说家或诗人。反正无论如何他都想成为某个行当中的天才。他回想着自己的骑士祖先，愤愤不平地将耕犁一脚踢开。

当时，对家谱学提出批评的还有外国人，他们发现美国人对于贵族血统的考虑即便不是很可笑，也是很奇怪的（毫无疑问，他们中的许多人将自己家族更紧密的血统关系与美国人冷冰冰的血统声明进行了对比）。韦尔说，很多人都评论了费城和查尔斯顿的上层阶级对其贵族传统的依恋。其中一位到访的英国托利党人惊叹美国人的举止是“过分地贵族化、特权化了”。

戴维·兰伯特也认为，对那几代特别有影响力的人来说，对于祖先过于好奇是不可接受的。那个时代导致的一个最为奇怪的后果是：他现在对祖母双亲的了解，比祖母了解的还多。“生活在19世纪的人不愿意透露过去的信息，当时的一个思维定式就是向前看，而不是朝后看。”

当然，那些批评者说对了一件事，那就是人们越是为了社会生活中的实际目的，尤其是为了提高社会地位而求助于家谱，就越与这个新国家的精神格格不入，也就越容易受到欺骗。

随着美国领土的不断扩张，越来越多的人开始反对过去必然对现实具有意义这一观点；在最为极端的时候，人们甚至相信过去对于现实毫无意义。然而，这并不能抑制很多人想要审视过去的冲动。实际上，人们建立家谱的愿望与反对建立家谱的情绪是齐头并进的。如果你不打算证明你是贵族出身，那么家谱又有何用？当然有用。在美国，家谱为你提供了一个证明自己是美国人的机会。即便记录家谱的实际做法仍保持不变（列在家用《圣经》或普通书籍中），但这种做法却有了新的意义：在有些社会圈子内，建立家谱不再是优越感的象征，而是平等的证明。每个人都可以拥有档案记录，在这个伟大的共和国里所有的家庭都是平等的，建立家谱越来越成为人们喜爱的、赋予家族荣誉的方式。

独立战争结束后，随着时间的推移，订购家庭档案登记册和记录家族历史的图标挂图的人越来越多。作为家谱标志的家族树变得非常流行，女学生都把家族树当作刺绣的样式。历史协会和家谱学协会在各个州涌现出来，有些大家族还创立了他们自己的组织，并且在新英格兰、宾夕法尼亚州和纽约举行家族聚会。罗伯特·库什曼在英国组织了著名的“五月花”号轮船租赁活动，后来在“五月花”号轮船到达马萨诸塞州一年以后，他乘坐“财富”号轮船来到了普利茅斯的罗克。1855年，库什曼的一千名后裔在马萨诸塞州聚会，承诺建立一座纪念碑来纪念他们显赫的家族历史。经过最初那段不得人心的时光，辛辛那提协会幸存了下来，并成为美国最古老的世袭军事协会。

印刷商印制了大量的家谱登记册，杂志也开始插入空白的家族树，出版商为某些家族出版了正式的家谱，并且首次为业余家谱学家出版了指导手册。波士顿甚至有了自己的家谱学杂志，美国出版的家谱学出版物比英国还多。在现代美国家谱学方面最重要的出版物是约翰·法默在1829年出版的《新英格兰首批定居者的家谱登记》一书，这本书为缜密研究提供了样板。法默坚信，道听途说是不足以证实一个家族成员间的关联的，他提倡在研究中遵循严谨的证据。他与很多古文物研究者和家谱学家保持通信，逐渐形成一个日益庞大的研究群体。这个群体中的成员相互纠正学术上存在的问题，并对研究规则和家族血统的证据等方面进行长时间的讨论。他们还经常把家谱当作“科学”来讨论。事实上，对于那个时代不够严谨的家谱学提出最严厉批评的都是优秀的家谱学家，约翰·法默就是其中的一位。

当时最缺乏证据的领域是纹章学，直到19世纪，这个领域的研究才变得日益普遍。长久以来，英国纹章学专家或机构负责证实家谱关系和宣布盾徽的所有权。这些专家和机构往往把新家谱学和年轻家谱学家置于老家谱学和老家谱学家的从属地位。然而，到了19世纪50年代和60年代，一个纹章学机构出现在纽约的百老汇，而且美国的家谱学家主动把自己推介给美国家庭以求聘用。但是他们不都是诚实的家谱学家，即便在人们抱怨家谱学界缺少监管时也是如此。很多盾徽是从现有的图案目录中随意选取的，或者完全是伪造的，没有什么历史依据。

霍雷肖·盖茨·萨默斯比是一位接受过正规培训的装饰画家，他在一次去往英国的旅途中被家谱学和纹章学给吸引住了，后来成为新英格兰历史家谱协会驻伦敦的第一位业务代表。为了给美国的一些家族建起家谱树，他跑遍了全英国，详细抄录正式文件、报刊和教堂记录。他有许多有钱的顾客，尤其是在新英格兰，而且据韦尔说，他一定是当时最富有的职业家谱学家之一。但是，最后人们才弄清楚，霍雷肖·盖茨·萨默斯比的研究有一些是伪造的。

事实上，他虚构的故事的确太多了，以致现在仍在误导着一些家谱学家。1998年，萨默斯比去世一百多年之后，家谱学家保罗·里德在一个电子论坛上评论道：“萨默斯比的造假行为让我头疼，他伪造的支系后代们对我很不满，因为我认定他们与那些家族毫无关联，他们想要的是一条皇家血脉，但是这事实上根本就不存在！如果最初就有证据证明这一点，萨默斯比或许也就不必造假了。”

像萨默斯比这种人不但改变了一些家族的历史，而且还对今天研究历史的方法造成了巨大冲击。富兰克瓦·韦尔还记得自己开始调研并准备写书时，曾因为在美国找不到家谱学编年史而感到困惑，但很快他就找到了原因所在。原来，对家谱学避而远之已成为现代历史学家的职业原则之一。韦尔说，19世纪60年代“见证了第一代专业的学术历史学家的出现，他们中有很多人千方百计地把自己同家谱学家区分开来”。

19世纪中叶，在家谱学家和古文物研究者之间没有明显的界限，但是，随着伪造家谱的现象大量出现，以及历史在美国大学中学科地位的进一步确立，家谱学就被禁止进入学术象牙塔了。之所以出现这种状况，部分原因是想建立家谱的人太多了，譬如，在20世纪初，执教于哥伦比亚大学的尼克松·瑞安·福克斯，以著述历史和经济界精英方面的书籍而闻名，他就认为家谱学是从“势利和虚荣”发展而来的，不值得关注。

的确是这样，一个社会的阶级意识越强，人们就越有可能拿着家谱学对出身卑微的阶层说事儿。基于这个原因，任何关心平等的人都可能对家谱学持怀疑态度。然而，尽管当代社会仍受社会阶层的影响，但是这个残存的阶级体系只不过是旧体制的化石罢了。基于平等主义而否定家谱学的做法已经落伍了，因为该做法忽视了人们探根寻源的冲动背后的复杂情感。譬如，韦尔注意到，纵观美国历史，无论有多少人支持或诋毁家谱学，一旦一个家庭里有人去世，就会有人产生记录家族信息的冲动。1829年，丹尼尔·韦伯斯特的哥哥去世了。“丹尼尔充分意识到自己是家里‘唯一在世的人’了，于是便开始写自传，并追溯到了17世纪的殖民时代，其中托马斯·韦伯斯特是‘他所知道的’他家‘最早的祖先’。”韦尔说道。

随着时间的推移，家谱学在道德和宗教方面的重要意义越发凸显，祖先给人们提供了有用的经验教训，无论是正面的还是负面的。家谱学最终在精神层面不但对生者，而且对死者都成了一种机遇。1805年，约瑟夫·史密斯出生在佛蒙特州一个贫穷的家庭里。他声称在15岁那年，两个来自天国的人出现在他身边，并告诉他上帝对世界上的基督教会很不满意，他必须建立真正的教会。于是，史密斯在1830年建立了耶稣基督后期圣徒教会，即摩门教会，这个教会的会员相信他们的教会成员身份将在末日审判时拯救他们。如果有的教会成员担心1830年以前去世的亲属没有机会听到约瑟夫·史密斯的教诲，那么他们可以按照摩门教的教规为死者追施洗礼。

到1880年的时候，摩门教的传教士已游遍了全美国，并与其他家谱学团体联系，抄录能够帮助建立家族联系的档案，由此提供过世的人当中可能皈依摩门教的名单。1894年，摩门教教会成员在犹他州成立了家谱学协会，而后，这个协会还计划修建专门的家谱学图书馆。

政府的管理部门也开始要求人们保留更多的档案记录。土地所有证、发放给军人或军人遗属的养老金都要求有文件记录。在缺少记录时，人们就着手对家谱进行研究。美国第一次人口普查是在1790年进行的，当时记录的人口不到400万。1840年，第六次人口普查登记了1700万人口的详情，工作人员有28名。1860年的人口普查结果是3000万，工作人员是184名。人口普查记录了公民的姓名、年龄、性别、肤色、出生地、职业、婚姻状况，以及不动产的价值（还包括此人是否耳聋、眼瞎、精神有无问题等情况）。运用这些数据，政府实际上建立了庞大的家谱学研究基础。1862年颁布的《宅地法》促使许多美国人申请免费获取西部的大片土地，这一行为也产生了大量的家谱学研究信息。

然而，随着这个国家有越来越多的人开始留下越来越多的档案资料，有一个群体不得不面对这样一个事实：他们的全部历史信息都已被人盗用。

奴隶被运到美国时，他们除了大脑中的记忆以外一无所有，几代人过后，对那些奴隶的后裔而言，能明确地追溯自己祖先来源的机会已微乎其微。但是，在到达美国之后，非洲裔美国人的生活就开始被记录在档案文件中，包括买卖契约、法庭记录、出生记录、婚姻状况，以及教区登记、军队服役和人口普查等信息。与来自北欧的美国人对家谱的好奇心正相反，非洲裔美国人对自己历史传承的研究到20世纪后半叶才开始。一个重要契机是1976年亚历克斯·黑利撰写的小说《根》的出版，据说该书源自一个真实的故事。这本小说在国际上获得了成功，并且在很多少数民族社区引起了一股寻根热，也再次引起了主流社会对家谱学的兴趣。

然而，书中的情况并非都是真实的，《根》当中的一些材料被证明是虚构的，书中对许多人物在非洲生活的描述是不准确的（也许根本就不存在），而且所有的非洲裔美国人都是奴隶的后代这一断言也站不住脚（就在南北战争以前，八分之一的美国黑人其实是自由人）。然而，即便人们纷纷质疑黑利自诩为美国最杰出黑人家谱学家的行为，但仍然可以说，对于那些被拒于史书之外的大量人群来说，由于《根》这部作品的出现，历史又一次充满了生气。

20世纪以前，大部分有关传承的文件，不是用于辅助个人记忆，就是同法律事务有关，但在20世纪前叶，家谱学同生物学之间的联系越来越紧密。如今我们很难想象二者可以截然分开，但是将二者联系起来则是一个探索发现的过程，中间牵涉到许多不同领域中的不同思想，譬如，什么得到传承，是如何传承的，还有“我们是谁”这一问题意味着什么，等等。科学的理念在发展，这些理念不可避免地受到了我们对于历史传承理解程度的影响。因此，科学家谱学最初的很多见解都折射出当时的社会态度，譬如，早在基因决定论出现之前人们就认为贫困、天赋和优秀都是会遗传的，还有人认为，某些群体天生就比其他人优越。

第三章

历史上最坏的主意

> 如果我们力求保持一贯的优秀，如果我们力求保持一个真正的纯血统种群，我们就必须尽可能多地让优等男人与优等女人婚配，尽可能少地让次等男人和次等女人婚配，目的只有一个：培育优秀的后代。
>
> —柏拉图《理想国》

一切从培育绵羊开始。在18世纪中叶，有一位来自英国莱斯特郡迪什雷农庄的乡绅罗伯特·贝克韦尔，具有一种特殊的天赋，他会观察一个成年牲畜会把什么特征遗传给后代，以及是如何遗传的。譬如，他发现有些特质往往与种群相关，而且成年公羊和母羊都对后代产生了影响。他还观察到，不仅某些特征是可以遗传的，而且完整的一组特征有时是相互关联的，因此，一个特征的出现预示着另一个特征也会出现。例如，羊脸上看起来很平常的斑点有可能预示着这只羊具有某个更为重要的特质。

贝克韦尔开始试验性地人工配种绵羊，他擅长根据不同特征选择种羊。在此之前，农民们大多根据牲畜的血统来判断配种的可能性，但是，贝克韦尔却认为应该按照牲畜本身的特征来判断，然后相应地决定配种或者是不配种。贝克韦尔的天赋是懂得如何加强好的特征，抑制差的特征。

在一开始，贝克韦尔的实验是秘密进行的，后来，他培育的绵羊新品种大获公众的赞扬和喜爱。这个新品种叫作迪什利绵羊，特点是骨骼强壮、增肥快，体形呈现为奇特但完美的桶状，这种体形使得绵羊身体上值钱的部位变得更大（没有市场价值的部位变得更小）。

在贝克韦尔之前，农民就已经世世代代着手培育更值钱的绵羊品种了，而且根据经验，他们制定了实际可行的育种规则。尽管他们并不知道公羊和母羊交配后会把哪些特征遗传给后代，但是他们知道有的绵羊更值钱，而且优质绵羊在市场上和战争时期更受欢迎。自古希腊时期以来，人们依循的最基本的经验法则就是“龙生龙，凤生凤”（今天这个法则仍然适用）。虽然这些农民从养羊的经验中总结出了有效的繁殖优质牲畜的规律，但是他们没能够培育出什么新品种。当时，他们没有想出按照代代“遗传”的程序来选择种羊并繁殖后代，相反，他们将牲畜的繁衍过程视为一个整体，认为种畜可能会在后代身上“留下印痕”或者“打上标记”。

当时人们对繁衍的理解依然深受天主教《圣经》的影响：“人类是在母胎里十个月而形成的肉身。这个肉身是精血的凝结。”有些农民认为牲畜的特征是由血液遗传的，还有些人认为血液中的粒子聚集在睾丸里，然后以某种方式变成精子。他们的基本观点是：生命不是繁殖的，而是创造的。基于这种观点，每个动物个体都是由它的祖先塑造的，但又受到环境的影响，像天气、食物，甚至它做的梦。在动物生命形成的过程中，最为微妙的时刻是它受孕的那一瞬间，甚至母畜在交配时看到了什么都对胎儿有影响。

在很长的一段时间里，农民们相信牲畜的健康与它们所处的环境紧密相连，如果你经常更换环境，牲畜就会退化，价值就要受损。人们还认为，在繁衍新牲畜时，公畜和母畜所起的作用是不一样的。有些理论家认为创造力主要来自卵子（其实卵子也是靠精子激活的），但更为典型的说法则认为是精子，因为是精子把生命的物质播种在卵子之中。贝克韦尔的实验清楚地证明了在生育后代的过程中，母畜和公畜是同等重要的。

1783年，贝克韦尔成立了一个协会来规范出租种羊的方法，他是以配种为目的把迪什利种羊出租给农民的。这种系统地按照品种出租绵羊的做法有史以来还是第一次（并以此租赁权收取前所未有的高价）。贝克韦尔的实验很快引起了很多人的兴趣，影响到了周边的农场，继而影响到整个绵羊饲养行业的牲畜，改变了我们对牲畜特征代代相传的传统看法。

贝克韦尔被称为“育种巨匠”，他的迪什利种羊已经走出英国，传到欧美，最后还在澳大利亚和新西兰得到繁衍。到了1790年，一位和贝克韦尔同时代的人对此作了很现代的评论，他说：“贝克韦尔的实验证明了牲畜的许多特征在相当大的程度上是遗传的结果。”这个原理不仅适用于绵羊，也适用于牛和马——贝克韦尔培育的牛和马同样受到同行的热烈欢迎。在他进行育种实验之前，农民们都说牲畜的特征在几代牲畜中是“不断延续而且真实可见的”；而在育种实验以后，“遗传”作为基本的机制被人们接受。在贝克韦尔去世100多年之后的1915年，世界发行量最大的育种报纸《繁育者报》写道：

贝克韦尔是世界上第一位伟大的动物育种家，他敢于打破那些能左右家畜繁育的先入之见，找到了最迅速、最有效的方法来确立并固定最优的牲畜特征。

贝克韦尔敏锐的观察力和系统的方法永远改变了人们对于什么物质

得到了传承的认知，也改变了人们对于传承可以控制到什么程度的认识。但是，虽然他已经掌握了精湛的、操纵遗传的技艺，可是他没有理解传承的机制。人们要做到这一点，还需要一个世纪的时间。

继绵羊繁育者之后，在遗传研究史上第二个重要的群体是法国医学界。在19世纪初以前，法语hérédité（遗传）一词基本上是一个法律术语，用来表示遗产和世系，但是大约在1830年，法国医生开始思考家族成员之间身体特征的遗传问题，并且在生物学意义上使用这个词。1840年以后，医生们又开始思考道德和心理特征传承的可能性。

到了19世纪末，医生们和从事生命科学其他方面研究的科学家逐渐达成共识，认为遗传学有可能用来解释以前被认为是毫不相干的一整套现象，譬如，疾病的复发现象、家庭成员的相似性、种族间的差异，甚至物种的形成，等等。这是第一次有可能在不涉及具体个人特征的情况下，宏观地讨论特征及其之间的联系。

几乎就在同时，格雷戈尔·孟德尔成了第一个弄清楚（或者至少部分地弄清楚）这个遗传程式是如何运行的人。孟德尔在1822年出生于摩拉维亚北部（现在捷克共和国境内），他是在自家果园里的劳作中长大的。1840年，他进入了布尔诺的圣托马斯修道院，并且开始为阿博特·西里尔·纳珀工作，纳珀是摩拉维亚农业协会的领导，也是其他农业和科学协会的成员。纳珀把孟德尔送入维也纳大学学习了两年。学成归来以后，孟德尔被委派管理修道院的菜园。在那里他对豌豆种植进行了一系列的研究，对植物的特征在植物各代之间的传承进行了调查，还亲自用小画笔给植物进行人工授粉。

孟德尔对于植物的高度、颜色、种子质地和其他特点进行了实验，并得出了结论，认为植物子株的某些特征均源自雄株或雌株。遗传下来的特征有的是显性的，有的是隐性的，也就是说，如果植物的一个亲体遗传的是显性特征（如平滑的皮质），而另一株亲体遗传的是隐性特征（如褶皱的皮质），那么，在植物后代身上显现的总是显性特征。如果两株亲体遗传的都是显性特征，那么，在子株身上显现的就都是显性特征，只有在两株亲体遗传的都是隐性特征的情况下，子株才会显现隐性特征。如果既带有显性又带有隐性特征的亲体产出了四棵子株，可能出现的结果是：三棵子株呈现显性特征，只有一棵子株呈现隐性特征。

人的遗传也是如此，孟德尔的理论解释了孩子所带有的特征可能只和父母中的一位的特征相同，而与另一位的特征不同，他还解释了为什么有些特征会隔代相传。如果一个人从父母中的一位身上接受的是显性特征，从另一位身上接受的是隐性特征，那么，他自己身上出现的则是显性特征，而把隐性特征遗传给了他的后代。如果其后代从双亲中的另一位身上接受的也是隐性特征，这个特征看上去更像是来自他的祖父母，而不像是来自他的父母。

在1866年，孟德尔发表了一篇论文来阐述他的发现，但是没有引起关注，这很像当年的贝克韦尔，他的研究成果对于当时那些先入为主的观念来说太超前了，人们还没有认识到他的看法的重要性。过了三十年之后，科学家们才开始认识经过孟德尔简约概括的遗传学重要原理。1906年，英国科学家威廉·贝特森第一次用了“遗传学”这个术语来描述根据这些原理所进行的研究工作。

19世纪后叶，在一切有关遗传学发展的个人贡献、集体协作、实验和灵感中，有三个构想彻底改变了人们对于世代和遗传的认识。孟德尔的理念居于首位，第二种构想当然是进化论。

对于进化论在科学、医疗、环保，以及在社会科学和大部分日常生活中的影响怎么强调也不过分。达尔文在1859年发表《物种起源》，断然否定上帝造人的创造论，引起了轩然大波。达尔文提出同一物种中所有个体之间都具有自然的差异，为了适应环境，物种都要改变自己，在动物界，越是善于适应环境的，其繁育的后代也就越多。达尔文的理论使得科学界的思考超越了人类的世系，并且想象出一条不会中断的母系链条：链条的一端是一只看起来像黑猩猩的雌性动物，顺着这条链条延续下去，每一位母亲都生育并抚养她的孩子，直到链条的另一端，也就是我们现在的位置。虽然达尔文知道有某种类似基因的物质在创造动物个体和物种的过程中起作用，但他并不知道那是一种什么物质。

达尔文受到了当时法国人有关hérédité（遗传）讨论的影响，不久以后，他甚至给出了自己的遗传传递理论——泛生论。他提出：由父母遗传给后代的微粒，叫作“泛子”，这些泛子汇聚在一起，促成了个体特征的形成。虽然这是一个有缺陷的理论，而且也从未被真正采纳，但是达尔文认为，遗传学应该解释在父母身上没有显现的特征是如何有可能在孩子身上出现的。很遗憾，他不知道孟德尔，也不了解孟德尔的实验。

孟德尔的发现最终受到了人们的重视，并引发了公众普遍的热情，因为他的发现雄辩地解释了一个引人瞩目的现象，并且还能够帮助育种者做出可靠的预测。这一发现的魅力还在于其简便的演算过程，使得以往那些神秘莫测的现象变得完全可以掌控了。一种令人陶醉的优胜感，加上进化论带来的宏伟远景，使人们得出了一个可望而不可即的结论，即人类可以操控这个遗传程序。如果人工的选择能够用来创造更优质的牛、马和羊，那么为什么不能创造更优质的人种呢？人种改良学就是彻底改变我们代与代之间传承观念的第三个构想。

力主培育更优秀人种的是达尔文的表亲弗朗西斯·高尔顿，他创造的 “人种改良科学”一词就是“遗传科学”的孪生兄弟。高尔顿兴致勃勃地在遗传学以及其他领域进行了广泛的研究。同那个时代的科学家一样，高尔顿用自己的家产资助实验。他的调查研究，无论从地理方面还是智力方面，都相当广泛。高尔顿还是著名的南非探险家和颇具影响力的早期气象学家，而且还发明了至今仍在使用的指纹分类法。他还是研究双胞胎遗传问题的第一人，并制定了一个相关的计算公式，按照他的公式，人们可以预测双胞胎的特征有多少成分是遗传的。

高尔顿深受达尔文思想和成就的影响，为了检验泛子在血液中循环的概念，他在没有血缘关系的兔子身上做输血试验，来探寻某些特征是否可能以这种方式传递，但试验没有成功。

尽管如此，高尔顿仍然对人工选择，即繁育的理念极感兴趣，认为这种繁育方法有可能在人类中去掉劣等素质，培养优良素质。确实，他相信许多特征是直接遗传的，譬如：如果你父亲很聪明，那你就有可能也很聪明；如果你父亲体质很虚弱，恐怕你的体质也很虚弱；如果你的父母事业不成功，你的事业几乎肯定也不会成功。高尔顿创造了“天性与教养”这个术语，并且相信生物特征是固定不变的，教育或其他社会因素对无法逃脱的命运几乎起不到决定性作用。为了证实他的理论，高尔顿搜集了2500名知名人士的名单，并对他们家族的成员关系进行追踪调查，他发现名单上这些人之间彼此相互关联的概率远远超出偶然的程度。高尔顿的解释是天赋决定了这些人的卓越声望，他的调研证实了天赋是遗传的理念。

人种改良学的基本精神是要把种族、特征和改良等观念移植到现有的社会阶层中去，在高尔顿所生活的维多利亚时代，社会阶层被认为是自然形成的，因此，对他来说，人们生活中的不平等现象应该从生物方面，而不是从社会方面找原因。譬如，如果贫穷、犯罪和精神错乱等现象被认为是“自然的”，那就应该力图从生物领域里找到对待这些现象的方法。为什么不能从人出生之前就把这些负面因素淘汰了呢？高尔顿写道，“大自然盲目地、缓慢而无情地做的事，人类有可能运用经过缜密思考的、迅速而友善的方式来进行”。他认为人种改良学可能成为新的宗教。

高尔顿的理念在世界上广为传播，并在南北战争后，迅速地在新兴的充满活力的美国传播开来。当时人人平等的精神在美国是乌托邦式的，也是有选择的：虽然在这个新兴的民主社会里人人平等，但是妇女、黑人、残疾人和穷人除外。

麦迪逊·格兰特于1865年出生在一个祖先意识很强的家庭里。从他母亲这一脉来说，格兰特是一位1623年在“新尼德兰”定居的瓦隆胡格诺派教徒的后裔。而他的父亲是一位知名的纽瓦克医生，有着许多非常引人瞩目的祖先，其中包括1630年定居在新英格兰的清教徒理查德·特里特。

格兰特是在曼哈顿的墨累山长大的，平时由家庭教师授课，夏天他同三个兄弟姐妹住在长岛他祖父的庄园里。十几岁时，他在欧洲度过了四年的时光，其间他接受私立教育并参观了很多博物馆。成年以后，他成为殖民战争协会的成员。这个协会是专门为那些参加了1607年至1763年之间殖民战争的高级人员的男性后裔而设立的。每个协会会员都会获得一份证书，记录着详细的家族历史，而且协会每年要发表记载所有会员家谱的年鉴。格兰特天资聪颖，勤奋努力，是美国最早的、最具权威的生态环境保护主义者之一，但又是美国“最具影响力的种族主义者”。

格兰特的第一本传记2009年才出版，出版这本传记的难度相当大，因为他的家人在他1937年去世后就把他所有的文件都给毁掉了。格兰特的传记作者乔纳森·彼得·斯皮罗，为寻找资料花了很多年的时间梳理格兰特的档案。斯皮罗发现，即便是格兰特的朋友们好像也已经把所有与他有关的文件都扔掉了。尽管如此，斯皮罗仍然确定了格兰特人生发展的几个关键时期。

在格兰特的欧洲求学之旅中，他拜访了莫里茨伯格城堡，这是一个巴洛克风格的狩猎者小屋。斯皮罗想象得出，格兰特肯定被城堡里非比寻常的赤鹿鹿角藏品给惊呆了，这些鹿角是三百年前从被猎杀的赤鹿头上割取的。在一间高大的现在还供人参观的餐厅里，每面墙上都挂满了鹿角，共有两层楼那么高，6英尺6英寸那么宽，其中有一对鹿角是当今世界最大的。格兰特清楚地看到这些鹿角远比他自己猎杀的赤鹿鹿角大得多。因此他得出结论：赤鹿的物种退化了。

格兰特加入的另一个特权社团是布恩和克罗克特俱乐部，一个自封的冒险家的社团，这个团队的成员都“坚信运动越艰难，越适合于男子汉，也就越迷人”。格兰特与俱乐部的创始人西奥多·罗斯福关系密切，罗斯福后来成为美国第26任总统。格兰特和俱乐部的各位绅士们经常去狩猎，他们同动物广泛的近距离接触使他们意识到了北美洲的动物体形在变小，数量在变少。

出于对大自然的热爱和对大自然最终会被破坏的恐惧，格兰特把他所掌握的社会权力运用到了极致。他为了保护濒临灭绝的美洲野牛而游说，他与人联手创立了保护红杉联盟，他对于鲸鱼、白头鹰和其他动物的保护也非常热心，他是冰川和麦金利山（现为迪纳利山）国家公园的创建者之一，也是纽约动物学会和布朗克斯动物园的创建者之一。在19世纪与20世纪之交，他还发挥积极作用，在动物园举办了一系列展览，但其中一个展览是以一个非洲人为展品的。

这个展品是一个来自刚果姆布提的侏儒，名叫奥塔·本戈，他身高4英尺11英寸，牙齿都被锉成了尖形。在遇到格兰特之前，本戈的生活就已经充满悲剧色彩了。他本已成家，并有了两个孩子。有一天，当他外出打猎时，他的家人全都被利奥波德王的军队给杀害了。后来他被奴隶贩子抓了起来，又被一个传教士用一匹布和一磅盐给买了去，这个传教士是特意来到非洲为圣路易斯世博会挑选侏儒展品的。奥塔·本戈作为展品展出之后，回到了非洲，但是他觉得自己已经不属于非洲了，于是又回到了美国。有一段时间，他在美国自然博物馆被展出，但是不久，他竟然被关进布朗克斯动物园的猴笼子里苦度时光。笼子外边有块牌子，上面写着：

非洲侏儒，姓名：奥塔·本戈
年龄：23岁，身高：4英尺11英寸
体重：103磅，由赛缪尔·弗纳博士
从南中非刚果自由国家的开赛河带到此地
展出时间：九月的每天下午

当他成为一个颇受公众欢迎的“展品”以后，从布鲁克林的有色人种孤儿庇护所来了一个由“有色人种外交使节”组成的代表团，找到麦迪逊·格兰特，要为这个侏儒的案子辩护。格兰特看上去倒挺友好，他向代表团保证本戈很快就要离开此地，而且他在动物园期间是帮着照顾动物的。那天下午，代表团在新闻记者的陪同之下又回到了动物园，发现本戈和一只荷兰猪关在一个笼子里，笼子外面有几百人站在那里看热闹。

本戈是被允许在笼子外面走动的，但必须在场地管理员，甚至在警察的监视之下走动。最后，他被释放出来，并且受到有色人种孤儿庇护所的关照，然后被送到了弗吉尼亚州生活，在那里他又一次计划返回非洲，但却未能成行。后来，在一家制烟厂工作了几年以后，本戈自杀了，他朝自己的心脏开了一枪。

在当今世界，当环境保护被认为是一种必要的行为，也是一种美德，而种族主义受到谴责时，格兰特的行为便会令人费解。但是就格兰特本人而言，保护他自己深爱的北美红杉和美洲野牛，把人当成动物园的展品，拯救北欧诸国的民族等，都是同一个问题的不同侧面而已，他认为所有这些行为都是管理职责权限内的、仁爱友善的表现形式。

在格兰特时代，人们对外国人充满了憎恶，历史学家把这种现象追溯到了19世纪80年代。当时来到美国的移民从每年25万跃升至50万。在这之前的移民大多数来自北欧国家，譬如德国、英国和爱尔兰，不可否认，他们当中的一些人是不太受欢迎的。在19世纪50年代，对于爱尔兰人的偏见助长了反移民运动。但是几十年过后，越来越多的移民来自欧洲大陆其他地方。这些移民缺少在城市工作的技能，缺少正规教育，逐渐开始聚集在美国东部的城市里。与格兰特同时代的人记述了当时纽约街头杂乱无序的状态，街上到处都是来自欧洲的贫苦农民，一时间失业盛行、贫困日增、犯罪失控。这些新的外来者与以前来自欧洲的移民后裔截然不同，这些新移民似乎对格兰特特权世界的各个方面都构成了威胁。他写道："这些移民劳力正在把他们的主人排挤掉，正在用污染环境杀人，以拥挤行为害命，如同刀剑一样厉害。"

在移民问题上，美国人是自取其祸。格兰特对此非常懊恼，他说："正是美国上层阶级助长了移民劳动力到美国的工厂和矿山工作的风潮……美国的农民和工匠阶层在一开始并没有警觉，等觉察到问题时，为时已晚，在全国许多地方，他们都正遭受着灭顶之灾的威胁。"他把当时的境况比作罗马的陷落，当初在罗马，下层阶级首先屈服，但是历经几代人之后，"贵族阶层"被推翻。

不管怎样，格兰特是在达尔文的《物种起源》出版之后几年才出生的，当时他的父母那一代人对于否认上帝是造物主，是大自然选择了谁该生存谁不该生存的观念深感震惊。但格兰特却对这一观念感到振奋，他相信人类可以通过控制家族内遗传特征的方式操控人种的选择。他写道，所有绵羊繁育者都知道，通过选择性的不繁育的做法，黑羊已经从饲养的羊群中被去除掉，尽管偶尔会出现返祖现象。

格兰特主张，如果把所有的“社会渣滓”都做了绝育手术，人类社会就会去除那些不合格的人。他写道，“对于整个问题来说，这是一个实际的、仁慈的、必须实行的解决办法，这个办法可以适用于更为宽泛的社会废料圈，而且首先应该从罪犯、病人、精神病人开始，然后可以延续到所谓的‘孱弱之人’，而非‘智力低下者’，最终去除那些毫无用处的人种”。格兰特同意由国家抚养有缺陷的人，但他同时又说，确保这些人的“繁衍路线在他们这一代终止”是国家的责任。

即便是按照那个时代的标准，人种改良学理论也基本上不合逻辑。格兰特写道：

当美国的黑人稳定地处于某个社会阶层时，并没有给美国的社会文明造成严重的阻碍，但是到了上个世纪，他们得到了公民权，而且融入了国家政体之中以后，情况就不同了。这些黑人没有带来自己民族的语言、宗教、风俗习惯，而是接纳了占支配地位的民族的所有文化，甚至使用了他们主人的名字。

经过一百多年的绑架、虐待、奴役后，非洲裔美国人中出现了缺少本民族文化的现象（当然也缺少家族档案），对格兰特而言，这是非洲人是劣等民族的象征。对他来说，问题的关键是非洲裔美国人接纳了盎格鲁-撒克逊文化，这就证实了盎格鲁-撒克逊文化的优越性。

同样地，格兰特的人种改良学建立在一个混乱版的进化论和遗传学之上。有史以来，这个世界就一直坚信某些人比另外一些人更优越，而就是在这样的一个世界里，进化论和遗传学的新理念又被片面地利用了。达尔文的理论、孟德尔的科学和对于家谱学的间接运用都不是真正的问题所在，真正的问题在于这些理念的应用方式为长期存在的社会等级观念提供了科学上的依据。人们已经生活在一个不平等的世界里了，穷人之所以受穷，被认为是因为他们本身能力不足，并不是社会之过。甚至在达尔文看来也有“野蛮的”和“文明的”种族之分，这是他那个时代典型的观念。

格兰特主要是担心种族纯粹性有可能被玷污，这是那个时代人们普遍关注的问题。1918年的流感大暴发，加剧了人们对此问题的担忧，在那次灾难中，全世界有2100万人死亡，这又让人们对传染病和卫生状况等问题倍感焦虑。

在美国很多州，种族纯粹性的观念受到法律的保护，是神圣不可侵犯的，尤其是在南方，种族隔离是通过立法的形式来进行的。在很多公共场所，如公共交通、学校、公共厕所等，黑人必须与白人隔离。最极端的事例是“一滴血”原则，即根据父母的种族来确认后代的种族，这已成为准则。格兰特是这样解释准则的：“一个白人和一个印第安人生的混血儿是印第安人，一个白人和一个黑人生的混血儿是黑人，一个白人和一个印度人生的混血儿就是印度人，任何一个来自欧洲三个种族的人和一个犹太人生的混血儿就是一个犹太人。” 格兰特创造了一个词“北欧人种”来形容他自己这样金发碧眼的人。

1916年，格兰特在他写的《伟大民族的消亡》一书中归纳了他的理念。这本书在1925年被翻译成德文，并且被热衷于人种改良运动的科学家广泛引用。年轻的阿道夫·希特勒读了这本书以后，据说还写了一封表达崇拜之情的信给格兰特，称这本书是他的“圣经”。

麦迪逊·格兰特是在世纪之交的美国家谱学和人种改良学界最神秘、最扰人的人物，但是那场人种改良运动并没有因他的离去而完结。在20世纪初，许多州都成立了人种改良学会，旨在影响政府，促进人种的改善。美国国家人种改良学会在州博览会上举行过“优等家庭比赛”，参赛家庭必须经过心理、牙齿及其他诸方面的检查，还要填写参赛表格，列出他们“身体的、精神的、性格上的缺陷”，还要列出他们的“特殊天赋、才能、品位或超人之处。”

实际比赛并不像上述规则要求的那样严格。1925年在马萨诸塞州有一个家庭获得了“一般家庭杯”奖，他们承认患有近视，好在他们被列入有特殊才能的行列，他们在数学、语言、读写以及高尔夫球方面能力突出。比赛的获奖者都得到一枚奖牌，上面刻有一对典型的健美男女，他们身穿飘动的长袍，手臂伸向一个蹒跚学步的裸体孩童，在他们的上方刻有一行字：“啊，我有多么骄人的遗产！”

诚然，注重培育优良家族特征是那个时代的焦点，与之相伴的是人们对大量移民的涌入并带来劣质人种特征的担心，以及中产和上等阶级（“最有价值的阶级”——麦迪逊·格兰特语）生育率的下降。在州博览会上有一张宣传人种改良学的招贴画，上面印有一句话：“我们美国人只关心猪狗牛的纯种血统，而对我们孩子的血统却听天由命，或视而不见，请问，这种状况还要持续多久？”

当然，当时有一种先把社会状况同“本质特征”相混淆，然后再用生物学进行解释的倾向，如果把这种现象放在孟德尔遗传定律的框架里，它就显得更具科学性。在一张关于“合适的”与“不合适的”婚姻的招贴画上，列着一个公式：

纯种+纯种：孩子正常，

不正常+不正常：孩子不正常

纯种+不正常：孩子正常，但是有损害，有不正常孙辈

有损害的+不正常：孩子1/2正常，但有损害，1/2不正常

有损害+纯种：孩子1/2纯种正常，1/2正常但有损害

有损害+有损害的孩子：每四人中有1个不正常，

1个纯种正常，以及2个有损害

有关人类和动物界特征选择的两个概念紧密地交织在一起，这使得美国育种者协会又开设了很多专门委员会，这些委员会的兴趣涵盖了人类和动物，它们是：精神病遗传委员会、眼睛缺陷遗传委员会、犯罪遗传委员会，以及移民委员会。这个协会还发行了一本杂志，在1912年第三期杂志上刊登了这些文章：《狐狸的驯养》《冬大麦育种》《弱智的遗传》。在一篇题为《人种改良家谱学研究》的文章中，作者认为在孟德尔遗传定律中，活力和美德是显性特征，弱点和恶习是隐形特征。这本杂志还刊印了详细的家谱来阐述“缺陷类型”的传播，包括癫痫、精神病、少年犯罪和漫游癖/流浪癖等特征。

对于孟德尔遗传定律过分简单的解读（如：真正的音准是天生的，色盲是遗传的），人们颇感无所适从。电话的发明者亚历山大·格雷厄姆·贝尔对于遗传学的应用和人种改良学也非常感兴趣，但是他担心人种改良运动过于强调负面特征会使公众产生反感，建议追求正面特征。他在实验室开设了一个家谱学档案办公室，并在马莎葡萄园岛研究遗传性耳聋。他还是纽约专门研究人类长寿的人种改良档案室主任。贝尔和他的工作人员仔细考察了那些有家族成员寿命超过80岁的家族家谱。

麦迪逊·格兰特有一个亲密的同事，叫保罗·波普诺，他写了很多文章来论证美国人种改良学的光辉前途。他指出，家谱学将会起到“进化论助手”的作用，家谱中所记录的特征并不是“个人的事”，“社会的构建就是以这些特征为基础的。无论是优良特征，还是劣等特征，都决定了我们社会的命运”。

除了生日、死亡日期和家族关系外，波普诺建议在家谱中加上特征、天赋和缺陷等注释，他还建议美国人把家谱送到一个中心办公室，让研究人员通过这些材料对遗传学有更多的了解，以便把研究成果运用到医疗、法律、社会学和统计学当中去。他写道：“人种改良学和家谱学的融会贯通是非常符合逻辑的，应该马上结合在一起。” 波普诺宣称：家谱学家更了解自己，视野更为开阔，生活得更有意义。社会可以借助家谱，决定如何教育孩子，做到依据孩子的天赋因材施教（所谓天赋其实不是孩子本身的能力，而是事先测定的孩子父母的能力）。

不同寻常的是，波普诺在人种改良学的基础上创立了专门的婚姻咨询专业。他建议人们首先根据家谱信息选择结婚对象，然后再坠入爱河。（1925年，一位图书评论家将这样的择偶方式归纳如下：“保留所有候选人的卡片索引……列出一份符合妻子资格的清单……健康状况、母性、智力、相貌、持家、性格、年龄、家庭、活力、友好……每符合一项上述条件加10分……少于75分的候选人不予考虑。”）

笼统地看，波普诺的计划冷酷无情、机械死板，虽然表面上看起来很实用，其实完全不切实际。不过他的设想也有可以借鉴的一面，比如他对于家谱学和人际关系的考虑方式，预见到了21世纪初社交网络式的思维方式。家谱学家不仅仅把家族看作是一个“以过去杰出人物的名字为中心的单独实体；而且是人类生活这幅宏大的编织作品中不可分割的一部分，它的经线和纬线从创世开始，一直向前延续，在每一代人中互相交叉。”在“通向神圣的永生之路”上，家谱学家们帮助人们获得宏观的视角，“在一段时间内他们就是这条永生之路的守护者”。

不幸的是，有些永生之路要比其他道路更为神圣，如果人类这幅编织作品的经线和纬线在边缘被扯破了，波普诺就建议把那些边缘给裁掉。他调研过消灭退化人种的问题“从历史的角度看，浮现在我脑海中的第一个方法就是处决……人们不该低估这种方法在保持人种标准方面的价值”，但最终他没有采纳这种方法：“把次等人种或者罪犯处死完全与时代精神不一致，人种改良运动也没有真正考虑过要这么做。”

像格兰特一样，波普诺也主张种族隔离，而且在特殊情况下，他还主张采取第二步：施行绝育。这种补救方法于1907年从印第安纳州开始实施，后来被很多州采纳。第一个被迫施行绝育手术的美国人是17岁的卡丽·巴克，她被描绘成“来自南方的反社会的白人阶层，这些人不思进取、无知，简直一无是处”。巴克因为被强奸受孕而生过一个孩子。虽然巴克在高一年级的平均学习成绩是“良”，但她仍被迫施行绝育手术，那些决定给她做手术的人说她是淫乱弱智的人。其他被迫绝育的人有罪犯、盲人、聋哑人、孤儿、极为贫穷的人，以及被收容的人。从1907年到20世纪70年代，美国至少有六万人被判为没有生养资格而被所在州强迫施行绝育手术。这些做法的后果现在仍在发酵，自2014年起，那些从1929年到1974年间被迫绝育的北卡罗来纳州居民能够向州基金会提出索赔。

在挪威、奥地利、丹麦、芬兰、比利时、俄罗斯、法国、墨西哥、巴西，还有日本，人种改良学受到高度重视，人们对此表现出极大热情。很多国家谋求对于生育问题和遗传控制进行制度化，由政府管理，并且以建立联邦办公室的方式来追踪家谱谱系，譬如，美国的人种改良学档案办公室（ERO）和瑞典国家种族生物调查研究所就是具有这种功能的机构。

绝育政策在世界范围内实施，而且人种改良学的传播被认为是在大众中普及科学知识的宏大规划的一部分。科学和人种改良学在美国州博览会上占有很重要的位置，在其他国家，科学和人种改良学是教育与娱乐相结合的活动，譬如，妇女参加的人种改良选美比赛和卫生展览会。

在20世纪20年代的日本，有很多城市开设了婚姻人种改良咨询中心，有些机构设在商店里，以便人们在逛商店、采购衣物或家庭用品时，能够获取有关种族卫生的最新信息。婚姻人种改良咨询顾问有时也起到婚姻介绍人的作用，只要两个年轻人具备了合适的血统和健康证明，他们就可能会在咨询顾问的撮合下结为连理。如果无法取得婚配证明材料，日本人会请侦探调查结婚对象的家谱，以确保在缔结婚姻之前如有非日本的血统关系混入，他们能及时发现。

当时日本就有一家人种改良活动/运动协会，而且在1935年还成立了婚姻人种改良普及协会，这是日本种族卫生协会的一个小部门。人种改良学期刊包括Jinsei-Der Mensch（《人类生活》），杂志中常常夹杂着人种改良婚姻调查问卷。就像波普诺鼓励美国人搜集家谱信息，并且提交上来以便派上更大用场一样，日本妇女也被要求收集所有亲戚的信息材料，其目的之一就是避免意外近亲生育。1928年12月21日被定为“血统纯洁日”，在这一天妇女可以免费验血。

在德国，家谱学、遗传学和进化论交织在一起，并沿着同样的道路发展。时至今日，西方人在谈及第二次世界大战和纳粹大屠杀的动因时，还认为他们与当时世界其他地区持有的成见毫不相干。其实，二者之间存在着很多共同之处，特别是在血统和其重要性方面。第二次世界大战之前，由于血缘关系、遗传和种族卫生等有害观念作祟，导致全世界大批人在不知情或不情愿的情况下被强迫施行了绝育手术。而在德国，纳粹政权则把这一做法推向了令人惊骇的极致。

第四章

德意志帝国的家谱权威

在今后适当的时候，所有的 Volksgenosse（同人种的同志）都要出具能够显示自己祖先的证明。对很多同人种的同志来说，尽早地证明他们的祖先是至关重要的。

——1939 年德国公民登记员指令

选自埃里克 · 埃伦赖希《纳粹的祖先证明》

当我初次见到73岁高龄的约・毛赫时，他从黑色公文包里拿出了一本薄薄的棕色书籍放在桌子上。书的封面正中间印着的那只金色的鹰已经褪了色，书的上方印有一行德文Deutsches Einheitsfamilienstammbush（《德国标准家谱》），这是一本关于德国家族树的书。

书中记录了毛赫的父母玛丽亚・卢茨和阿尔方斯・毛赫、毛赫的祖父母和外祖父母，还有那些能够追溯到18世纪晚期的祖先约翰娜・米夏埃尔・魏德、埃莱奥诺拉・魏斯和巴尔塔扎・卢茨。毛赫扬了扬眉毛说，他们都是很好的德国人，他们都有很好的德文名字，并且从不到国外旅行。《德国标准家谱》是一本家谱规则，也是一套文件集，又是一本全家族的护照。这本书里有全家族人的生日和婚姻记录表，官方的印章认证了毛赫父母、祖父母和外祖父母的婚姻细节。家谱还为毛赫和他哥哥于尔根、姐姐伊丽莎白每人设有一页，记录他们的出生日期和出生地，他的姐姐在三岁时死于白喉病。毛赫生于1940年，起名“约阿希姆”，在他的那一页，印有四个斯图加特的官方印章，其中一个印章是一匹前蹄腾空后仰站立的枣红马，还有一个印章是一只雄鹰，在一个圈起来的德国纳粹万字标记上方展翅高飞。

这本书还列了一些好的德文名字，如约阿希姆、约比特、尤利乌斯、于尔根等，供男孩和女孩选用。书的前后是一些文章，主题是指导20世纪30年代德国公民如何拥有富有成效的人生。“你看，”毛赫指着一篇文章的题目说，“Die Familie im Dienst der Rassenhygiene，为Rassen服务的家族，其中Rassen一词的意思是‘种族’，即‘种族纯洁’，保持种族清洁的意思。”还有一篇文章，论述为什么不应该和有基因缺陷的人结婚，原因就是怕把这些缺陷传给孩子。

毛赫既坦率诚恳，又若有所思。他时而停下来认真地思考，时而咧开嘴甜蜜地微笑，这微笑改变了他的整个面部表情。他的两只淡蓝的眼睛同时看着不同的方向，他解释说，虽然他两只眼睛都能看见，但是他的大脑对于右眼看到的东西没有反应。他出生以后就住在斯图加特的一条街道里，两边都是公寓楼，在第二次世界大战爆发的第四年，那条街道遭到轰炸，当时他只有三岁。他说：“当时每次空袭都有两次警报，一次是持续很长时间的警笛声，意思是‘赶快隐蔽’；另一次是非常快的嗒嗒嗒的声音，意思是敌人的轰炸机已经到了，马上就要轰炸。”

他问我是否看过《五号屠宰场》那个电影，电影是根据库尔特·冯内古特的小说改编的，说的是德累斯顿空袭。毛赫说，无论那部电影的制片人是谁，他一定经历过那次轰炸。“当电影出现了轰炸的镜头时，我吓得几乎跑出电影院。那个镜头太真实了，镜头里没有炮火硝烟，只是展示了一群人跑进地下防空洞，接着是一阵晃动，墙上屋顶的灰浆直往下掉，房顶吊着的灯泡晃了几下就熄灭了，一片黑暗，这几个镜头我永远不会忘记。”

那天，毛赫家隔壁的公寓楼被炸，这两栋公寓楼的地下室是由一条通道连接的。毛赫回忆说，空袭过后，人们把那些半死的人顺着通道拖进他们的地下室，他停了停接着说：“实在让我受不了的是那些大人们，我母亲情绪失控，大喊大叫，这对一个孩子来说简直糟透了，当时父母都崩溃了。”他们在地下室躲了大约半个小时，出来时发现右边的公寓楼不见了。从此以后，毛赫的两只眼睛就不能聚焦在一个方向了，谁也弄不清楚这是什么病症。

当时，毛赫的哥哥被送到一个亲戚家，父亲在俄国前线。毛赫只见过父亲一次，那是在他回来参加女儿葬礼的时候。几个月后，毛赫的母亲收到一封德国政府寄来的信，说她丈夫是个英雄，意思是他已经不在了。来信说他死得其所，却没有说具体是怎么死的。

毛赫越来越憎恨德国，他和他的朋友都是在废墟和混乱中长大的，在这个国家里有1100万人被杀害，还有更多的人被关押在死亡集中营里。毛赫说：“没有人告诉过我们到底发生了什么事。”他一直在四处询问这些事，但是没有人给出一个合理的回答。“我们有时打电话，有时找人面谈，但是我们询问到的每一个人都说自己是行为端正的人，和这些事没有关系。”有时他的母亲很不情愿地跟他说让犹太人遭受恐怖境遇的也都是好人，毛赫当时就问她：“那你为什么不制止他们？”毛赫苦笑了一下，对我说：“当然，这样问她是不公平的。”可母亲总是回答说：“你是永远也不会理解的。”“没有人是纳粹，”毛赫说，“人人从一开始都知道希特勒是罪犯。”我问毛赫他的母亲是不是纳粹，他说：“我认为她不是。但是他们这些人当着孩子的面说话都得特别小心，因为老师会让孩子揭发父母是否说过希特勒的坏话。”有一次，毛赫的母亲告诉他当希特勒在电视上发表演讲后，有一个邻居过来质问她是否听了他的演讲。因此毛赫断定他母亲不是纳粹，如果是的话，她就不会跟他说这样的事了，但是她说她哥哥是纳粹。那么，毛赫的父亲是纳粹吗？毛赫说："我想他也不是，我听说他是个非常严守教规的天主教徒，他根本不可能同时又是一个纳粹。"

到了毛赫上学的时候，他的生物课本有好几页都被白纸盖住了，后来有人告诉他，被盖住的段落鼓吹雅利安民族在生物学上至高无上的地位。毛赫说："当时只有一位教师是以让我们了解事实真相为己任的。"毛赫现在已经记不得他的名字了，但依然记得那是一个义愤填膺的年轻人。有一天，这位教师把一份集中营的建筑图带到班上来，把屠杀室展示给学生看，并解释道：在其中一间屠杀室，纳粹朝人们的脖子开枪，当人们中弹倒地后，血液会从地面上设计巧妙的沟槽排出去。老师对学生们说："现在，想象一下那些绘图人员坐在那里设计这些东西的景象！"回忆到这里，毛赫评论道："我至今仍然无法理解人们怎么能够那样做。"

1960年，毛赫逃离德国，去了澳大利亚，因为他不愿意被征召入伍。但他不会说英语，所以开始时只能同德国人住在一起。他说："那时我才第一次真正见到了纳粹，这些人也认为希特勒不是好人，纳粹干尽了坏事，但他们仍然为纳粹的行为找借口并为之辩护。"因此，毛赫就同他们疏远了，长期以来他为自己是德国人而感到耻辱。

当毛赫开始结交当地人时，他惊奇地发现有些澳大利亚人积极地寻查自己的家族信息。对他来说，这种事充满邪恶的味道。当然了，他的那本《德国标准家谱》支撑了批评家谱学的人的某些观点，也使得这些人的惶恐之情顺理成章。不仅仅是那些富人和志向远大的人在乎自己的家族历史，纳粹也很在乎。

《德国标准家谱》由德意志帝国联邦公民登记部门在20世纪20年代印制，很快在全国成为标准的家族家谱的法律证明。埃里克·埃伦赖希撰写的《纳粹祖先证明》一书最为具体、详细地论述了纳粹把家族家谱官方化的过程，他认为，家谱登记员很明确地表示希望家族家谱能够成为“宣传人种改良学的方法”。埃伦赖希把《德国标准家谱》和其他类似文件的发起追溯到了纳粹执政之前很早的时期，那时，家谱学家在德国已经很有社会影响力了。

早在1898年，德国历史学家奥托卡尔·洛伦茨就已经把家谱学描绘成连接历史与科学的桥梁了。他主张历史学家应该多思考一下遗传学，科学家也应多思考一下家谱学。在洛伦茨提出这个论点之前，家谱科学仅限于收集和整理记录等活动，但是大约就在此时，家谱学界便开始与研究遗传的医生、研究人员和精神科医生打交道了。他们首先研究的对象是皇室家族，这倒不是因为家谱学家都是趋炎附势的人，而是因为贵族家谱保存得相当完整，而且贵族成员留有肖像，从中可以观测到一些家族特征。譬如，洛伦茨很专业地注意到哈布斯堡家族几代人都有突出的下颚和嘴唇，他认为是这个家族近亲通婚的习俗使得这些特征在几代人身上凸显。

在那时的德国，探究家族历史的行为非常普遍。1903年，德国家族历史中心（Zentralstelle fǘr deutsche Personen- und Familiengeschichte）成立。1908年，这个机构正式承诺，要搜集家谱信息来帮助精神科医生和人种改良学家了解“遗传、退化和再生”等问题，目的是收集全国人口现有的和早先的家谱记录，从贵族阶级到资产阶级，甚至监狱和避难所里的人都包括在内。

当时，家谱学、遗传学和进化论是宏大的科学运动中可以娱乐大众的主要话题。1910年德国种族卫生协会成立，并于1911年在德累斯顿承办了一次展览会，这是一个生物学盛典，展示了细胞的活动和杂交的原理。展览会还用家族树来说明遗传规律，表明音乐天赋、“道德沦丧”，还有一些更具体的像夜盲症这类的症状，都具有遗传性。家谱学家在展览会上举办讲座，这表明家谱学家和医学界的交流逐渐增多。这种学科之间的密切交融还体现在家谱年鉴中，那时的年鉴开始登载有关家族树在精神病学和人类学方面应用的文章。同时，精神科医生还参与了有关患者家族史记录标准化的讨论。

科学与家谱学的结合发挥了民族团结的作用。但没过多久，对于遗传和家族特征的关注就自然而然地与对残疾和种族的关注交织在一起了。实际上，家谱学已经处于历史、科学以及民族主义等领域的核心地位。从种族方面来讲，当家谱学家越来越专注于种族群体，科学家也越来越关心进化如何对人产生影响时，他们不仅仅看到了家族之间的不同，更看到了整个种群之间的不同。当一个种群被隔离，不同种群通婚时，会出现什么情况呢?

为了回答这个问题，科学家们寻找到生活在岛屿上的族群和那些坚持本族内通婚繁衍的族群。在很多情况下，他们研究的是在殖民统治者桎梏中生活的、与统治者关系紧张的土著人。据一位历史学家说："瑞士人类学家研究的种群是生活在瑞士阿尔卑斯山脉的居民，这些居民很少与其他种群交往。对美国人来说，美洲土著族群就是最有研究价值的独居群落；而对印度和英国科学家来说，研究的重点要放在印度种性制度上。"有一位遗传学家迫切希望探讨种族纯洁性和种族混合性的问题，他说："研究种族混合必须在美国黑人中进行，因为那里几乎具备了实验室般的理想条件。"

反犹太人的情绪与德国家谱运动有着特别紧密的联系，埃伦赖希写道："人们持有两种观念：一是生物学意义上截然不同的种族是存在的，二是这些种族之间具有不同的价值。这两种观念之间的界限相当模糊。"在德国，犹太人被认为是血统单一的外来种族。就像达尔文用来作研究的鸟雀一样，犹太人是遗传学和进化论有用的研究对象。其他种族与犹太人之间的冲突和对他们的歧视比比皆是，这使得科学家们试图从遗传学，而不是从种族偏见方面来解释对犹太人的社会评价。

在20世纪20年代，家谱学家及相关工作人员通常要清查有犹太血统的家族，并公布他们的名单。1925年，有人呼吁在公民登记部门中建立一个专门的人种改良机构来记录四至六代的家族史和生物信息。阿希姆·格尔克是家谱学领导人，后来进入大学任教。他在1928年到1932年间，出版了八卷本的《犹太人的影响与德国的大学》一书，书中列出的教师名单有犹太人教师、有部分犹太血统的教师，甚至有与犹太人结婚的教师。同时，家谱学杂志越来越频繁地呼吁，必须采取措施来控制遗传疾病的威胁，譬如，采取绝育或其他更为严厉的措施。

回想起来，人们很容易认为保持种族纯洁的观念是在纳粹的权力上升的时候才开始发展的，其实，正像埃伦赖希所写的那样："纳粹开始执政以前，种族人种改良理论的基本内容就已经出现在魏玛时代的家谱学杂志上了。"的确如此，如果家谱学不是从帝国时代就已形成，并延续到魏玛时代，那么纳粹就无法要求德国公民出具血统证明。

即便是在纳粹执政以前，纳粹党员也必须证明他们是纯粹的雅利安血统。一篇纳粹党报刊登的文章认为："狗和马都有家族树，牛都要在种群册中登记，这是保持血统纯洁的首要条件，也是在亲属群体中建立纯粹的雅利安族的立足点。"当纳粹在1933年掌权时，他们已经建立了庞大的管理机构来给六百万德国公民的血统分类，分类标准是纯粹型和混合型，并在此基础上给全体公民的权利定位。历史学家贝恩德·高泽梅厄写道："对于家谱学的兴趣在纳粹统治时期达到高潮，当时无数个人种改良学数据库建立了起来。那时，人的生存权利几乎取决于他们的家族家谱图表。"

在德国，从20世纪30年代早期开始，建立祖先证明档案的需求和迫切程度与日俱增，甚至开始引起了外国媒体的关注。1934年，有一则新闻报道说，德意志帝国的邮政部长要求所有下属职员都要出示自己是雅利安族后裔的证明，而在此之前，只有当人们的种族状况出现疑问时，才被要求出示这样的证明。同年，希特勒政府发布命令：只有雅利安人才能在即将举行的莱比锡交易会上拥有展位，而且所有参展的制品必须是德国制造。但是，对“参加交易会的犹太人或其他非雅利安人”却没有限制，任何人都可以随意购买德国制品。

1935年，据《纽约时报》登载的一篇文章报道，有一位年轻女性因伪造祖父的出生证明在柏林被判四个月监禁，她祖父是犹太人，这个女孩把“犹太人”的字样涂掉，改为“基督教福音派信徒”，因为她要想保留那份工作，就必须证明她的祖父不是犹太人。有些部门要求员工从1800年起就不能有犹太血统。在当时，报道雅利安民族排斥其他种族的文章远远不止这一篇。

纳粹的家谱制度不仅仅是为了反犹太人而进行官方社会分类的一种方式，还是一部加强和记录纳粹种族主义与人种改良理想的庞大社会机器。数以千万计的德国人身陷档案文件造成的大混乱之中，他们每天必须在登记处或在其他政府代表面前排队出示能证明他们祖先的文件。埃伦赖希写道：“作为营销策略，很多公司会分发家族家谱表格，就像现在有些公司发钢笔和日历一样。”因此，帝国政府对于祖先的特别关注使很多人从中获益，其中不仅包括科学家和家谱学家，就连公民登记处和教堂的信息管理员也从中受益。他们不但社会地位得到提升，还从日益增长的政府资助和不断提升的声望中获取了经济利益。家谱学杂志很畅销，类似于《如何找到我的祖先：迅速证实雅利安族的捷径》的书籍也大卖特卖。

对于家谱学家来说，由此带来的新权势令人陶醉。1936年，有一篇文章写道：“几十年来，血缘关系研究就是科学界的灰姑娘。其他学术门类在大学里都有教授职称，并受到国家的鼓励，但是人们对我们家谱学家却不重视，还报以苦笑。现在，由于有了阿道夫·希特勒的统治，这一切发生了改变，家谱学成了国家级的研究项目。”

1936年，德意志联邦帝国的公民登记处制作了一种新的家庭护照Ahnenpass。就像《德国标准家谱》一样，这是一本携带方便的口袋书，书中列有家族信息，一旦经过官方盖章，它就可以当作法律文件使用。官方一共发行了几百万册，私营公司又制作了20多个版本。德意志帝国对这本家庭护照非常重视，就连最高军事指挥官，甚至元首秘书办公室都提倡使用这本家庭护照。有一个版本还把希特勒的语录放在了第一页。

其实，许多德国人仅凭宣誓就足以“证明”他们是雅利安族世家了。地方行政部门有权自行决定个人的身份——前提是战争一旦结束，人们可以提供进一步的证明材料。但是，在20世纪的早期，许多犹太人与雅利安人通婚，他们都认为自己是德国人。他们的孩子长大以后一般都成为基督徒，也认为自己是德国人。如果人人都必须出示他们家谱的细节，谁知道第三帝国会对他们采取什么举措呢?

很多人无法通过宣誓得到身份认证，他们必须通过其他方式和帝国家族家谱部门打交道。埃伦赖希梳理了数百封战争期间普通德国人写给政府部门的信，请求当局尽快做出对他们有利的裁决。其中一位女士写道“没有人能了解我那难以名状的、深痛的悲伤”，她悲伤的原因是她的儿子希望能娶一个雅利安族女人。还有一个人写道：“请留给我一线希望吧，没有你们的帮助，我会活不下去的。”

埃伦赖希的母亲于1939年逃离德国，虽然他的父亲在战争中幸存下来，但是纳粹却夺去了他两个姐妹和很多家族成员的生命，这次调查研究对他来说是一次非常离奇的经历。从很早的时候开始，埃伦赖希就对纳粹的大屠杀百思不得其解：为什么有人要杀光世界上所有的犹太人呢？他查阅的信件都保存在德国档案馆里，档案馆是战时希特勒私人党卫军驻地旧址。如果他在白天翻阅到曾经住在附近的种族专家写的信件，晚上他就会特意从他们曾经住过的房子旁边走过。

1935年，纳粹发布了一条法律，禁止遗传基因健康的人和“不健康”的人通婚。1939年，阿道夫·希特勒制订了秘密的T4计划，把几千个残疾人，连同那些穷人、“已成为沉重负担的生命”，还有“无用的吃闲饭的人”重新划归为“不应该生存的生命”，在诸多方面，这一计划可以说是纳粹死亡集中营的先行试验。

起初，这个计划只针对儿童，他们要求家长把身患残疾的孩子送入特别中心进行治疗，但是孩子一旦到了那里，不是被活活饿死，就是被过量注射致命针剂而毒死。随着计划不断扩大，那些因患精神分裂症、癫痫、痴呆或其他疾病住院的人，被身穿白大褂的党卫军士兵分别转到六个杀人中心。随后，他们被领进伪装成淋浴室的房间遭毒气毒害而死，尸体被放进特制的焚尸炉里焚烧。他们的亲属会收到死亡通知书和伪造的死亡证明。后来不知怎么的，这个计划走漏了消息，甚至在纳粹政府里这个计划也遭到很多人的反对。最终，一场民间抗议活动迫使该计划表面上叫停，但在暗地里仍秘密进行，先后有20多万人在T4计划中丧生。

战争结束后，纳粹的血统和人种改良活动最终接受了法庭审判，希特勒的私人医生卡尔·勃兰特少将被逮捕，并在纽伦堡法庭受审。这个人曾制订了一项计划，把生病的、残疾的、老年的以及“非德国的”人送入毒气室，他杀人的唯一目的就是收集颅骨进行医学研究，还用活人进行医学试验，譬如，给人强行绝育，做手术试验、毒药试验，他还让人接触像天花一类的疾病，或把人放在极其恶劣的环境中（例如高海拔地区）进行观察。为勃兰特辩护的材料包括一本麦迪逊·格兰特写的《伟大种族的传承》，勃兰特特别提请法庭注意此书中那些与作者所倡导的行为相关的段落，纳粹所做的是将这些行为付诸现实：

对所谓神赐法律的错误认识和对生命神圣不可侵犯的感情用事，往往阻碍了对有缺陷的婴儿实施淘汰以及对那些社会渣滓施行绝育的计划。自然法则要求消灭不健康的人，只有对社会或种族有用的生命才是有价值的。

然而，纳粹的人种改良计划不仅仅是要消灭低劣的人，还要为那些他们认为优秀的人提供便利。

吉塞拉·海登赖希的父亲死在了俄国前线。她的很多同学也没有父亲，但是他们都有父亲的照片，都知道父亲的名字。可吉塞拉既没有父亲的照片，也不知道他的名字。另外，她的朋友都是在托尔泽的巴伐利亚镇出生的，可她却生在挪威。母亲告诉吉塞拉，1943年她怀孕的时候正在奥斯陆的一家名叫生命之源（Lebensborn）的诊疗所打工，吉塞拉就是在这个诊疗所里出生的。吉塞拉以前从来没听说过“生命之源”这个词，她还以为这就是那个诊疗所的名字。

然而，她总觉得这里边有什么蹊跷。她告诉我：“当一个孩子觉得有什么事不对头，什么事很蹊跷时，她会有种感觉——‘我得问清楚，我想知道是什么事……噢，什么？什么事也没有，这只是你的想象。’”

在她13岁时，有一条丑闻成了德国报纸的头条新闻，她的一个朋友悄悄地递给她一张报纸，上面刊登着关于“生命之源”诊疗所的文章，文章说那个诊疗所其实就是个为党卫军士兵设立的妓院。据这则消息说，海因里希·希姆莱制订了一个生殖计划，征集妓女或无辜的雅利安少女，供士兵强奸（这些士兵须具备良好的雅利安身份证明）。吉塞拉心想：“噢，我的上帝！现在我明白妈妈为什么从来不提我的出生地，也从来不提我的父亲了。”

吉塞拉不知道该向谁询问这件事，她的母亲是一个郁郁寡欢、难以相处的人，不苟言笑，很少与人交往，作为母亲甚至都没有告诉过女儿女人生理期的问题。吉塞拉跟我说："你很难想象那是个什么样子的社会，第三帝国的那场浩劫过后，人们避讳的话题越来越多，甚至包括有关性的话题。因此，我没法问她'你真的是妓女吗？'我不得不接受这样一个事实：我的生命是在妓院中制造的，这太可怕了。"

在吉塞拉18岁时，有一天，她听到有人敲门，开门一看，站在门口的是一位年轻姑娘，看起来与她同龄。"你好，吉塞拉，"那个姑娘说，"我是你妹妹。"一听这个，吉塞拉砰地把门关上了，但过了一会儿，又把门打开了。这个新来的妹妹告诉她，她们还有三个兄弟姐妹和一个父亲。不仅如此，她们的父亲还活着，最让人惊异的是，她说："我们的父亲是个英俊的父亲、优秀的父亲，他非常和蔼慈爱。"

这简直就像神话一样！吉塞拉很爱她新近相认的兄弟姐妹，也很爱她刚刚相识的父亲。他父亲跟她说他一直在想方设法找她，甚至连她父亲的妻子也欢迎她（虽然她父亲曾一度对妻子不忠），这使吉塞拉有了做女儿的感觉。虽然她仍然和母亲住在一起，而且很少谈论这件事，但是，当吉塞拉去看望她的父亲时，母亲就会说"代我向他问好"。等她回来时，父亲也会说"代我向她问好"。

吉塞拉的父亲告诉她，大约20年前，他和她母亲发生了性关系，这是一场婚外情，但他同时又说："这也是在执行希姆莱下的命令，为了把党卫军战士的宝贵血脉传下去，希姆莱让他们婚外生子。" 吉塞拉不想失去她梦寐以求的幸福，也就不再询问什么细节了，也不问父亲在战争中都干了什么。从此以后，他们谁也没再提起此事。

实际上，纳粹发起"生命之源"计划的初衷是为了确保雅利安人不做人工流产，堕胎在当时是非法的，做流产手术的医生会被处决。如果一个妇女发现自己有了婚外孕，只要她和胎儿的父亲能够证明自己从1800年起就是雅利安族的后裔，那么她就可以在"生命之源"诊疗所秘密地把孩子生下来，如果她不想把孩子领走，孩子可以由党卫军家庭领养，或者由“生命之源”家庭收养。这种诊疗所其实并不像20世纪50年代耸人听闻的新闻报道所说的那样是妓院，或实行强奸的场所，而是为党卫军军官的妻子生育孩子而设立的豪华场所，诊疗所的医疗费用出自党卫军士兵的薪水。

希姆莱创造优等民族的热情不仅表现在为未婚母亲提供避风港，而且还积极地鼓励党卫军士兵多生孩子。有8000个孩子出生在“生命之源”家庭里，吉塞拉告诉我，这些孩子中有一半由母亲抱回家，一半留下来等待别人领养。在纳粹占领的外国领土上，模样长得像雅利安人的孩子会遭到绑架，并且交付给“生命之源”家庭作为德国人抚养。据说有12000个孩子在挪威出生或被诱拐到这里，多达12万个孩子从波兰被人带走，在前东欧集团里，可能总共有20多万个孩子被人从父母身边带走并被雅利安化。有文件显示，一些孩子是经父母签字同意后被带走的，但是，在纳粹占领区，这些父母的做法在多大程度上是自愿的值得怀疑。

战争结束后，“生命之源”诊疗所受到纽伦堡法庭的调查，调查的结论是这些诊疗所是慈善机构。吉塞拉的母亲作为证人出庭，但吉塞拉对我说：“在法庭上她说这些诊疗所只不过是帮助妇女生孩子的地方，这不是真话。他们的确犯下了反人类的累累罪行。” 吉塞拉回忆说：“她总是说她当时仅仅是个秘书，这也不是实话。” 她母亲是一个高级职员，负责改变孩子的身份，还负责分散转移在挪威被偷走的孩子。吉塞拉说：“我认为她甚至会说挪威语，但是她从来不承认。”

这些出生在“生命之源”诊疗所的孩子有着悲惨的命运，他们很多人被母亲遗弃，在孤儿院长大，大多数孤儿院的环境极为恶劣。古德龙·扎尔卡尔就是这样的一个例证，她今年已经73岁了， 在“生命之源”诊疗所一直待到八岁才离开。现在她仍然患有“生命之源”恐惧症。扎尔卡尔对我说，“生命之源”诊疗所的护士对孩子的吃饭方式管得非常严，她们坚持要求孩子在吃饭时戴上围嘴，围嘴的上一半盖住前胸，下一半被死死地压在盘子下以便接住掉下的食物。对一个孩子来说，这是个令人非常紧张的平衡动作。就是现在吃饭时，或者坐在黑屋子里时，她仍然感觉非常难受。她上小学了才知道自己是“生命之源”的孩子，当老师问她出生在哪里时，她说出生在“生命之源”诊疗所，那个老师就对她说，她是为纳粹而生的，应该为自己感到羞耻。

最后，扎尔卡尔被一对上了年纪的德国夫妇收养，他们在战后仍是顽固的纳粹分子。他们认为把一个雅利安族的孩子培养成人是他们的责任，但是他们对待扎尔卡尔并不友善。当扎尔卡尔长到十几岁时，她把一些犹太人在集中营濒临死亡的照片拿回家，这对夫妇却说这些照片都是伪造的。

没有几个在“生命之源”诊疗所出生的孩子能找到他们的生身父母，即便是他们真的打算同父母取得联系，也大多都遭到了拒绝。扎尔卡尔长大成人以后，她母亲的妹妹找到了她，那时她的母亲已经去世了，扎尔卡尔和这位姨母相处得很好。扎尔卡尔还得知了曾经是党卫军的父亲住在哪儿，并且听说了她还有三个同父异母的兄弟，但是她没敢同他们取得联系，担心他们不会认她。

在挪威，有一位医生断言，所有的党卫军人的孩子都有心理缺陷，因此他把他们送入了精神病院，直到他们长到20多岁才能出院。即便是被生身母亲收留的孩子，所在社区也常常羞辱他们。吉塞拉·海登赖希是个特例，她找到了一位认领她的父亲，还有一个对她欣然接受的大家庭。尽管如此，这个身高接近六英尺、金发碧眼的年轻姑娘，却对自己的长相倍感难堪——她的外貌俨然是德意志帝国理想中的典范。为此，她在很长一段时间内，都把头发染成了深棕色。

海登赖希成了一名从事特殊教育的老师，教的是残疾儿童。她现在认为，当时她潜意识中想要帮助那些原本会被纳粹消灭的孩子。后来，她又当了家庭治疗师，专门从事家庭系统治疗——一种鼓励自己去探索过去的方法。海登赖希对她的患者解释了这种治疗方法：上几代人身上未能解决的问题，会在这一代人身上呈现出来，所以要对此进行探索。13岁时发生在她身上的那些可怕事件过去已经50年了，她现在才明白应该采用这个疗法的正是她自己。

其实，同这个计划相关的、注明那些孩子父母姓名的文件在21世纪初才被公之于众。到了此时，大多数“生命之源”的孩子才知晓自己是在什么情况下受孕和出生的。一个互助组于2006年成立，一些在“生命之源”诊疗所出生的人开始公开讲述他们的经历。据说，有些人为自己是精英群体的一员而感到自豪，但是没有迹象表明他们有什么与众不同。2006年，一个叫卢特希尔德·戈加斯的“生命之源”的孩子告诉《纽约时报》：“我的眼睛并不是完美的，别人有的疾病和缺陷，我们也有。”

海登赖希翻阅了党卫军的档案记录，发现父亲在该组织机构里位高权重，但由于他在人际交往方面八面玲珑，因此从未被指控犯有反人类罪。她还发现母亲是纳粹，而且看过母亲在纽伦堡法庭上的证词。海登赖希对我说：“她总是跟我说她带着我跟其他运抵柏林的婴儿同期抵达，可我一直都不明白这是什么意思，直到最后我才知道那几批运来的都是挪威的孩子。”起初，她跟她自己的家人说海登赖希是个挪威孤儿，后来才承认是她的亲生女儿。

海登赖希说：“在所有的惊骇和羞辱过后，我们有负罪感，这有点令人奇怪。但是，我们大多数人都会有负罪感……（因为我们是）为了雅利安族而被创造出来的产物，是那个政权疯狂的产物。”然而，海登赖希说她已经把这种负罪感转化为责任感了。现在她的足迹遍布全德国，到学校中去演讲，讲解当时的真实情况。而且她还吃惊地发现，即便是那些教师，对纳粹人种改良运动的这一面也知之甚少。

约·毛赫在澳大利亚已经居住了40多年，这个瘦小结实的古稀老人，除去有11年的时间经营他的橄榄树林外，大部分时间与书为伴。他回过几次德国，有一次回国时，母亲给了他那本《德国标准家谱》。他对我说，时间的钟摆又摆回来了，现在全德国的孩子都接受相关教育，了解战争中发生的事件。毛赫的弟弟是一位教授，居住在德国，他告诉毛赫，有一所学校的校训是“奥斯维辛集中营的悲剧不能重演”！毛赫说：“太残酷了，我要向那些重温这段历史的孩子们致歉。”

现在，毛赫已不再因家谱学而感到不安了，他说：“我很理解人们对自己的祖先和自己来自何方的关注，家谱学就如同历史学一样，不应该受到蔑视。”

许多人对家族历史持批评观点，认为家族历史不值得被严肃关注，但是对于约·毛赫、吉塞拉·海登赖希，以及那些和他们有同等遭遇的人来说，大历史也是个人的历史。上述的批评观点和这些人的遭遇彼此相悖，而且这个悖论只能继续下去。历史记录的数字化程度越高，越便于人们使用，人们就越了解如何解读DNA，就越了解那些非比寻常、千丝万缕的世界历史和个人历史在生活中的交叉点——不仅仅是皇族家庭的生活，也不仅仅是资产阶级的生活，更不仅仅是埃及女王克莉奥佩特拉的生活，还有普通人的生活。

但是，即便在那些同毛赫和海登赖希有过同样的生命之旅的人中，仍有一股强大的潮流，反对“探寻祖先的历史能够帮我们认识自己”的观念。尽管西方社会设计了全新的方法来思考自身，并帮助我们理解“我们究竟是谁”；尽管有千百万人订阅了诸如Ancestry.com 和FindMyPast的网络服务，但是，在家谱学家这个圈子外，人们对家族世系的好奇心却未曾得到重视。如果我们真的有意要检验历史，历史将会展示出家谱学的强大生命力，简单地断言它没有影响是毫无根据的。

毫无疑问，许多人继承了前人对家谱学的恐惧，他们害怕家谱学会进一步导致人种改良，但是他们不知道这种恐惧的根据是什么。其实，意识到个人在宏观历史中的作用并不会导致谬见或偏执，对于个人历史的好奇也不意味着有人觊觎王位。其实，正是谬见和偏执导致了对记录和某些观念的滥用，而这种滥用又导致了对这些记录和观念的恐惧。

弗里德里希·冯·克洛克曾经是第三帝国时期的家谱学家，在20世纪50年代，他对自己和助手在那个时期发挥的作用懊悔万分，认为之所以发生了这种事，是因为他和同事企图在不科学的领域里建立一门科学而导致的。但是，埃里克·埃伦赖希认为像克洛克这样的家谱学家当时所做的事情与其他人的所作所为没有差别，他们都在拥护一种种族主义的意识形态。

然而，尽管存在这样的信条，即人们不应该询问他们的祖先是如何塑造他们自己的，也不会妨碍21世纪人种改良运动的发生。事实上，即便有人坚持认为我们不应该知道这些事实，不应该力图分析这些事实或对它们感同身受，也不意味着我们的个人历史的细节对某些人没有价值，他们只不过是抱着错误的目的去调查这些而已。最近，一个名为“金色黎明”的法西斯政党在2012年希腊经济危机中变得越来越有势力，随之，一个人在希腊居住时间的长短以及必须提供相关证明等问题也被提了出来。《纽约时报》刊登了一篇文章，报道了一个希腊人讲的一个笑话，说如果你要证明自己是希腊人，你需要在希腊生活过三代。虽然有些人仍对祖先漠不关心（当然并不是说他们就应该漠不关心），然而，人们应该注意家族信息是如何保存的，如何丢失的，如何失而复得的，以及长期以来家族信息是怎样被强大的社会经济和文化因素所左右的，对这些问题保持关切实属明智之举。

在纳粹德国，由政府管理家谱学的做法是令人窒息的极权主义的体现，这说明，极权主义者可能会利用家谱学来迫害人民，然而，反对家谱学的做法也可以达到同样的目的。有些政权，无论是行政机构还是政治机构，都选择利用个人历史作为控制人民的手段，但是他们的做法不是利用个人历史来反对人民，而是把个人历史彻底抹去。

是什么传承了下来

2 PART 第二部分

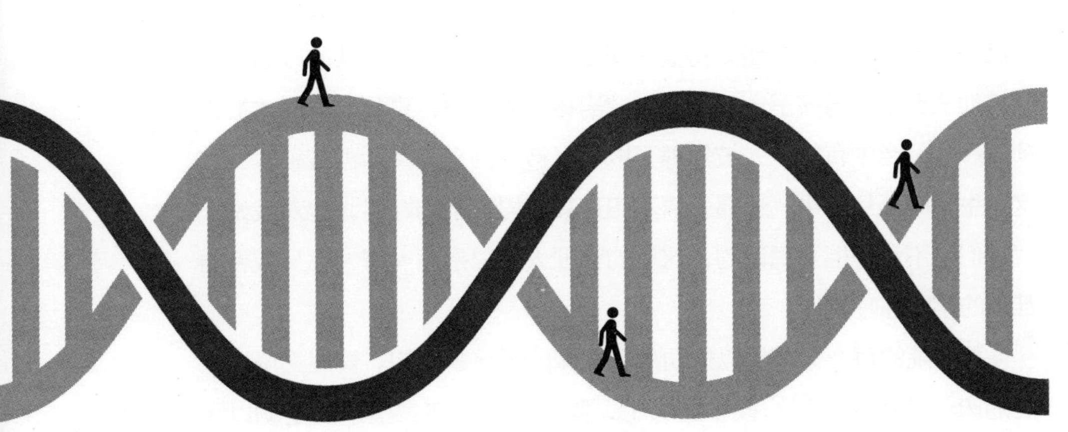

第五章

沉默

了解历史是很重要的。如果不了解历史，你就好像是昨天才出生的人；如果你是昨天才出生的，无论有权势的人跟你说什么，你都无从验证它的真伪。

——霍华德·津恩

1937年，14个月大的杰夫·迈耶被带到地方法官面前，法官判定他的监护权属于国家，并随即将他移交给一所国有孤儿院。从此以后他就同其他三五十个男孩子一起生活在“男孩仓库”里，直到四岁时才被人领养。他们当中有很多人被领养了以后又被退回来，然后再被领养。在这里生活的那几年中，迈耶一直不知道其他男孩子的姓名，他对我说：“我们是不允许相互说话的，这里的管理人员总是用‘嘿，你’或者更难听的字眼称呼我们。”

孤儿院的每一天都是以惩罚那些尿床的男孩开始的。管理人员把尿湿的床单蒙在尿了床的孩子的头上，强迫他们在宿舍里来回走动以示众。其他男孩在一旁傻笑，他们后来也尿床，也被示众。迈耶对我说：“当时我太小，还不会笑话别人，但我很害怕挨打。”他们吃的饭经常是馊的，当迈耶喝了爬满象鼻虫的粥呕吐时，监管者们强迫他把呕吐物再吃进去。惩罚的手段有鞭子抽，用牙刷刷地板，最可怕的是被关在楼梯下面的橱柜里，被关进去的孩子没吃没喝，等放出来的时候满身屎尿，污浊不堪。他们从不交谈，迈耶说：“我们只是手拉着手。”

当有意领养孩子的人来到这里时，这些孩子在楼外门廊前站成一排接受审查。迈耶被领走过八次，最后被来自新南威尔士州文特沃思维勒市的一个老妇人领养。迈耶不知道自己的生身父母是谁，也不知道为什么会来孤儿院，更不知道家里还有什么人。和其他领养人一样，那个老太太什么也不告诉他。在老太太给他办理学校注册手续时，迈耶才无意中第一次知道了自己的出生年月。可是学校里的每个人都知道迈耶来自孤儿院，因为副校长让他和另一个男孩站起来，对全班宣布说：“他们俩是接受社会福利救助的孩子，因为他们的母亲从来不爱他们。”

1954年5月10日是迈耶的18岁生日，这一天他逃跑了，再也没有回去。除了身上穿的衣服、24英镑18便士、一支网球拍子和一个板球拍以外，他孑然一身，没有亲友可投，既不知何处安身，更无工作可言。

迈耶在澳大利亚长大，这个国家在20世纪起码有50万儿童接受过公共机构的监护，在美国，有过这样遭遇的孩子有三万多，在非洲、亚洲和拉丁美洲，官方发布的数字是数万人，没有统计在内的人数更多。长久以来，这些孩子被人们忽视，只是在过去的20年中，媒体才报道了他们在家庭中遭受的虐待和虐待带来的长久后遗症。在整个西方世界，那些在儿时曾被福利机构收容的人，生动逼真地叙述了他们类似的经历：鞭笞、强迫劳动、性虐待，以及情感上的折磨。在一些领养家庭里，有些孩子甚至不被允许与他人对视。

受到这样虐待的后遗症在全世界是一样的，当这些孩子达到一定年龄被赶出“家门”后，他们就成了自己国家的难民，不知道“理事会、图书馆、选举”为何物，很多人死于毒品、酗酒等。也有些人在一些机构中工作，这些机构有海军或他们自己家庭信奉的宗教社团。他们中只有少数人事业有成，绝大多数人都在苦苦挣扎。有数字表明，他们中的三分之一曾有过自杀企图，很多人曾经无家可归，四处流浪。他们当中患精神病和身体上受到伤害的人很多，这些“孤儿”大多数身材明显矮小（营养不良的表现）。由于他们害怕去养老院，因此他们的后代就得照料他们。从孤儿院出来的人犯罪率很高，在澳大利亚最后被施行绞刑的三个人都是从孤儿院出来的。

如今，大多数人对于这些孩子的悲惨遭遇都有所了解，但是很少有人知道这些领养机构就像是一个民主国家里的独立王国一样，施行极权统治。在这里，孩子们遭受精神上和肉体上的折磨，即便是他们离开了孤儿院之后，这些机构还经常控制他们与外界的接触。在很多孤儿院，工作人员有权控制孩子与外界联系的所有渠道，包括收听新闻，甚至连孩子家里寄来的信件他们也要没收。有些孩子甚至在这些机构里接受所谓的教育，很多年都不准离开，但是他们不教孩子读书写字的技能，也不教基本的算术课。他们随意更改孩子的姓名，甚至常常用代号称呼孩子。有些孩子的父母还活着，他们却偏偏跟孩子说父母已经死了；或者明明孩子的父母很想见他们，却谎称他们的父母再也不想见他们了。

尽管这些福利院已经关闭几十年了，但与被收养人相关的重要信息仍然对外封存。对于这些孩子来说，他们就好像是被人从一面镜子里推出来似的，不知道自己来自何处。几十年过去了，他们始终找不到回去的路径。

那么，什么东西得以保留下来了呢？当然是档案记录。从本质上讲，记录是个人信息的主要来源。这也许是老生常谈，但是只有某样东西遗失时，你才感觉到它的重要。当出生证明、学生档案、家庭成员姓名等琐碎信息触手可及的时候，人们并不把它们当回事，但这些材料一旦丢失，人们才惶然感到这些文件的重要。这些普通记录，记载着人生历程，不仅仅对政府、公司和档案管理员有着非常重要的意义，对于普通人来说也是至关重要的。

在孤儿院长大的孩子大都没有归属感，对此人们往往难以理解，因为大多数人都在信息网络中生活。他们知道自己出生在何处，知道自己的父母是否相爱，更知道一个成年人怎样刷牙。他们属于相互关联的群体，这个群体也许是家庭，也许是左邻右舍，也许是某种宗教，而且他们的经历不断强化已知的信息。这些琐事与线索交织在一起形成的信息，其数目之浩繁，意义之重大，难以估量，人们在其中不但能追寻到历史，还能找到自我。我们绝大多数人很难想象有人会不知道这些有关自身的信息。然而，对于那些在20世纪于孤儿院中长大的孩子来说，这些信息在他们的生活中荡然无存。

有一位孤儿出身的人跟我说，那些在福利院长大的孩子同其他公民一样，也想知道有关自己和家庭的信息，或他们监护人的信息，因为这些信息能带给他们能量。但是想得到这些信息，简直困难重重，在澳大利亚，这些档案记录散落在各州，由政府档案机构和收容这些孩子的宗教机构管理。一项请求，要得到政府部门的回复，往往要花上几年的时间。很多记录已经被毁，没有人清楚哪些记录已经遗失，哪些记录从一开始就没有保存。很多文件没有注明日期，或凌乱不堪，或有失精准。文件查询或传递也没有一定之规，就连一个中央组织机构也没有，大多数人需要具备职业档案管理人员的专业技术方可查找并看懂相关文件。一般来讲，那些孤儿出身的人对于政府官员极不信任，对他们来说，进入公共档案室那样的机构就够让人胆怯的了，更何况很多人必须回到曾虐待过他们的机构里去办事。有时人们过分强调隐私法，因此有许多离开福利院的人尽管费尽周折拿到了相关文件，但却不是文件原本，他们失散的兄弟姐妹的姓名都是经过改动的。有一个曾被福利院收养的人收到了一张他小时候聚会的照片，可照片上除了他本人以外，其他人的脸部都被涂白了。

在美国，有48个州的公民不仅自动拥有获取自己原始出生证明的权利，并且受隐私法的保护，其他任何人都无法看到这些出生证明。然而，这个法律对于被领养的孩子来说并不适用。在办理领养手续时，这些孩子的出生记录就被封存了，取而代之的是新证明，印有养父母的姓名。在许多州，除非生身父母明确表示同意被领养的孩子日后可以同他们联系，否则的话那些曾被领养的人只有交纳了数百美元并经法院允许，方能查看自己的档案记录。即便如此，成年的被领养者要查看自己档案记录的请求也有可能被拒绝，即使他们被允许查看那些文件，各州允许他们查看的文件内容也不一样。

在得克萨斯州和南卡罗来纳州，法律要求被领养者在得知了自己的生身父母是谁之后必须去进行心理咨询，因为他们有可能出现情绪异常。康涅狄格州处理那些有助于被领养人找到生身父母信息的做法是：如果有第三方（如最初安置被领养人的机构）认为有些信息可能会对被领养人或生身父母造成伤害，那公布这些信息就被视作违法行为。在许多州，生身父母有可能阻挠公开相关记录。2008年在明尼苏达州，有1200名被领养者不能看到自己的出生信息，因为他们的生身父母在法庭宣誓陈述书中没有给予授权。20世纪60年代，美国社会发生了变革，人民获得了公民权，禁止歧视妇女和有色人种的法律得到通过。在所有这些变革之后，被领养者才有权直接查看自己最基本的个人信息。

当然，当人们可以查询信息时，那些丢失的生活信息，哪怕是最平常不过的细节也会使人痛苦万分。有一名积极帮助弃婴的社会活动家对我说：“在看自己的档案材料之前，有人怕受刺激，往往先喝个烂醉。”在一份政府报告中说，有一位妇女在家里独自打开了自己的档案文件，结果一个星期以后被送进了精神病医院。还有很多人把文件存起来，压根儿就不看。

爱维·格彻尔在2004年到州政府机构去查询自己的个人信息。在她还是个小姑娘时，她被社会福利机构的人从家里带走，送进了帕拉马塔女子培训学校，一住就是很多年。这其实是一所关押罪犯的老监狱，那时手铐脚镣还挂在墙上。在帕拉马塔期间，格彻尔的“名字”是“55号”，她在71岁时才认为能够寻找有关自己生活的记录材料了。她的父亲早已去世，但是她找到了父亲写给她的信件卷宗，她以前根本都不知道还有这些信件。父亲在一封信中写道：

爱维，我的小朋友，看在基督的分上给我回信吧！告诉我你在哪里，我来接你回家。我们很想念你，我们爱你。我们在巴思赫斯特山老凯利家附近有一所不错的房子，你可要记住这个地方。我已经有了份工作，我能帮你。快告诉我你在哪儿啊。

再来说说杰夫·迈耶。我是在2012年见到他的，当时他穿着费尔岛图案的毛衣，头发梳理得光滑整齐，看上去与普通的76岁高龄的爷爷没什么两样。他温文尔雅、好开玩笑，称我为“姐们儿”。他说他逃到悉尼不久后，“脑子里就产生了寻找家人的念头”。他觉得最应该去的地方可能是儿童福利部。等到了福利部办公室之后，他对一个年轻的官员说：“我是个福利院的收养儿，我想问问我的父母是否还健在。”那个年轻人听了以后就走进另一个房间，五分钟后回来对迈耶说：“我想你可能还有个妹妹。”说完又走了，可能想继续给他查查。这时候，一个年龄大一些的人出来对他说：“我想你最好离开这里。”迈耶以为自己听错了，可是那个人又重复说了一遍：“你最好离开这里。”“我不走！”迈耶说。于是他们就吵了起来，那个人急着要把迈耶赶走，也不解释原因，迈耶拒绝离开，结果那个人朝他吼道：“滚出去！要不我他妈的叫警察了！”迈耶害怕被送回他的养母那儿，只好走了。

后来迈耶有了工作，成了家，有了四个孩子。很多年过去了，他现在已经有11个孙辈了，但是他跟谁也没说过自己曾是个福利院的收养儿，每当他的孩子问起他的童年，他总是转换话题。但是当他退休的时候，他开始到州档案馆去询问，看看能有什么发现，即便是到了那个时候，他也没告诉妻子他的过去，他解释说："我感觉那是非常非常隐秘的个人私事。"最后，他终于找到了自己的出生证明，也知道了母亲名叫梅赛·艾琳·迈耶，是悉尼人，父亲名叫利奥·约瑟夫·迈耶，是个美国水手。他没有找到被送到福利院的原因，也没有找到父母同他联系的记录。不同的部门告诉他的事情都不一样。有些官员对他很和蔼，有些官员却对他冷淡敷衍。有人说他的档案丢失于洪水，也有人说他的档案毁于大火。在档案馆他不得不再三说明，从法律上讲他有权得到他的档案副本，但是费了几个月的周折，当他终于收到副本时，却发现副本中比他当初看的原件缺了几份文件。

当迈耶68岁时，他从报纸上看到了一则启事，寻找曾由国家领养的人，他立刻给报社写了回信。让他意想不到的是，不久以后，设立在悉尼的澳大利亚被领养人互助网竟然邀请他来总部商谈。互助网发起人利奥尼·希迪女士接待了他。"她先开口跟我交谈，我也跟她交谈。我说得越多，她从我的谈话中得到的东西就越多，我以前从来没有这样交谈过。"那天，在离开总部时，迈耶说："我感觉如同超人在空中飞行，好像耶稣基督在水上行走。"那次对话重新规划了他的人生，他对我说："一开始我以为这一切都因我而发生，以为这事只发生在我一个人的身上，而事实上，这事处处都有。"他回家以后把谈话内容告诉了妻子，妻子听后问他："在以前，你的生活到底都发生了什么事？"于是他把一切对她和盘托出了。

迈耶一边喝着茶，一边把他找到的档案材料给我看。第一份材料是他上中学的证明，还有一些其他关于他的教育以及养父母的材料，但是他只找到了一份有关他10岁以前的材料。他花了很长时间搜寻他10岁以前的记录，因为那是证据，没有那些证据，他就永远不知道他最初十年的生活了，另外，他还想用这些材料起诉政府，以期得到赔偿。

迈耶找到这些档案的希望很渺茫。就全世界而言，用来保存记录和档案的经费都在削减，当然，经费越少，遗失现有档案记录的危险就越大。

2012年，有一名巡视官曝光了当地政府所犯的几百件违反档案管理法的行径。他发现仅仅一个部门保存的有关收养儿童家庭的档案，排列起来就长达80公里，而这些档案绝大多数都没有目录。有些档案放在潮湿滴水、老鼠横行的地下室里，有些档案被打上了“待销毁”的字样，这些字样都是未经法律许可的。

在大多数西方英语国家，由于有信息自由法案的存在，像杰夫·迈耶这样的人或许能够寻查到他们的档案，但这个法案不适用于那些没有编入索引目录的档案。那些曾被领养的人怀疑政府有意封锁档案是为了避免被人起诉。或许是吧，然而政府部门的冷漠态度也同样让人怀疑。

我上一次见到迈耶时，他告诉我通过Ancestry.com找到了他父亲的一个远房表亲，现住在美国。这位表亲跟他说他父亲早已回到美国，并且在很年轻的时候就去世了，后来迈耶的母亲同另一个男人也乘船去了美国，轮船曾在加利福尼亚停泊过，以后就不知去向了。

迈耶在很长一段时间里都想知道他究竟有没有妹妹，但始终没找到线索。现在他认为那个档案馆的年轻管理员把他的名字拼错了。迈耶告诉我，他的心脏病发作过三次，可每次都活了过来，每次苏醒后，他最想说的一句话就是：新的一天又开始啦！迈耶说他最想知道的是他到底是被家里人主动送出去的，还是被人强行抱走的。如果是家里人主动把他送走的，他认为这个人可能是他的亲戚，或许是他母亲的姐妹，这个人可能也有孩子，或许迈耶自己还有更多的家人。然而他说：“我已经76岁了，还能寻找多少年呢？”

专制政权依靠剥夺人民个人的基本信息而势强力大。当欧洲的奴隶主把非洲人从家乡拐走时，也几乎毁掉了他们的历史。这种极度的泯灭人性的行为之所以能够发生，是因为在贩卖奴隶的制度下，这些被拐卖的人不被当人看待。从20世纪的早期到中叶，在加拿大和澳大利亚，很多土著人家的孩子被人掳走，然后被殖民者或社会机构收养。这不但是拐卖人口的行为，还是灭绝文化的恶行。

还有些政权也蓄意破坏历史信息和家族信息。在1924年，新的政党夺取了蒙古政权后，把延续了几代人的家谱都给毁掉了，并且取消了原住民的姓氏。在70多年中，当地蒙古人互相称呼只用名字，不带姓氏。在1998年，蒙古政府颁布法令，公民必须重新启用并注册家族的姓氏和父亲的名字，但是很多人在那个时候已经记不得他们家族的姓氏了。

东欧也恢复了对家族历史的关注。有些研究人员认为，这是20世纪90年代政权被推翻后所留存下的空缺引发的一种反应。有一位研究人员说："他们渴望同自己的家族重新建立联系，渴望追根寻源。"

当然，家庭里的成年人负责探寻并管理家族信息，但是他们如何同家族树中最小的分支分享这些信息就属于家庭私事了。当然，有时成年人对孩子隐瞒家族信息的方式是很极端的，有时隐瞒家族信息的并不是政府，而是家长。

"谁的家族历史里有过囚犯？"教我们初二的老师问班上的同学，学生们一个接一个地举起了手，声明自己有令人敬畏的囚犯祖先，但是我却静静地坐在那里，对这些同学生起气来。我没有吸取七岁那年的教训（询问父亲有关祖先的问题），问他在我们家族里有没有过囚犯，我推断从来没人跟我说过没有是因为没人提起过这个话题，因此，只要问一问也许就会有答案了，可是我错了。当时十几岁的孩子都认为如果有囚犯血统，那是很酷的事，父亲却对此无动于衷，根本没有理会我的问题。

有趣的是过了几十年后，我听说把我父亲养大的那个女人——我父亲的外祖母——就是囚犯的女儿。我是在请当地的一位历史学家帮我探询家族出身的时候发现这个秘密的。在极短的时间内，她就帮我找到了有关我的高祖爷爷——迈克尔·迪根的文件，而我以前对他竟一无所知。档案馆囚犯登记簿上有他在1842年被送到范迪门地阿瑟港的记录。我简直不敢相信，我竟然中了当时澳大利亚家谱领域的头奖，一时间我满足极了，就像一下子变成了公主。

在塔斯马尼亚清新凉爽的空气中，建在阿瑟港的监狱旧址就像一座古老幽静的庄园。19世纪90年代，一场大火过后，主楼已经废弃，但这个四层楼高的庞然大物仍然俯视着整个区域。这栋楼矗立在港湾深处，周围有苍翠的群山、蓝桉树和灰皮桉树林环绕，是整个楼群的最高建筑，建筑周围有一座教堂、一家精神病院、一所医院，还有一个树木都经过精心修剪的花园。这些建筑的四周都是英国橡树。在远处绿草如毡的山坡上，有一排漂亮的维多利亚风格的房子，曾经住着监狱长和他的同事及家人。在港湾中心半岛的最顶端是普尔角， 是一所与其他罪犯隔离的青少年罪犯的管教所。在管教所和主要监狱之间是死亡之岛，有1500多人葬在那里。

在阿瑟港的黑色心脏地带，是单独的监狱大楼，当时，那里的监狱看守坚决取消了鞭刑，试图用更直接的办法粗暴地对待他们看管的犯人。当囚犯被带到那里时，戴着面罩，在被关押期间不能互相见面，也不能互相说话。在监狱的小教堂里，囚犯被木门隔开。每个座位，更严格地讲是每个人站立的地方，是个窄窄的令人窒息的箱子，囚犯在此只能看到传道的牧师。大楼有些部位是按照全景监狱的式样设计的，这样的设计可让一个看守站在一个地方就能同时监视四个小院儿里绕着小圈子安静地放风的犯人。那些表现不好的犯人，或者那些被折磨得精神失常、不能控制自己情绪的犯人，则被单独关进一间小石屋里，在那里就是在大白天也几乎见不到亮光。在监狱外面，犯人们在田园般的美丽环境中做着苦工，他们烧砖、采石、造船、打家具。他们穿的是精纺毛料的囚服，不同的颜色代表不同的等级。其中有种上衣叫作“喜鹊装”，是专门设计用来羞辱犯人的：上衣的布块儿、衣袖和两边的领子都是黄色和黑色相间的，穿上这样的囚服，犯人就像小丑。

年轻的迪根是在他的家乡都柏林三次被捕后被押送到范迪门地的。在这里，他和其他少年犯被关押在普尔角，有的孩子才刚刚九岁。迪根15岁来到这里，当时身高才5英尺3/4英寸，眼睛是浅黄褐色的，左臂上有种痘留下的痕迹。他的老家还有父母和一个兄弟，很可能他再也无缘与家人团聚了。当我和一位历史学家一起翻阅关于迪根的档案记录时，她注意到迪根乘坐的金尼尔号船的医生给迪根打的评语是“总找麻烦”。她说，在押运这些男孩子的船上，他们随时都有被性侵的危险，为了防备这种性侵，他们变得非常好斗，还经常挨饿。澳大利亚关押囚犯的制度使很多囚犯在精神上遭受创伤，甚至于失常，但很多囚犯也得到了改变命运的机会。这位历史学家对我说：“英国政府在年轻的犯人身上进行投资，教他们识字，学习技术。”当迪根到达普尔角时，他既不认字，更不会写字。在押期间，他只犯过一次错，她说：“你看，他在学好。”

迪根出狱后来到维多利亚州，娶了一个名叫安·麦格拉斯的女人。他们在卡斯尔梅因的农村定居下来，并生了十个孩子。麦格拉斯知道她丈夫曾经是个囚犯吗？这我就不得而知了。要想重新找到在150多年前某个时期遗失的信息是相当困难的，不过，这使我对多年来家里人一直闭口不谈那段历史的做法产生了好奇。

至20世纪70年代，在艾利森·亚历山大的家谱中都没有出现过囚犯，但是后来，她父亲的一个远房亲戚——一名摩门教徒——开始探寻这个家族的过去，从此情况就不同了。这位亲戚发现他们家族是一个名叫简·贝尔德的苏格兰女人的后裔，她因暴力抢劫而被送到范迪门地。亚历山大还记得她父亲在听说了贝尔德的事后非常开心，而且在发现家族里还有更多囚犯以后，他还请人绘制了一幅家族树，上面绘有所盗之物的小图，其中有一块银制手表、两双长筒袜、十个银杯子。亚历山大的母亲对这个发现不太高兴，亚历山大的外祖母当时已经70多岁了，对这件事更是感到十分惊愕。她不明白她的女婿为什么那么想知道这样的事，而且对家族里有囚犯那么高兴。“没关系，亲爱的，”她宽慰亚历山大说，“我们这边没有这样的事。”

但是，当亚历山大成为一名历史学家和作家之后，自己开始调研。她发现在自己的家族中至少有九个囚犯，有两个是在1788年第一批被送到澳大利亚来的，他们和囚犯结了婚，生的孩子长大成人以后，又与囚犯的后代结婚。亚历山大最后确定，她的四位祖父母中，有三位是囚犯的后代。经过进一步的调查，她发现她丈夫是进入到她家族而没有囚犯背景的第一人。

显然，亚历山大新的家族历史完全合情合理。她和父母都是在塔斯马尼亚出生的，而塔斯马尼亚曾经是世界最大的囚犯流放地，按人均计算，这里的罪犯人口比排名第二和第三的流放地都多。排名第二的是另一个澳大利亚囚犯殖民地——新南威尔士州，第三名是西伯利亚。实际上，到1853年，在塔斯马尼亚全部65000人中，有51000人是囚犯或刑满释放的囚犯。从那以后，移居塔斯马尼亚的人就不多了，因此，亚历山大最起码有一位囚犯祖先。那么，为什么她在以前对此却一无所知呢？

如果说，一位塔斯马尼亚的历史学家不了解自己家族的过去令人觉得不可思议，那么，人们不了解自己家族历史的现象却是普遍存在的。据估算，2009年，塔斯马尼亚人口中有四分之三是囚犯的后代，然而他们大多对此似乎并不知晓。亚历山大采访的最年长的塔斯马尼亚人生于20世纪20年代，当她告诉他们大多数塔斯马尼亚人是囚犯的后代时，他们简直惊呆了。尽管囚犯制度终止于19世纪50年代，但有一位历史学家告诉我，早在20世纪20年代，人们已不太在意自己是否是囚犯的后代了。亚历山大告诉我，即便是到了21世纪初，也只有36%的塔斯马尼亚人说他们知道在家族历史中有过囚犯。

我开车从阿瑟港到塔斯马尼亚另一个小半岛去拜访亚历山大，她如今已是研究塔斯马尼亚囚犯的世界级专家了。她住的房子给我印象最深的就是自由。从房子的前后窗户向外望去，都可以看到大海。如果乘飞机从这里一直往南飞，仅仅在四五个小时后，你就可以到达南极洲。见了面我就问她，整个岛屿的人怎么就把自己的家族来历给忘记了呢？

在18世纪和19世纪，英国人把首恶罪犯绞死，把罪行稍轻的罪犯流放到澳大利亚。当时的一位评论家是这样描述的：人们力图从一个充满罪恶的旧世界创造出一个全新的社会，这在历史上尚属首次。

当范迪门地在1812年迎来第一船囚犯时，这个移民地点还只是个人烟稀少的地方。同欧洲旧世界不同，因为这里人烟稀少，人们必须互相依靠才能生存，所以囚犯和监管他们的人之间的区别并不十分明显。在这里，法制不健全，且腐败丛生。尽管违法者要受到惩处，但是贿赂可使他们逃避惩处。情侣们未婚同居，随意聚散，并无婚姻承诺可言，甚至不介意形象是否得体。很遗憾，这种最初的宽松气氛并没有持续多久，英国皇家政府的新代表就到了，他们带来了更多囚犯，也带来了更为严厉的维多利亚式的道德准则。

但是，澳大利亚仍然是一块最独特的社会和经济试验田。澳大利亚位置偏僻、资源富饶，因此劳动力也短缺。这一切使得囚犯们有机会与当局讨价还价。从根本上来说，这块殖民地需要囚犯，因而当地的制度必须要帮助囚犯回到生活的正轨。因为塔斯马尼亚接纳囚犯的时间比其他地方要长，所以要花费更多的资金用于社会福利、慈善活动和警务工作。

从一开始，囚犯就享有诸多权利，受到法律保护，他们为了抗议受到的不公正待遇而打赢了几场重大的法律诉讼官司。他们所享有的特权和讨价还价的权利，如果放到英国，别说是囚犯，就是工人阶级也很难享有。对于囚犯来说，操纵整个制度也不难，如果遇到不好的管理人员，囚犯们可能会通过消极怠工的办法表示不满，结果往往是重新分派给他们条件更好的工作。有些囚犯甚至把妻子儿女从英国接到了澳大利亚。

在范迪门地，有百分之十的囚犯，也就是那些犯了二等或者三等罪行的人，被送到阿瑟港或者同类的女子监狱（人们称之为妇女工厂）。其实，大多数囚犯并没有被关押，整个岛屿就是个开放的监狱，犯人们在社区家庭里或殖民地管理部门当佣人。许多人在判决期间或判决之后，接受了教育，释放之后，他们成为教师、医生、律师，或者在政府部门享有位高权重的职位。他们创办报社，甚至在服刑期间组织工会。他们一旦获得自由，政府会分配给他们土地、牲畜和种子。犯罪学家约翰·布雷斯韦特指出，由于政府给予了足够的支持，因此囚犯在被押解到此地40年后拥有了这块殖民地的四分之三的土地和二分之一的财富。在这40年间，原本是男性占主导地位的人口结构，男女比例也逐步趋于均衡。

诚然，澳大利亚的流放地是历史上人们重塑人生轨迹和提高社会地位的一个最成功的典范。1836年，当达尔文乘坐的比格猎犬号轮船在悉尼停靠时，他宣布澳大利亚是一个改革与重建之地，是一个“新型的、辉煌的国家”“其成功的程度史无前例”。另一个评论家写道，在这里，造假者变成了有用之才，诈骗者用自己新的高尚品德，以身作则，教育子女，“小偷都当上了治安法官”。

这种大规模的社会实验，除却在一些地区引发热情之外，在当时或以后并没有受到大多数人的追捧。随着个人经济实力的提升，人们渴望得到尊重，渴望摆脱过去罪犯的身份。亚历山大著有《塔斯马尼亚的囚犯》一书，书中描述了自19世纪20年代以后，塔斯马尼亚社会最重要的追求是如何展现自身的整洁、正派、好品行。因为拥有想保持端庄外表的强烈愿望，再加上英国人认为犯罪行为是有缺陷家族特征的观念，所以就形成了所谓的“囚犯污点”的观念，这个污点不仅在被流放的囚犯身上打上烙印，也波及他们的孩子：这些孩子命中注定低人一等，且道德败坏。

亚历山大说，这个污点并不是来自塔斯马尼亚本地，而是来自英国人对囚犯流放地的看法，他们认为囚犯流放地肯定是个绝对可怕的地方。这当然不是说英国人在19世纪20年代突然认定这块流放地有污点。其实早在第一批囚犯来到澳大利亚之前，他们就开始嘲讽罪犯之国了。这些移民远离英国人的鄙视，来到桉树林中才短短几年，只要人们一谈到这些囚犯，无休止的鄙视轻蔑就会接踵而至。

英国人曾经自鸣得意地说，新南威尔士的流放地就是“藏污纳垢之处”，澳大利亚的议会下院就是个“贼窝”，那些流放地就是污水池，那里的人都是令人憎恶的、遭受毒害的、被毁掉的人。在英国，有一个海军军医对人说他是新南威尔士人，一听这个人们都悄悄地从他身边走开，并且“检查自己的口袋”。有时候，对于流放地抱有极大蔑视态度的人往往是那些主张终止流放囚犯的人，他们强调制度令人蒙羞和使人丢脸的一面，目的是为了改革该制度。尽管有些分析家曾认为流放囚犯的做法是成功的，并予以解释，但影响不大。19世纪著名的社会批评家亚历克西斯·德·托克维尔认为，从本质上说，澳大利亚缺乏道德准则，流放囚犯的做法带来的是一个危险人群集结的社会。

即便英国人（大多是英国工人阶层）对囚犯非常厌恶，这种厌恶也是一种热衷于八卦效应的厌恶。英国的报纸嘲讽囚犯的生活，而读者在读了描写囚犯兽行和同类相残的报道后好奇心得到满足，但是这些报道却是毫无根据的。

来澳洲旅游的英国人也乐于去发现很多澳大利亚人堕落退化的证据。19世纪60年代，有两个英国人从澳大利亚给家里写了好几封信，他们俩在信里就跟着了魔似的描述囚犯的劣迹，仿佛他们遇到的每个人都受到了囚犯劣迹的影响。譬如，他们对澳大利亚中产阶级是这样描写的：“他们错误地引用拉丁语，还以为理查二世是理查一世的儿子，这简直令人难以置信。”

美国通过奋起反抗英国，摆脱了英国人的蔑视；而澳大利亚却因为与英国在文化、经济和立法方面的联系而深深地受到英国人的蔑视。亚历山大写道：“在事后看来，如果当时厚着脸皮大胆地说‘尽管塔斯马尼亚有囚犯，但那仍是个好地方’，结果反而可能会好一些。但是面对着英国人居高临下的嘲笑，要想这样说也很难。”按照不成文的协议，塔斯马尼亚的所有居民决定再也不提他们曾经是囚犯了，不知怎么的，这个策略起码在一百年中奏效了。

亚历山大对我说：“每个人都致力于忘却。”你根本见不到谈论出身的人，如果两个囚犯出身的人碰巧在路上相遇，而且也都知道对方的身世，他们可能只会相互眨眨眼睛，然后继续前行。

自从我们来到这个世界，有些事情是父母不愿让我们知道的。不愿说的事不见得是什么丑闻，或是什么见不得人的事，他们只是把信息进行必要的过滤而已。但是在塔斯马尼亚，人们对出身讳莫如深的态度确实令人震惊，在这样一个小岛上，几乎所有的父母都对孩子保守着同一个秘密。

还有一位历史学家跟我说，在过去，囚犯是人人忌讳的话题，“即便是夫妻吵架，妻子也不能朝丈夫喊出‘囚犯’这个词”。人人都编造了自己是自由移民的身份，好在平时表现得像平常人一样也不太难，因为只有阿瑟港的囚犯才穿19世纪殖民地时代特有的带条纹的睡衣。大多数囚犯在服刑期间都在别人家里当佣人，因此，他们的穿着和平常人几乎别无二致，只不过不那么光鲜罢了。大多数囚犯的种族特征与他们的雇主也别无两样，即便今日，也没有多少关于当初的人口以囚犯为主体的物证，因为当时岛上就没有几座监狱。

一个人是否会被看作是自由人往往取决于其外貌特征，早期游客发现了辨识囚犯的规律：囚犯大都是头发灰白、疲惫不堪、眼窝深陷、目无定睛，而且额头都不高。这个规律是典型的维多利亚时代的偏见，但是很多囚犯出身的人长相确实如此。有些囚犯没有把烦恼和营养不良明显地写在脸上，他们更容易装成自由人。具有讽刺意味的是，比起英国本土的工人阶层，那些囚犯出身的人伙食更好，薪水更高，因此比起留在英国的工人，他们很可能看上去更健康。

当然，一个人受到的心理创伤越深就越带有“囚犯像”，那些恶习难改的小群体，曾历经岁月的艰辛，无论如何也装不出不是囚犯的样子。他们酗酒、偷盗，还在乡下建立起自己的小社会，他们看上去再像囚犯不过了，有他们做陪衬，其他囚犯就显得更像普通人了。

对囚犯身份感到耻辱，因而对此闭口不谈的现象并不只限于塔斯马尼亚，在西澳大利亚，囚犯话题也绝对是个禁忌。但是在新南威尔士州，有不少有钱的囚犯出身的人，在某种程度上能够公开为自己辩护，回击加在他们身上的耻辱。可是与之相比，塔斯马尼亚地域狭小偏僻，因此最保险的策略不是确认身份，而是遗忘身份。

亚历山大说，在塔斯马尼亚，人所共知的囚犯属于五个非常显赫的家族。让人意想不到的是，由于这些家族显赫发达，他们反而没有必要逃避自己的囚犯身世。譬如，托马斯·伯伯里是在1832年因破坏机器被流放到范迪门地的，后来当了地区的警察局长，还是事业有成的牧场主。人人都知道他曾经是囚犯，但是鉴于他的身份，这又何妨？现如今，他家在塔斯马尼亚仍是名声显赫。

亚历山大告诉我，在塔斯马尼亚，人们为了把现在同过去分隔开来，长期以来在社会上采取了一系列策略。最明显的做法是把在英国众所周知的范迪门地（人们从不同的途径了解到这个地方，其中包括描述囚犯艰苦生活的歌词）更名为塔斯马尼亚。如果游客仍把此地叫作范迪门地，人们就会纠正这种叫法。还有，为了回避囚犯流放的那段历史，“囚犯”一词不再使用了，而且无论是在报刊上还是在言谈中，人们都运用各种语言技巧来回避与“囚犯”相关的字眼。如果人们不得不提及那段历史，他们常常使用“不确定的出身”“不同的体制”“黑暗时期”等词。（在悉尼，囚犯出身的人被称为“政府的人”。）当地人都知道这些词语所指，只有外来的人不知道。

囚犯流放制度终止后的几十年里，没有人写过有关流放地的历史，即使是那些习惯写日志和回忆录的人也几乎从不提及那段历史，尽管他们周围到处都有囚犯，而且即便他们本身不是囚犯，他们也极有可能是囚犯的后代。没有人谈论别人的出身，更不必说自己的出身了，询问别人的身世被认为是失礼的行为。那些赫赫有名的、长寿的囚犯去世后，在讣告中也不提他们是如何来到塔斯马尼亚的，好像他们就是本地人，有时候他们干脆撒谎，说他们是移民来的。

1856年，流放囚犯的制度终止了。1877年，阿瑟港殖民地也关闭了。那么在此之后，人们是如何谈论塔斯马尼亚历史的呢？在人人对此讳莫如深的气氛里，不知怎么的，一些关于该岛的开岛居民十分怪异的观点，竟然变得可信起来。亚历山大援引塔斯马尼亚政府部长兼历史学家约翰·韦斯特为例：1852年，韦斯特宣称最初来到此地的囚犯几乎都销声匿迹了，他们都快死光了，也没留下什么后代。他写道："他们消融于地球的泥土之中，就像使人悲伤的梦境一样离去了。"

尽管有关囚犯祖先的个人信息没有传下来，但囚犯出身却作为人们嘲讽的笑柄传了下来。1942年，有两万名澳大利亚战士为同盟国战死，之后澳大利亚总理说他的部队该回国了，但是温斯顿・丘吉尔却想让这些军队留在前线，在回应澳总理的请求时，他宣称澳大利亚人是"劣质人种"。

在20世纪60年代，当约・毛赫忍受不了战后德国人的沉默，逃到澳大利亚之后，他对这个国家的囚犯历史很是着迷，于是向新交的澳大利亚朋友问起了这段历史，但是，他遭遇了与战后德国类似的情况（指人们故意回避那段历史），没有人给他直接的回答。直到有一天，有人对他说："我们从不谈论这事。"毛赫就再也不问了。

终于，延续多年的"不知道"时代结束了。在20世纪60年代的某个时期，当民权运动和反战运动渗透到世界大部分地区时，当流放到澳大利亚的最后一批囚犯的孩子去世之后，当属于工人阶级的观念被人接受时，当澳大利亚人不再在意英国人如何看待他们时，家族里有囚犯亲戚的耻辱感消失了。不仅如此，这段历史竟然进入了中学课程。在这一点上，亚历山大证实家族历史学家也起了主导作用。如果很多个人不调查自己的祖先，那么这段历史将不为人所知。他们的经历表明，追寻个人的历史，可以促进人们意识的觉醒——意识到自我存在，意识到信息穿越时空的途径。

某种宏大的家族历史循环已经完成，或者至少进入了一个不同的时期。对此最为有力的证据就是：我们生活在一个试图揭开祖先精心隐匿的秘密的时代。这个历史变革很像1995年的爱尔兰，在那年，爱尔兰大饥荒已经过去了150年。虽然人们把这次大饥荒描述成爱尔兰历史的分水岭，大饥荒的影响可以和发生在大饥荒一百年前的英国将军澳利弗·克伦威尔对爱尔兰的入侵相提并论，但是对于大饥荒的研究相对来说却少得很，只有少量的书籍和文章对此进行过探讨。在1985年，人们对这个话题的兴趣慢慢出现，十年以后达到高潮。当然，这个趋势的产生也多少与大饥荒150周年这个重要的纪念节点有关，但是在此之前，人们对这个话题缺乏兴趣又如何解释呢？其实原因很简单，大饥荒夺去了一百万人的生命，二百多万人出国逃荒，成千上万人被逐出家园，整个一个社会阶层消失了。贫困、热病、精神狂暴、肢体暴力像瘟疫一样四处蔓延。家庭成员为活命反目成仇，人们躲着病人，躲着催要房租的房东代理人，还有人为了埋葬死去的亲人而四处乞讨。

有大量那个时期的口述历史和个人日记留存了下来。人们用这种方式描述他们在大饥荒中的经历，譬如，饿殍载道、母子相依、年轻姑娘倚门而逝的场景比比皆是，甚至有人看到在空寂无人的村舍里，几具骨架突然呻吟而且活动了起来，这分明是濒临饿死的一家人。政府文件记录、社会分析的资料和救济院里的记录也都存在，但是在20世纪80年代，在非爱尔兰历史学家重新审视那个时代之前，几乎无人谈论那次大饥荒。

爱尔兰大饥荒和纳粹大屠杀给人类造成了空前巨大的创伤。虽然两次浩劫有着许多明显的不同点，但是仍有重要的相似之处。尽管有很多大屠杀幸存者的第二代因为自己的父母从不提起他们所经历的苦难而深感痛苦，但犹太人社会却有意识地建立起一种不忘过去的文化，为的是让如此恐怖的悲剧永远不再重演。现代历史学家最近开始的对那次大饥荒的讨论，意味着爱尔兰人终于能够勇敢面对他们所遭受的巨大不幸了。

如果有人想了解弗朗西斯·高尔顿的犯罪遗传性理论是否正确，只需审视一下塔斯马尼亚的这段历史，就可找到答案。这是最完整、最自然的犯罪与遗传的试验。塔斯马尼亚岛上的人是不是有点儿像罗伯特·贝克韦尔的迪什利绵羊？他们在一百年的时间跨度中的相互通婚是否使他们的罪犯污迹在几代人的身上涂抹得色彩更重了呢？

亚历山大跟我说，除了一个相当特别之处外，现代的塔斯马尼亚社会同其他社会没什么两样，当初来到此地的人并没有发展成有组织的犯罪团伙，他们的后代也没有子承父业，继续犯罪。与此相反，塔斯马尼亚的居民曾一度是世界上最遵纪守法的居民。根据布雷斯韦特的论断，直到19世纪末，塔斯马尼亚是“世界上最宁静的地方之一”。

尽管在19世纪后叶，在塔斯马尼亚监禁的囚犯人数比别的国家要多，但在20世纪的头20年里，这个地方的犯罪率比其他任何发达国家都低。从1875年到1884年里，有22件谋杀案，但是在以后的30年中，连一件谋杀案都没有发生，直到1916年仍然没有人被指控谋杀，怪不得人人都乐于相信囚犯在此地真的已经绝迹了。澳大利亚的总体情况也是如此，在整个19世纪和20世纪初，美国的入狱服刑人数剧增，但在澳大利亚被捕入狱的人数却在减少。而且在20世纪30年代，澳大利亚的犯罪率是有史以来最低的。

据推测，塔斯马尼亚人就个人来讲，可能会想方设法去证明自己不是罪犯的后代。当然，他们都在撒谎，但这并不违法。过了一段时间，塔斯马尼亚人有点儿放松自己了，也就不再争做模范居民了。

值得注意的是，有些人仍然保留着澳大利亚人是罪犯的固有看法，后来他们发现罪犯这个标签对澳大利亚人早就不适用了。2007年，当时澳大利亚最高级别的穆斯林教长阿尔·希拉利在当地的一个埃及电视节目中说：“当年英国的盎格鲁-撒克逊人是带着枷锁来到澳大利亚的，我们是以自由人的身份来的，我们自己买的票，我们比他们更有资格来澳大利亚。” 阿尔·希拉利是以发表煽动性评论著称的，但是人们对他这个讲话的反应不是气愤，而是欢愉，后来他说他的本意是想表示：“我们非常热爱澳大利亚，我们来到这里是自愿的，不是被迫的。”

当我的另一个表亲给我看了迈克尔·迪根的照片时，我才知道了他长得是什么样子。我从来没敢想过他会有照片存在，当我终于见到了这张历经那么多苦难的面孔时，那种感觉简直是棒极了。在普尔角他学会了锯木头，后来我还听说不知在什么时候他失去了一只手。他在1848年被释放，搬到了内地最南端的维多利亚州，他看上去个子矮小，甚至有点儿顽皮。他朝着相机镜头微笑，不难看出他眼神里闪动着喜悦的目光。我还见到了一张他妻子安·麦格拉斯的照片——一个囚犯的妻子，本人或许也是囚犯，一个生了十个孩子的母亲。像她丈夫一样，她有着浅色的眼睛。她的表情举止却同她丈夫大相径庭，看起来疲惫不堪。

看来迪根的办法是成功的，经过了几代人的时光，痛苦终于逝去，那段被人主动地甚至拼命去隐藏的历史逐渐消失，终于被人遗忘了。根据我不太科学的观察，在这方面，我的家族和那些同我一起长大的人的家族没有多大区别，有些家族很久以前就移居此地了，有些家族近期才来，还有些家族的家谱中可能也有被流放来的囚犯。迪根和麦格拉斯的曾孙和玄孙后辈都是遵纪守法、安居乐业的公民。其中有两位是专业喜剧演员，一位是地方法官。

现在有一种流行的观点认为，家谱学所揭示的有关家谱学家的东西比有关其祖先的东西要多得多。这其中无疑有罗夏测验的程式，根据这种程式，一个人从现存的档案记录中梳理诸多的姓名和事实，这些分散的材料好像自成某种图形。我的家族里有些人对我来说尤为重要，对于他们生活的了解同我关联紧密，譬如当我的孩子长到同样年龄的时候，我知道了朱莉娅和她的孩子的事。这倒不是一种心理疗法，而是人类生活的史实。迈克尔·迪根是真实的人，曾经爱过，也曾经受过苦，他的那些隐秘的、不平凡的生活经历对他产生的影响远比我发现了这些事情对我的影响大得多。我当然对于他给后人留下的遗迹感到好奇，因为我也在其中，这些遗迹不仅仅是贫困与犯罪，还有他保守的秘密。他的那些秘密，还有整个范迪门地的囚犯们所保守的秘密，长期以来形成了特有的文化。但是在家族内部，人们对于这些秘密的隐藏又感觉如何呢？

如果迈克尔·迪根和安·麦格拉斯生的孩子并不知道他们的父母曾是囚犯，结果就同历史学家所说的那样——他们会对此闭口不谈。我的父亲小时候很多时间都是由他的外祖母，也就是迈克尔·迪根的幼女带大的，而且父亲仍然记得他外祖母是个十分有教养、温文尔雅的女人，她接受过教师培训，并生育过五个孩子。她还有个双胞胎姐妹，是个修女。这她知道吗？

我同父亲的几个表亲取得了联系，在听说了这段囚犯的故事后，他们和我父亲一样感到吃惊，但是他们都一致认为这位囚犯的女儿极其庄重典雅。这是她父母的教育所致吗？她是刻意这样以示有别于父母，还是因为她有幸生在一个大多数人都衣食无忧、教育有保障的国家，自然而然地成长为举止优雅的淑女的呢？

当我把迈克尔·迪根的事告诉我父亲时，我还真有点儿紧张，怕他接受不了。但是变化了的时代也改变了父亲，他彻底惊呆了，因为在此之前他对于这事连一点儿传闻都没听到过，但他很容易地就接受了这个现实。对于迪根和麦格拉斯，他感到伤心，对于他们的遭遇，他充满同情。他认为在他父母那一辈中没有人知道我们家族里有这段囚犯的历史。

我找到了迪根和麦格拉斯的墓地，一天，我和父母一同驱车前往。坟墓位于卡斯尔缅因城外的很小的乡村公墓中，公墓坐落在绿色山丘陡坡地带的道路旁。他们与儿子、儿媳和幼女，以及墓碑上刻着的“其他人”合葬于此处，在整个墓地里这座墓碑是最小的，但有一株美丽的树向着坟墓倾斜，好像在为墓中人遮风挡雨。

人们曾经认为他们不光彩的过去会随着他们的离世而消亡，但是电脑和互联网的革命改变了这一切。挖掘档案记录曾经是繁重的、特殊的体力工作，而现在整个工作只不过就是打开笔记本电脑而已，你很容易地就能得到所有的档案。然而，这也意味着要想编造自己的过去是越来越难了。不管你认为是好事还是坏事，这样透明的历史也给人带来了新的责任。

第六章

信息

我们面对的最大危机不是俄国人，不是原子弹，不是政府的腐败，不是侵害我们健康的饥饿，也不是青年人的道德沦丧。危机来自我们对人类知识的“管理”和“使用”。我们拥有巨大的“百科全书”——甚至不按字母顺序排列，我们的“档案卡片”堆放在地板上，毫无顺序。我们要找的解决问题的方案可能就在这些文件堆里，但是要把两个已知的事实从文件堆里找出来，放在一起，并由此推论出我们急需的第三个事实来，也许要花费一生的时间。我们就把它叫作图书馆管理员短缺的危机吧。

我们需要一个新型的“专家”，但不是普通意义上的专家，而是一个综合管理专家。我们还需要一门新型科学来担任管理一切科学的最佳秘书。但是我们一时还不可能找到这样的“专家”，也找不到这样的“科学”，同时，还有大量的烦恼在等待着我们。

——罗伯特 · 海因莱恩《去哪儿》（1950）

在美国，有一家特别组织把代表派往全世界去搜集有关人类群体的历史。他们与国家和教会组织达成协议来查阅公民的档案记录，生者和死者的都要查。他们一进图书馆、地下储藏室和世界档案馆的秘密工作室，就架起摄影机，十分小心地拍摄所能找到的每一份出生证、结婚协议书和死亡证书等。拍摄完毕，他们把照片送回总部，储存在犹他州落基山脉中的一座花岗岩石山下的秘密储藏库里，这个储藏库是他们的祖先开凿出来的，祖先的名字也储存在那里。按照他们的神学理论，家庭是神圣不可侵犯的，而且学术研究和家谱学也都是十分神圣的活动。

2012年10月，我开车穿过峭壁之间的山口，看是否能找到那座花岗岩石山档案储藏库。道路两边是棕黄色和褐色的灌木丛，吹进车窗的秋风仍然带有一丝暖意。在山口的南面，岩石的地质层条纹与蓝天形成80度角，又往里开了几英里，我看见一条响尾蛇盘在道路中间。靠着老照片和最新谷歌卫星地图的指引，我找到了储藏库的地点。我下了车，望见了通往储藏库的水泥拱门。这座储藏库是由耶稣基督后期圣徒教会（简称为LDS，又称为“摩门教”）在20世纪50年代建造的。

在20世纪70年代，新闻记者亚历克斯·肖马托夫描述了储藏库的六个200英尺长的储藏室，三个350英尺长的走廊，空气过滤系统、离子检测系统和烟雾检测系统，地壳运动跟踪计，以及发生核爆炸时会自动封闭储藏库的带有弹簧装置的爆炸锁，还有为保存胶片和纸制记录而设立的保持自然温度和湿度的装置等。当肖马托夫访问储藏库时，库里最引人注目的奇观是满满的文件柜和装满文件柜的大量文件。但是，从那以后，进入储藏库要受限制了，媒体和公众不能随便进入。尽管如此，储藏库仍是世界上信息存储的一个奇迹，我决定要亲眼看看，哪怕是从外面也行。据摩门教徒说，进山300英尺有一扇14吨重的铁门，门内储藏着千百万份个人档案记录。

一个星期以前，在科罗拉多州，我开车来到几百英里以东的同一山脉，亲手触摸到一个恐龙足印，那是1亿年前长着三个脚趾的恐龙留下的足印。在人们发现了剑龙、跃龙和雷龙的那个恐龙岭的岩石壁上，有一排排清晰的恐龙脚印。这里曾经是古代的海岸线，恐龙迈着重步，急促而混乱地踏过这里。整个人类历史，同这些恐龙脚印相比，或许更为短暂，但是，储藏库的建筑师们正在借助这座山，改变这种对比。他们的目的是不但要保存人类史料，还要保存个人史料，起码是那些记录在册的、可以证明曾经存在过的人的史料。LDS并不是美国唯一的建在大山里搜集数据的机构，据传，美国政府的一个机构和多个私人机构，也沿着相同的路径，在全力开展此类工作。然而，摩门教徒们，就像世界上其他人一样努力地思考着，或者更为努力地思考着这样一个问题：保存这些史料，或起码让活着的人使用这些史料意味着什么？他们在花岗岩石山创建的宏伟设施、他们的微缩胶片、机械和软件等，就像12世纪巴黎圣母院里的扶壁和滴水兽一样，是21世纪令人叹为观止的奇迹。

在20世纪初，美国家谱学曾出现一个大的分支，疯狂地施行一项试图改造人类的人种改良计划，即便如此，当时的摩门教徒们依旧以搜集和分享档案记录为己任。摩门教徒的祖先来自欧洲，在那个时代，摩门教徒只有回到原籍国并转录抄写他们所能找到的一切信息，方能探寻到他们祖先的历史。为了帮助教会成员，教会开始派出代表去查找档案记录并全部复制，然后带回犹他州。在20世纪20年代，他们开始把搜寻到的家谱信息记录在索引卡片上；到了1938年，教会又把记录拷贝在微缩胶片上，最终微缩胶片得以在全世界几千个摩门教图书馆里传阅。到了20世纪50年代，鉴于在第二次世界大战中德国的档案记录遭到严重破坏，教会的年长者面对着越来越多的胶片，决定在大山中开凿洞穴，以期为子孙后代安全储存这些信息胶片。

现在，这座山里保存着教区记录和可以追溯到16世纪初的古英语手稿，其中包括来自伦敦的记录，而公民登记则始于1937年，还有可以追溯到公元元年的中国人的家谱。摩门教会搜集到的总体数据资料是美国国会图书馆馆藏资料的32倍，而且每年教会都要新增一批相当于美国国会图书馆全部馆藏的资料。

这种大量的信息收集是遵从摩门教创始人约瑟夫·史密斯在19世纪末的教诲而进行的，他教导教会成员应该为已经去世的亲戚施行洗礼。因为摩门教徒只能给他们自己的祖先施行洗礼，所以全体教会成员花费大量时间去追寻祖先的历史遗迹。迄今为止，在不着眼于来世的情况下，有谁曾创建过如此巨大的工程？

在离储存库15英里处的盐湖城整洁的街道上，有一座约瑟夫·史密斯纪念馆，纪念馆的前身是1909年建成的大宾馆，现在这所建筑的旁边是白色的如同迪士尼城堡般的摩门教教堂。我在那里会见了家族追寻机构的主管杰伊·维克勒。当时维克勒是Family Search的CEO，这个机构是摩门教为管理储藏库的档案记录和在全世界促进家谱学发展而设立的组织机构。维克勒天赋极强，12岁时在父亲任职的银行里编写软件，后来成了美国硅谷集团的企业家，再后来摩门教会的年长者把他召回到盐湖城。维克勒身材高大，留着一头浓密的金发（这头发在最近由LDS主办的基因家谱学大会上成为他推特上的重大新闻，@JayVerklerHair）。他看上去与普通的摩门教传教士没有什么两样，谦虚低调，生活严谨。在一切都在衰变的世界里，他对信息存储的错综复杂情况的驾驭能力，加之他对教会永恒的理想怀有无可替代的责任与忠诚，均赋予了他魅力十足的风度。比起其他组织来，他所属的教会对于在当今世界如何从事家谱学工作具有更强的影响力。

维克勒对我解释道："这个教会非常重视家谱学，一个核心理念是相信家庭是人死后永恒的归宿。这个教会的成员查询自己的祖先，是因为我们有责任帮助祖先理解我们的信条，我们认为，我们是和祖先共存的。”

这个观念就像有魔力一样使人着迷。当时，我的两个儿子年龄还很小，我很难想象我能有一时一刻不在他们身边。维克勒继续讲着神学，我却陷入沉思：对一个宗教来说，与家人永远在一起是多么坚实而有力的根基啊！对于天下的父母来说，如果有什么信仰能让他们永远与自己的孩子在一起，那他们怎么会不愿意相信呢？

当然了，如果全家人命中注定来世还在一起，这个群体就会包括父母、兄弟姐妹、配偶、孩子、叔伯舅舅、姨妈姑姑以及所有姻亲等。这个来世群体是否就像生活在天国的社区？是否有按照血系规划的街道？还有按照家庭设计的公寓小区？或者更像是由M. C. 埃舍尔从噩梦中醒来后设计的永恒的感恩节宴会？

维克勒承认：“我们不确定来世会怎样，它可能不会像一个大的群体家庭，但是我们认为那些亲情关系在来世仍然存在。”

LDS的哲学并不仅仅是相信有来世之说，还关注今世和前世的生活。维克勒说：“我们认为当你知道了你是谁的后代，你的根在哪里，而且你很尊重这个理念时，你的为人之本才得以固化。”他的话的确有道理，因为我在盐湖城遇到的一些摩门教徒是我所遇见过的最友好的人，他们对人尊敬，有礼貌，同他们谈话使人彻底放心，不必怀有一丝一毫的戒心。

在过去的十年中，马歇尔·杜克，一位来自埃默里大学的心理学家，探讨研究了家族历史在儿童生活中的价值，他设计了20个问题，例如：“你知道你的父母是在哪里相识的吗？”“你知道你长得最像家里哪个人吗？”“你知道你的父母在年轻时都做过哪些工作吗？”杜克发现，在有关家族历史的测验中得分高的孩子，自尊心和自律能力也高，而他们的焦虑也较少。杜克还调查了经历过2001年9·11恐怖袭击事件的孩子，即便是在这样极端的案例中，对于家庭历史的了解也能显示在事件发生数月之后孩子恢复能力的强弱。杜克解释说，这不一定说明是家庭给了孩子这些素质，但是如果孩子能够回答这些问题，就说明他们与母亲和祖母之间有着很强的联系，还说明他们在用餐和度假时，有大量的时间与家人交流。所有这些家庭中的故事累积起来，就形成了杜克所说的“代际之间的自我”，他认为这种自我意识与个人能力相关。

摩门教徒从事的收集家族家谱档案记录的全部工作也并不只是为了教会的成员，杜克说：“我们为每个人提供记录信息，我们是在为整个世界做善事。”在世界范围内这样的家族历史中心就有3400多个。这些机构是与宗教相关的市级图书馆系统，任何想研究自己家族史的人都可以使用这些机构，并且有精明强干、和蔼可亲的管理人员帮助他们查询。历史文件资料包括出生证明、死亡证明、土地记录卷宗，以及其他任何可以建立家谱链接的文件。这些机构与盐湖城的主要家族图书馆之间还设有借阅系统，如果当地的机构没有你要找的档案资料，其他地方的机构可以把它们保有的资料拷在盘里寄给你。

在这方面，LDS不同于其他宗教，因为这个教会在为人们提供信息方面具有21世纪所特有的慷慨大方，这就需要管理人员全面掌握信息科学和数字化管理技术。确定并永远储存每个人的姓名和生平是一件耗资巨大的工作，如今教会在45个国家有220个数据收集团队，这些团队正在进行新的档案记录数字化拷贝工作，他们还要把240万张微缩胶片转换成数字化格式。在20世纪，LDS推动了微缩胶片技术的发展，如今教会处于数字化信息储存技术的领先地位。使用数码相机的摄影师把档案记录拍摄下来，并在两天之内把照片传至网上，然后通过一支由几十万志愿者组成的大军把文件编入索引目录供大家查阅。摩门教徒在“众包”（crowdsource）一词出现之前就已经以“众包”的形式获取资料了。

我上一次访问教会时，他们正在全力以赴进行当时规模最大的工程——一个与意大利国家档案馆合作的项目。一百多个意大利档案馆为LDS提供便利，来收集从1800年到1940年的出生、死亡和婚姻记录材料，LDS的摄影师拍摄了300万张文件照片，这些照片记录了从19世纪到20世纪初的5000万到7000万意大利人的生平，资料中包括生活在摄影技术发明之前的人，有在1918年亲眼看着自己的孩子死于流感的人，还有后来在第二次世界大战结束时死亡的人。这些资料是世界上有关意大利公民记录的最权威、最完备的档案。

现在，教会正在建设的规模最为宏大的工程是网上家谱系统。任何人登陆Family Search网站都可以记录并查询自己的家族历史，但是这个家谱系统与其他所有网上服务的不同之处是教会想方设法连接所有的分支，借助其庞大的档案记录库和用户的活动来为全人类建造一个巨大的家族树。从某种程度上讲，这个尝试肯定是可行的。如果说有谁可以拥有足够的档案记录来创建这样一个数据系统，即包括人类全部有文件记载的个人家族历史的数据系统，那么一定就是这个教会群体。然而，LDS家谱系统与众不同之处在于它是合作完成的：人们可以登录该网址，添加姓名并且把姓名与文件链接，还可以撰写个人简历，一旦完成了这个程序，与他们相隔五代之远的某个表亲就可以马上上线，修正那些信息。他们可以改变亲戚的姓名，将新的姓名与其他文件链接，或删除整个简历。在Family Search网站上同我交谈的人中，没有一个认为这样做会有什么问题，但是，当然了，每个人的家族记录的版本与其表亲的版本也不会是完全一样的吧？

当然，尽管这个网上家谱系统处在不断变化的状态中，但几百万人的姓名和生平记录在储藏库中仍然是很安全的，即便是在世界各地镌刻在墓碑之上的名字被侵蚀风化殆尽了，这些信息也不会遗失。摩门教会的档案记录将长期存在，除非有自然灾害发生，或者可能出于某个人的失误。

2004年，一场破纪录的五级热带气旋“赫塔”袭击了南太平洋岛国纽埃，“赫塔”的风速高达每小时177英里，有一篇技术报告把大风掀过岛屿的大浪描绘成“极度的惊涛骇浪”。暴风雨把70间房屋和商店从90英尺高的悬崖掀入大海，大风从大海里刮起来的盐分毁掉了庄稼和蔬菜，造成的总体经济损失达8000万美元，且损失不仅仅限于住宅和商业区，岛上所有的出生、死亡和法庭档案也全部被毁。然而，早在1994年，纽埃政府就把许多家族家谱档案储存在了LDS的花岗岩石山档案储藏库里了，因此可以找回副本。

资料收集后最大的问题是如何保存。作为普通人，我们对于时间的流逝和我们在流逝中的微小位置没有稳定的领悟能力，因此我们往往认识不到一个最基本的事实，那就是随着时间的流逝，事物会遗失：人们会忘记把东西放在何处，国家会忘记把物品储存在何处，重要文件会被扔掉，还有的重要文件会被查禁，建筑物会被炸毁或毁于洪水或大火。1906年旧金山的地震毁掉了这个城市的大部分出生、死亡和婚姻档案文件，1922年爱尔兰的公民档案记录馆被焚毁，只有几份文件幸存。有时我们不仅仅丢失了信息本身，还把有助于我们理解信息的背景信息也给弄丢了。

另一个问题是技术的迅速改版翻新，这使得文件保存更加困难。经常出现的情况是，我们刚刚发明了一种新的记录方式，一个更好的方式就出现了，你在原有的媒介中精心保存的数据就必须转换到新的媒介中。譬如，一个45岁的中年人在小时候用八轨音带或者黑胶唱片听音乐，后来他把音乐专辑录制在磁带上；再后来光盘又出现了，他扔掉磁带和唱片，换成光盘；现在光盘也迅速过时了，他又开始以数字文件的方式下载音乐。如果有人还想听录制在老式磁带上的音乐，如甲壳虫乐队的《白色相簿》，恐怕他找不到合适的播放器了。如果他想听《黑鸟》这首歌，就必须找一台八声道录音机，不然的话就只好自己制作一台了。

在20世纪80年代的英国，迅速发展变化的技术或“数字迁移”带来的问题引发了人们的担忧。其实，这种情况早在1086年随着《末日审判书》的问世就已经开始了。这本书是英国有史以来第一次公民登记的成果，当时在威廉一世的督促下，英国要对国王的臣民，更确切地说是对臣民的财产进行普查。他派人到他统治的各个角落去调查并记录1300多个臣民手中的土地和牲畜数目。这次普查的目的当然是收税。在所有的贵族、教会官员和普通地主受到调查以后，调查结果就要用拉丁文记录在羊皮制成的手写清册上，这就是后来人们所熟知的两卷本《末日审判书》，或称之为《末日判决书》。调查员被赋予了很大权力，他们一旦记录下某人的财产，并做出评估，这就是最终结论，永远不得更改。许多记录在《末日审判书》中的地区今天还存在，即便名字有所更改。很多家庭可以在这本清册中找到他们家族的祖先。20世纪60年代，这本书甚至在法庭上被用来判定古代的土地所有权案件。

《末日审判书》成书几乎一千年以后，英国BBC广播公司和几个电脑公司聚在一起商定编纂该书的续集，目的是掌握在千年之交的英国人生活的各个层面。从1984年到1986年，大约有一百多万人填写了调查表，为这个工程贡献了一己之力。照片和录像被收集上来，模拟现实的街景被制作出来，全国的在校学生写了有关他们居住地的材料。譬如，奥克尼是苏格兰沿岸的小群岛，当地的一个孩子写下了1952年该地区遭到飓风袭击的情况：“大风把鸡舍连同里面吓得慌作一团的母鸡和死鸡刮进大海，有些鸡的鸡毛都被大风撕扯掉了，还有一只鸡被大风摔打到一家农舍的窗户上，速度快得简直吓死人，最后落在屋子里面的床上，把这家的住户惊得魂飞魄散。”

在当时来说，这个普查工程真是规模宏大，发起该工程的研究人员必须发明新技术来存储收集到的所有材料。最终，《末日审判书》第二个集子被储存在激光视盘上，这种光学存储媒介就是CD和DVD的前身。现在要想读这些光盘，你需要有一台艾康电脑（Acorn BBC Master Computer），外加一些机械设备。如果你想查询这些材料，你还需要一个主键盘和一个特制的跟踪球。

就像20世纪80年代以来的其他技术一样，激光视盘多次被取代。在发明激光视盘时，人们还以为这本闪闪发光的激光版《末日审判书》要比那本古代的羊皮版本多延续数千年，可这种光盘勉强延续了15年，到了2001年谁也不知道到哪里才能找到艾康电脑了。制造电脑配件LV-ROM驱动器的那家公司一开始只生产了一千件驱动器，后来那些激光视盘自身变得不稳定了。其实，查阅《末日审判书》第二集所需的大部分技术，包括老式跟踪球，过时相当快，不到20年，就没有人知道这些技术了。

很长时间以来人们对此很是焦虑。2004年，《末日审判书》第二集的部分内容终于被找回并且传到网上。后来，团队的一个主要成员去世了，这个工程也就终止了。2011年，另一个团队在网上发布了20世纪80年代版的部分内容，在之后的六个月中，BBC广播公司请人们把自己21世纪的最新信息添加在80年代版的信息中。但是由于版权的关系，使用本书最原始的内容仍然受到限制。

大约在同时，冰岛也出现了类似问题。为了把国家历次普查结果数字化，冰岛政府必须检索20世纪60年代记录于穿孔卡上的数据，但是人们已不能读取这些卡片了，原因不是卡片本身不好用，而是因为当时在冰岛谁也没有穿孔卡读取机。

即便人们在一项工程的设计阶段就认真思考过信息保存问题，这个问题也是很难绕开的。在21世纪初，国际原子能机构（IAEA）召集了一个团队来调查目前人们如何以最佳方式把重要信息传递给后人。为了防止我们的子孙后代在无意中踩踏到核废料上，我们应该如何标注这些核废料？在一开始，这个团队想创造一个预计有可能延续几万年的实体记录，起码同放射性物质延续时间一样长。其实，来自瑞典、加拿大和日本的团队早已着手解决这个问题了，但日本团队的经验显示这种方法不会有结果。日本团队研制出了一种12平方厘米的碳化硅瓷砖，这种瓷砖就像卫生间墙上的瓷砖一样，异常坚硬，而且不会被腐蚀风化，可以埋入地下。这个团队用激光把必要的警示语蚀刻在瓷砖上，使其永远不会磨损褪色。但是，如果你把瓷砖掉在地上，它就摔碎了。

实际上这里面有两个问题。档案管理员加万·麦卡锡是这个项目（IAEA）的顾问，他解释说："如果存放得当，这种瓷砖会延续一万年，这很不错，但是，问题是一万年以后如果有人发现了瓷砖，他还能看得懂上面刻的警示吗？"

麦卡锡说："一个群体需要的是对这种物质的存在有持续性的认识，假如将来遇到火山爆发等等灾难，瓷砖会从地下翻上来，然后被岩浆熔化。"

其实，人们几千年前发明的记录方法，也就是用手持工具以人所共知的语言书写的词句，依然是最持久的方法。这么说可能与人的直觉相反，但实际上，这种方法的使用甚至更久远。纸被降解的速度很快，兽皮存在的年代长些，世界上最古老的记录是刻在或画在岩石上的。在世界很多地方都能找到最古老的一种叫作杯状凹的记录形式，一种刻在岩石上的圆形凹痕。谁也不知道这种杯状凹是什么意思，但是通过杯状凹，我们起码知道了创造这种杯状凹的人曾经存在过。最古老的痕迹是在南非的一个岩洞里发现的刻在岩石上的交叉影线，距今已有七万年的历史了。（其实有一种更好的保存信息的方式，但是我们还没有发明出来——见本书"后记"。）

最后，这种碳化硅瓷砖并没有投产，麦卡锡说："如果没有对事物持续的认识，所有的知识系统都有致命的缺陷，实际上你所能做的就是尽可能多地把知识传递给后代，尽你所能给他们提供最佳机会，让他们能够尽情发挥。”

麦卡锡所说的法则适用于所有的文化，试想当初如果莎士比亚把他的作品制作在光盘上，结果会怎样？如果《圣经》最早是录制在八声道磁带上，效果又当如何？保存事物不在于记录的耐用性，而在于人们对于记录关注的持久性。在莎士比亚的戏剧和《圣经》问世之后的某一时期，由于这些作品深受大众喜爱，因此不需要什么统一的团体来计划用什么技术使之传承，这些作品就世世代代自然而然地传承了下来。不管是为了娱乐，还是出于正义，或者是为了盈利，一代又一代的人与这些文本联系密切，将其最初的媒介转换成他们青睐的媒介，从最初的羊皮纸手稿到现在的iPad，几个世纪以来莎士比亚的戏剧以各种载体的形式出现。现在我免费就可以从iPad的iBook app上下载《莎士比亚全集》。

当LDS把数据从微缩胶片上转存到数字储存系统时，他们没有认为这个数字系统就是最终的版本。维克勒说：“人们长期以来一直谈论数字化保存方式，但实际上却没有人真正去着手建立这个系统。我们认为以聚酯纤维为原料的微缩胶片将会存在300年到500年，但是数字化系统的字节会从你创造的介质中脱落，譬如在DVD上能存在10年到20年。人们以为他们刻录的CD能够使用很长时间，其实不然，这些CD会变得无法读取。”

假如发生巨大的自然灾害，除了花岗岩石山档案记录储存库以外，其他一切事物都被毁掉了，怎么办？未来的历史学家可能会找到山里的档案记录，并重建几百年来的人口历史档案。他们会不会认为人类历史上的大多数人都是摩门教徒？

在20世纪90年代，一个摩门教团体费尽周折，查询在纳粹大屠杀中死难者的姓名，目的明显是为了给他们洗礼，以加入LDS。由此爆发的争议直到1995年犹太领导人和LDS之间达成了协议才得以解决，根据这个协议，教会同意把去世后接受洗礼的犹太人的名字从档案记录中删除，但是，在后来的几年中，很多犹太人的名字又重新出现在这些档案记录中。

2003年，一个美国组织抗议LDS通过代理人给他们社区的知名人士进行洗礼。2008年，梵蒂冈罗马教廷致信全世界的教区，叫人们不要把自己的档案记录交给摩门教的家谱学家。2012年，安妮·弗兰克在死后被洗礼进入摩门教的事广为流传。类似的传言接踵而至，被施行洗礼的还有巴拉克·奥巴马已经去世的母亲斯坦利·安·邓纳姆、2002年在巴基斯坦遭到绑架并被杀害的《华尔街日报》记者丹尼尔·珀尔、阿道夫·希特勒、积极搜寻纳粹的西蒙·威森赛尔，还有澳大利亚的电视人和自然学家史蒂夫·欧文。

我就代理人洗礼一事询问过杰伊·维克勒，他解释说：这是一个误会，教会的成员给他们的祖先提供洗礼，然后核对无误后，才在接受洗礼人的名单上打钩。这同“档案记录成员”数据库的名单是不一样的，这个数据库只有生前正式接受洗礼的人的名单。

不过，维克勒说，弗兰克可能被洗礼过上百次了。但是教会成员应该只给他们的祖先举行代理仪式，有时候这个政策被人误用了，维克勒说：“实际上可能有人在读到有关安妮·弗兰克的报道时会说‘啊！我希望有人给她施行这个洗礼，我就会这么做’。于是人们就都去关心这件事，这其实是一种误导。”

维克勒解释说，摩门教徒对于洗礼观念抱有热烈的态度，但很多犹太人却不是这样，他说：“犹太人社会的确曾受到过非常残忍的折磨，犹太人曾经被迫接受洗礼，否则就会被处以火刑，因此，对他们来说，‘洗礼’不是个好词，从文化上讲，我认为我们曾一度不理解这一点。”（正如一个犹太家谱学家向我证实的那样：“由别人代理实行洗礼的整个观念让犹太人极为反感。”）

维克勒说："从另一方面来讲，其他宗教教徒也会点燃蜡烛给某人祈祷，或者为去世的人写祈祷词。这不是某个宗教特有的仪式，我认为这是人所共有的动机，是驱使人们做事的动机。"

人们的动机也许相同，但是，正如很多犹太人所说的那样，当他们点燃蜡烛时，他们不会把这事记录下来的。这种做法仍然是两种信仰对峙的焦点，尤其是有一个很大的犹太家谱学团体，他们的工作依赖于LDS创造的资源。

将来研究花岗岩石山档案记录库的历史学家可能也会惊奇地发现在21世纪初只有异性结婚的情况。在过去的两年中，网上越来越多的人抱怨这个家谱数据库只记录异性婚姻，不允许记录同性婚姻。如果将来某次巨大的自然灾害过后，这个数据库是幸存下来的唯一数据库，那么它所提供的我们这个时代的情况就是被歪曲了的不真实的记录了。

还记得美国国会议员斯特罗姆·瑟蒙德的私生女埃茜·梅·华盛顿-威廉姆斯吧？她说："有很多人与萨莉·赫明斯和我有着相同的遭遇。（赫明斯是和美国总统托马斯·杰弗逊生了孩子的一个女奴，见本书第十一章。）正是因为这些事件，美国才成为今日的美国，可不幸的是，并不是每个人都知道这些。"如今在美国，17个州和8个土著部落管辖区承认同性婚姻。全世界至少有19个国家承认同性婚姻，美国联邦政府也是如此。仅在美国本土，至少就有22万儿童被同性夫妇抚养。但是，因为LDS的软件不注册这样的婚姻，所以所有这些美国信息都将有可能遗失，几百万人的数据库就再也不是真实的记录了，因为它记录的不是真正的事实。

要不是因为有了Ancestry.com公司，在20世纪条件恶劣的孤儿院里长大的杰夫·迈耶永远不会找到有关他父亲的一丁点儿信息了。迈耶的经历也许不寻常，但他却同几百万人一样，Ancestry.com公司满足了他的需要。这个公司总部设在犹他州的普罗沃，在旧金山也有一间宽敞的办公室。公司的电视广告是以友好的中年人为主角的，通过这家公司，他们发现了自己原来不了解的家族往事，譬如，有人发现他们的祖父母举行了婚礼几个月后，他们的第一个孩子就降生了；还有人因为发现了已经去世的父亲或母亲的一件往事而激动不已；还有人为一次偶然邂逅异常兴奋，比如发现自己与一位从未谋面的祖先的住所只有四个街区的距离。

摩门教徒出于宗教使命帮助了世上的许多人。Ancestry.com公司的使命也许是非宗教的，但其影响力并不逊色 。正如一位家谱学家对我说的那样，人们现在需要的不再是知道谁生了谁，而是那些有关传承的故事。Ancestry.com公司当然迎合了这个需要。这个领域中的大多数人都在议论，说家谱学超越了学术范围。Ancestry.com公司的唐・琼斯对我说："这是传统的家谱学家的看法。如果说我们对于我们是谁，我们从何处来，或对于自己的身份感兴趣，这种兴趣就具有普遍性；如果我们对浏览微缩胶片感兴趣，这就不是普遍性的兴趣，当然也不是人们在人生各个阶段的兴趣。"

Ancestry.com公司在世界各地赞助了很多家谱学博览会，有些博览会有成千上万的参观者。琼斯经常在博览会的第一线忙碌，他说人们对于家谱学的痴迷在不同的文化中有不同的表达方式。虽然美国人和英国人关系密切，但是对家谱学的看法存在着明显的差异。在美国，为Ancestry.com公司所制作的广告彰显了真相披露时对人们情感的影响以及人们受到的震撼。但是，（来自威尔士的）琼斯解释说："如果你把这些内容展示给英国听众，他们就会说：'我的天哪！你还要为情感上受到伤害而付钱？我为什么要这样做？'"Ancestry.com公司借助焦点小组在各地做市场调查，以确定某种文化如何看待个性化的历史。琼斯对我说："英国人接受这个观点，他们可能会说'这里没有感情色彩，我只是想我的事记录下来交给我的子孙，告诉他们，他们从何处来。这不是我的故事，这是他们的故事’。”为了强调这一点，琼斯敲了敲桌子，“他们就是那些页面上记载的人”。

在博览会上，琼斯发现经常同他交谈的人都是渴望与亲戚取得联系的人，他想办法通过数据库帮助他们找到亲属，即便是陌生人，交谈也会使他们变得相当亲密。琼斯说：“你为人们做着查询工作，在下午三点告诉某位女士，她的祖父非常有可能犯有重婚罪，但你无法断言这是事实，你可以向她解释在1898年离婚有多么难，如果两个人走到再也不愿意多看对方一眼的地步时，他们该怎么办？很可能的结果是其中一个人搬到12英里外的城镇，并建立新的家庭。

“人们是愿意讨论这种事的，有相当多的人来同你说这些事。他们可能完全知道他们的祖母犯了重婚罪，但是他们还是想同你谈谈这事，想告诉你他们发现这事的经过，我认为这正是Ancestry.com公司要做的主要工作，帮人们找到他们在这世界上的位置。”

当然，Ancestry.com公司不只是基于历史信息提供匹配服务的机构，它还是一个大规模数据公司，现代家谱学就是小人物的大数据。而且无论人种改良学和纳粹造成的浩劫让人们对于当今的家族历史感到多么大的厌恶和焦虑，也无论新世界如何急于脱离旧世界，家谱学公司都已经悄悄地、稳稳地发展成为21世纪最大的数据机构了。

Ancestry.com公司创立于美国，如今在加拿大、澳大利亚和英国都有大批追随者。当我访问公司设在旧金山的办公大楼时，唐·琼斯跟我说，这家公司“在西方英语国家设有很多代办机构”。这不仅仅说明它拥有很多对公司非常感兴趣的受众，而且就国家政体而言，这些国家本身就拥有很好的便于使用的公民档案记录系统。Ancestry.com公司在其他许多国家也有办事处，比如瑞典（Ancestry.se），而且还打算扩展到墨西哥。

目前公司的信息总储存量是120亿条档案记录（一条信息定义为一条记录，例如一个出生日期或一个结婚地点）。就像摩门教徒一样，公司制作各国政府、人口普查和公民记录的副本。2012年，当1940年的人口普查结果对公众发布以后，Ancestry.com公司用了不到四个月的时间就把一亿三千二百万条档案记录上传，不仅仅是姓名和日期，还有在人口普查中收集的全部信息记录。在本章的一开头，我引用了著名科幻作家罗伯特·海因莱恩的一段话，来表明他对于人类世界信息的产生速度大于我们组织和吸收信息的速度深感忧虑。海因莱恩是在20世纪50年代发布这个警告的，当时还没有个人电脑、互联网、基因组和大数据出现，这些新科技的出现迅速地让问题变得更加严重。到目前为止，Ancestry.com公司的解决办法是让全世界范围内的千百万人运用个人知识和寻访技术去联系和梳理数据，公司的120亿条信息中有相当大的部分是用户自己添加的。

Ancestry.com公司所拥有的信息总量深受资金和资金流动方式的影响。譬如，中国始终是档案记录保存最好的国家之一，虽然中国有超过13亿的人口，但是不足以为西方式的家族历史创造出一个市场。琼斯说："如果你看一看人口统计数据就会知道，有4200万美国人是德国人的后代，而只有370万是中国人的后代。我们可以获得大量中国人的信息，但除了旧金山以外，美国其他地区并没有那么大的东亚社区。你再看看英国，几乎所有的移民都来自香港。"

所有这些都发生在一个数据爆炸的时代。Facebook（脸书）是另一个典型的例子，千百万人通过这个网站记载并与人分享自己的生活。（实际上，很多家谱学家认为Facebook会成为人们对家族历史产生兴趣的开端，因为人们使用Facebook与朋友联系并且在网上发帖，与人分享个人生活的最新信息。）自己记录个人数据的做法只是大数据的一个侧面，另一个侧面就是别人也在记录我们的数据，譬如，零售商追踪我们的购物情况，保险公司检测我们的健康状况，还有谷歌、政府等等。2012年最大的大数据丑闻：那些带着锡纸帽子的人（阴谋论者）一直在告诉我们的事或多或少是真实的，美国政府的确在监控一切！多年来，美国国土安全部不但一直在秘密地监控外国的电话和上网信息，还监控着千百万普通美国人的电话和上网信息。

当然，生活中所有这些故事、事件和重要时刻得以作为数据发布的主因是信息的数字化，如果没有互联网，所有这一切都是不可能发生的。加利福尼亚大学的研究人员在2011年的研究报告中说：2002年标志着数字化时代的开始，就在这一年，数字化存储能力首次超过了任何同类存储技术。据研究人员报告，现在我们所有存储信息的94%已经数字化了。

提供家族历史服务的公司为用户制作档案记录拷贝，并将其数字化，在很多情况下它们才是唯一想方设法要把数据永久保存下去的机构。在有些国家，这可不是简简单单就能完成的任务。在意大利，如同很多欧洲国家一样，居民社区拥有非常丰富的历史记录材料，而人们却没有很多时间管理这些材料。有一位Ancestry.com公司的代表让我看了一张照片，照片上一些古老的意大利公民登记材料堆放在厕所水箱上，厕所里满地是水。像这样随时随地都有可能被毁掉的文物在全世界比比皆是。

Ancestry.com公司拥有10亿份记录材料，但这个看起来巨大的数字不过是世上所存全部记录的一部分。在全世界还有不计其数的非数字化文件，说实话，这些资料的查找难度夸张到任何程度都不为过。要想查询资料，你往往不得不求助于一位专业助手，如果幸运的话，他可能就在另外一个房间里，也可能在另外一栋办公楼里。也许你必须等待一个星期中的某一天（甚至一个月中的某一天），才会等到一位聘请的专家帮你解读文件。

但是，也许某一天这些文件真有可能被连接到一起。在互联网出现之前，我们脑子里从来没有过把这些资料当作单一信息体的念头。实际上这些资料构成了一个巨大的信息空间，安静地悬在人类世界旁，若隐若现。当我们设法阅读、组织并连接这些数据时，我们能够绘制出各种模式，形成见解，对其进行分析，然后做出预测。我们过去能够获取的所有信息都是如此，但是信息一旦被数字化存储了，我们就可以毫不费力地搜寻到以往要用几年时间才能找到的存储于实体媒介的信息，而且运用数据分析工具可以从这些数据产生出更多数据。尤其对于家族历史而言更是如此，因为家族的本质就是由血脉连接的个人网络。

来自莱斯特大学的凯文·舒勒曾担任过英国数据档案馆的馆长，他在1988年攻读博士学位时调查了人口普查数据。人口学家和历史学家经常要使用这些档案记录，因为他们不得不转录这些档案记录，然后手动输入电脑。舒勒解释说："这是非常耗时的过程，而且对于你能做什么，不能做什么，设置了很大限制。"近来，舒勒同英国最大的家谱公司FindMyPast达成协议，由他负责对19世纪末到20世纪初人口普查数据中的2.15亿件档案记录进行整理并且编码。作为回报，舒勒可以在研究中使用这些数据，而其他学术研究人员也可以使用这些数据。

舒勒说："当你有了百分之百完整的计数资料，你就可以审视一些单凭局部样本不足以分析的事情了。例如，残疾问题是人口普查中的关注点之一，无论你是盲人、聋哑人，或者是患有智力障碍病症的人。这个问题从来没有得到过全面的分析。为什么？因为你只看到了一个地方的情况，看到的只是一两个盲人，如果不查看全国的状况，实际上看不到全面真实的情况。"

舒勒开始绘制聋哑人、盲人和智力障碍发生率的分布图，搜集数据的准备工作花费了四年时间，数据分析工作则刚刚开始，但是有一点已经很清楚了——研究成果将会非常丰富。舒勒注意到："人们总以为残疾发生率在全国是平均分布的，但事实并非如此，这是有地域性差别的。"他猜测失明和耳聋现象或许没有遗传性，可能与职业相关，有些地区，这类残疾的高发率很可能与采矿业有关。

对于小人物的大数据分析可能会改变一个课题的研究方式，譬如移民问题。舒勒说："如果你可以把向国内移民和向国外移民的模式绘制成图，就能更全面地了解移民与经济发展之间的联系了。"通过数据分析，还可以更详细地追踪整个19世纪的经济变化情况，包括城市人口减少的现象，家庭人口统计数字和生育力等问题。舒勒说："实际上，只要你能想得到，这些数据在诸多研究领域里都能帮助我们对相关的历史进程有更好的了解。"2013年，另一位研究人员借助家谱数据库制作了一个巨大的家族家谱，包括一份始于15世纪的家谱，涉及1300万人。凡有意从事人口学、长寿和生育力问题研究的人员均可以使用这个不具名的家族家谱。

Ancestry.com公司和档案馆之间达成的典型协议，是把档案数字化，同时，允许人们免费使用原始记录，以方便那些习惯于手动查询资料的人，但是公司要对上网搜寻信息收取费用。琼斯说，由Ancestry.com公司创造的一切数据都会加入到原始记录列表中。通常公司会提供一个免费的，但在某种程度上受限的线上公共图书馆版本。琼斯说，尽管能够使用这些档案资源对于政府和学术界都非常重要，然而在档案馆中，绝大部分利益相关人士是家谱学家，因此最重要的用户是私人历史学家。由于各国政府和公司都在取消档案馆预算，如果Ancestry.com公司、Geni.com公司和其他家谱学公司不向档案馆投资的话，那就没有人投资了。

那么，这到底是好事还是坏事呢？过去的历史当然已成过去，我们所拥有的无非是关于它的信息，这意味着我们同历史的关系就是同档案记录的关系。如果情况果真如此，是不是就意味着这些公司对我们了解历史要收取门票了呢?

其实，许多档案管理人员都相信，Ancestry.com公司及其同类公司在档案记录领域有很大的贡献。这些公司通过简化和组合配套信息等方式，使千百万人查询到了自己的祖先，创造了一个全新的与历史互动的方式。尽管如此，档案管理员卡桑德拉·芬德利告诉我，人们对这些公司介入政府档案馆越来越担忧。在公共设施、收费公路或其他公共财产被卖给私有企业之前，通常要进行大规模的公共辩论，但是在这件事上却无人辩论。她解释说，在过去的几年里，“公司悄悄地介入，并且以一对一的方式进行交易，政府和公众都是看不到这些交易的”。另外，我们还不十分明确，如果政府允许档案馆完全受市场左右，而不是以这些遗产作为出发点，那我们会失去什么。尽管还不知道更具体的风险，但公众的普遍担忧却是很明显的。芬德利说，这些档案记录“代表着通向记忆、权利、资格和责任的途径，是真正属于大众的。我并不是说我们不应该和这些公司做交易，但是在作决定时不应该太随意”。

再说了，如果公司不能用档案记录赚钱，那就没有几个人能看到这些材料了。也许用不了多长时间，大家就会更清楚地了解到档案记录的价值了。仅仅在过去的几年中，好几个不同的研究项目就显示出了由数据记载的历史能告诉我们的信息，即便这些数据是由那些遭到中伤最多的研究人员——家谱学家——收集而成的。

在怀特海德学院工作的雅尼弗·厄利克研究员，与家谱学网站Geni.com合作，从4300万家谱档案中提取数据，并绘制成图。厄利克和同事们把Geni网站上的祖先数据库中所有人的出生日期标绘在一张世界地图上，当你把这些数据放在一起时，你就看到了一张世界历史的画面，或者说是一张已经记录在册的关于历史事件的动态的、相当精准的画面。

为了增强数据的直观性，研究人员把这些数据以十年为一个时间段进行划分，然后将其制作成一个世界地图视频，在视频上每一个微小的闪光点代表在一个时间段中出生的人（每个人的出生年代已经收入记录），当“下一代人”在接下来的十年段中出现时，上一个时间段中的小点儿渐渐暗去。地图上这些闪动的光点展现了世界各地人们的活动。譬如：在15世纪末，当哥伦布从西班牙航行到了北美洲时，一片光带就在那里闪动；这条光带在1620年“五月花”号轮船到达时更明亮了；几十年以后，随着荷兰人的登陆，南非的海岸就被照亮；接下来，英国东印度公司开始把员工送到了印度；1788年随着英国人的到来，这些闪亮的光点开始在澳大利亚东南海岸聚集；同时，沿着北美洲东海岸形成的光带开始向西蔓延；1836年，当开拓者们沿着俄勒冈州小道开始他们的行程时，地图上出现了一条细细的闪亮的弧线。

在厄利克制作的闪光地图上，这条移动的光带展示了在历史书中所描述的也是我们所熟知的人类迁移的状况。但是，请记住，形成这些闪光的历史片段的数据点并不是从官方文件中选取来的，而是从Geni网站用户提交的家谱中搜集的。毫无疑问，这些家谱中有很多地方肯定是不完整、不准确的，但是从总体来看，一部真实的世界史从个人的家族历史集合中诞生了。

社会学家温迪·罗斯说，在她的领域中，业余研究是被人蔑视的，因为这种研究被认为是“寻找自我”。她说：“这的确是关于‘我’的研究，不涉及更广泛的主题、倾向或理论；仅仅是关于你和你在历史中极其微小的一点而已。”

对于某种家谱学来说，情况的确如此，但是随着家族信息的大规模数字化，集体的家谱学总体看来的确有很多值得称道之处。

世界上规模最为宏大的家族家谱是在冰岛发现的。公元874年，英格弗·阿纳森最先来到冰岛定居，随后有些冰岛人乘船到很远的海岸线，带回来了奴隶和女人。这个岛还偶尔有海盗和渔民光顾，但是不管怎样，岛上的居民相对来说是与外界隔离的，如今他们在欧洲属于相互之间联系更为紧密的居民。从冰岛有史以来，冰岛人就保存着极为详细的记录，有些家族的记事录可以追溯到1650年，还有的家族可追溯到8世纪和9世纪。这些家谱信息都记录在历史文件中，譬如《定居史书》（Landnamabok）、《家族英雄传奇》（Islendingasogur）等。

这些古老的记录现在连同教堂登记册和人口普查记录一同登入名为Islendingabok（冰岛人名册）的网上数据库中。自从挪威人在此地定居以来，在冰岛出生的人口总数是1300万，令人难以置信的是，这其中有一半人口在Islendingabok里都有记录。（冰岛也受到过瘟疫、火山喷发等灾害的困扰；Islendingabok中记录的活着的人只代表早期家族的一小部分，这些家族一直延续到21世纪。）制作Islendingabok的软件公司董事本身就是一位家谱学家，他说，把所有的记录数字化就像“破解一个足球场那么大的拼图，而且拼图的组件一半缺失，另一半散落在各处”。

住在雷克雅未克的一个朋友告诉我，当Islendingabok开始上线时，就像一个晚餐聚会时的游戏，每个人都在查询是否同别人有什么亲缘关系。2000年的一次盖洛普民意调查发现，有80%的冰岛人对这个工程很感兴趣，但是其他人觉得这里边有人居心不良。一家报纸的专栏说：“现在冰岛有一家公司正在把以前出版物中所记载的全部信息转录在另一个地方，其中包括家谱……和人口普查等信息。不幸的是，该公司此举没有征得任何人的同意。”按照惯例，家族家谱信息在冰岛属于公共范畴，但是现在越来越受到限制。在2013年，一些富有首创精神的年轻人发明了一个可用于移动设备的APP，可以马上查询出两个人，比如说在酒吧里偶遇的两个人，有没有亲缘关系，如果两个人碰碰手机，这个APP就可以通过网络在Islendingabok上匹配他们的身份信息。人们最经常谈论的是这个APP“防止乱伦”的特点，“一段时间以来，无意中和一个亲戚上床在冰岛的文化中是个经久不衰的笑话”。一个APP的发明者告诉媒体，他们建议“在床上相遇之前最好先在这个APP上相遇”。

像这样巨大的家族家谱对于人们了解群体和个人都有帮助，在加拿大有一个类似的宏大工程，这个工程的研究人员用一百多万加拿大人的家族家谱信息来调查几代欧洲人选择移居加拿大对他们的后代所产生的影响。

魁北克市始建于1608年，在后来的90年里人口稳步增长。总体来说，到18世纪末，有三万多拓荒的农民从欧洲移民到魁北克东北部，很多早期的开拓者从城市来到加拿大的蛮荒地区，并在那里建起了农场，后来到达的人往往选择住在城镇里。达米安·拉布达和他的同事为了弄清影响人口发展的因素，运用了魁北克规模庞大的BALSAC人口数据库，这个数据库包括从1680年到1970年官方的出生、死亡和婚姻记录。数据库中的每个人都按他们所生活的教区排列，这凸显出宗教在人类生活中的组织作用。另外，所有的记录编排方式可以使研究人员重建存在了三个世纪的家族网络，这个数据库里的信息就代表这个家族网络。他们查找辨识出从1686年到1960年间所有在萨格奈（Saguenay-Lac-St-Jean）地区结婚的夫妇信息，并追踪研究了他们的后代。拉布达说，他们总共调查了180万人和88000宗婚姻。

拉布达发现敢于冒险的人在遗传方面得到了回报：引领移民潮的拓荒者，放弃了较为舒适的村庄，定居荒野，建立农场，并成家立业，这些人比留在城市的人生育了更多的孩子，而且不仅是第一批拓荒者生育子女多，他们的后代也代代人丁兴旺。由此可见，萨格奈地区现在的人口大多可以追溯到第一代拓荒者，而不一定是成千上万身强体壮的后来者。

即便如此，那些后来者的后代并没有从历史上完全消失，最初的和后继的移民潮都给现在的人口结构贡献出了DNA。但是后继到达的人后代要少，并且代代如此，首批移民留下的基因遗产是后来者的四倍。

据称，最初在加拿大，所有讲法语的人口有九千人，而这项研究显示模式之中还有模式，在加拿大所有的法语区内，某些地区和某些最早的移民，由于他们选择的结果，显现出比他们的同辈人更强的影响力。拉布达说，在整个魁北克，人口激增的速度是“相当惊人的”，萨格奈河地区更为突出，1850年那里的人口是一万，而到了1950年，人口升至25万，在一百年中人口增长了25倍，大多数人是在当地出生的。鉴于人类历史的大部分时期，无论有没有记录，都牵涉到人们的迁徙，他们到达新的区域，定居下来，然后再向外扩张，这个模式无论是对于过去的还是现在的群体而言都具有重要的潜在意义。

研究人员发现早期的女性拓荒者比后来者生育率高15%，而且她们子女的结婚率也高出20%，其中部分原因可能是这些处于移民潮最前端的女子比后来者结婚大约要早一年，她们不但生育早，而且生育期持续时间长。还有可能因为这些家庭离开人口拥挤的城镇，也就远离了在城镇里易于传播的各种疾病。另外，拉布达推测，生活于旧大陆的年轻人生的孩子少，是因为他们没有什么财产留给后代，而年轻的开拓者生的孩子多，是因为他们有足够的空间建立大家庭，有更多的土地来供养这些孩子。

这种先锋效应不知道还能持续多久。这个地区的居民有更多的DNA源自最初的移民而不是后来的群体，这种情况会永远如此吗？他们的DNA是否只是在这个地区的再循环？其他重大事件、后继的移民，或者其他因素是否会改变这种模式？拉布达下一个研究项目可能会为此带来更多的答案。他和他的同事计划把多组历史数据连接起来，创建一个包含现如今500万人口在内的、自1800年以来魁北克历史上所有人口的家谱。在芬兰、意大利和突尼斯的教区和村庄里，在美国的阿曼派和加拿大的胡特尔派的宗教群体中也在进行规模较小的同类项目。人口遗传学家一直对物种扩展的模式很感兴趣，但是他们大部分时间只能在代际更替迅速的动物中进行研究。在魁北克研究的案例中，如果人们没有填写人口普查表，在Geni世界历史的研究案例中，如果他们没有做“发现自我”的研究，那这些模式就不会被发现。然而，为历史的和科学的研究方式带来改变的并不只有家族记录或者家谱学家搜集的数据，还有家谱学家自己。

墨尔本大学历史学家珍妮特·麦卡尔曼进行了一项名为“创立者和幸存者”的研究项目。这个研究项目把家族历史、个人历史和社会历史融合了起来，目的是为塔斯马尼亚19世纪的囚犯撰写一部详尽的传记，以期记录他们所走过的各种人生历程，并且找到他们在总体人口中存在的某种模式。虽然有好几代在校儿童都学习了澳大利亚的囚犯历史，但是大部分囚犯刑满释放后的情况却鲜为人知。麦卡尔曼解释说：“我们知道的那些都不属于寻常之辈，都是成功人士的故事，都是赢家的故事。迄今为止，关于有多少囚犯在后半生是失败者，以及囚犯的历史对于后代有无影响等问题，我们却知之甚少。”

历史学家往往不去详尽地调查19世纪个人的命运，部分原因是他们非常缺少可用于追踪调查的档案记录。麦卡尔曼集中研究了塔斯马尼亚囚犯的档案记录，因为这些材料不但完整，而且还格外详尽。这些材料记录了囚犯的身高、眼睛的颜色、文化水平、脾气秉性和家族背景。最重要的是这些记录可在网上查到。现在，任何人都可以在家里吃完饭后轻轻松松地坐下来，打开笔记本电脑，挖掘那些人们早已忘怀的艰难冒险故事。麦卡尔曼运用这一点聚集了一批大众历史学家，把历史档案众包给他们分析研究。

参与麦卡尔曼研究项目的志愿者每人选择一艘把囚犯送到范迪门地的轮船进行研究，这些志愿者通常都是家谱学家和囚犯的后代。他们对英国的人口普查记录、囚犯登记簿、旧报纸，以及出生、死亡、婚姻记录进行拉网式搜索，以期弄清每个囚犯的遭遇。每一艘船都是一个“流动实验室”，而每一个囚犯群体都是检测人类适应能力的、非比寻常的实验样本。

对于志愿者来说，这次经历有点儿像看迈克尔·艾普泰德执导的开拓性的成长系列纪录片《人生七年》。他们的研究对象是一百多年的时间跨度中出现的成千上万的人。已经退休的墨尔本学者加里·麦克洛克林在当“创立者和幸存者”项目的志愿者之前，根本不知道自己就是囚犯的后代，他说：“我的曾祖父属于维多利亚州早期定居者，以前我们就觉得他的出身有什么地方不合常理。”

令麦克洛克林吃惊的是他发现曾祖父其实是无辜的，根本就没犯那宗被判流放的罪行。1843[①]年他的曾祖父迈克尔·麦克洛克林被指控在都柏林偷了当地地主家的一支枪、一个火药筒和一个装铅弹的袋子。他不在现场的证据是当时他正在参加比赛，而且有六个目击者为他作证。麦克洛克林说：“对于自己受冤屈流放，而且是终生流放，他一定感觉相当痛苦。但是，他的不幸成就了我的幸运，因为他在澳大利亚成家立业了。假如他没有被流放，而是留在了爱尔兰，那他很可能会在那场1845年开始的大饥荒中饿死，幸亏他在大饥荒的前一年被流放了。”

利恩·戈斯是一位家庭主妇，吸引她参加这个研究项目的原因是她一直被澳大利亚的殖民历史困扰。她的研究使她对于那个时代的复杂境

① 原文为1853年，对照后文爱尔兰大饥荒始于1845年的描述，此处应为1843年，属于作者笔误。——译者注

况和不幸的人们充满深深的同情。那些人背井离乡，离开熟悉的环境，来到世界不为人知的另一端，而且再也没有返回家园的希望。她说："他们中有些人并不友善，但大多数人都在苦苦挣扎，想办法活下去。我为他们痛哭过。"戈斯的先祖，塞缪尔·马洛，就是乘着戈弗雷韦伯斯特号轮船在1823年离开英国的。她说："马洛是个真正的罪犯。"他从伦敦造币厂偷了餐盘。

直到现在，这些志愿者仍然惊奇地发现，那么多囚犯重获自由之后依然因他们的经历而一蹶不振，很多人都没结婚生子。不过，现在给他们明确地下结论还为时过早，格尔曼解释说，因为"有一半人，或多一半人，特别是在1840年以后，全都消失了"。

随着项目的进展，研究人员将对囚犯的后代进行研究，以探讨囚犯的生活、性格以及对自己的出身讳莫如深的态度等因素，在几代里对于后代的命运和家庭可能有什么样的影响。人们没有预期会从中找到像加拿大拓荒者那样的必然联系：在加拿大，一个家庭持续的生育能力取决于该家庭里是否有第一批来到加拿大的前辈，而在澳大利亚，任何影响都是概率性事件。某些经历，比如说教育，或者母亲的风度气质，或者被奴役的时间长短等，是否对于人们在如此艰难的环境里改变命运有所帮助？这个项目的研究或许能对这些问题有所发现。

许多囚犯的遭遇，从本质上讲，简直就是一部历史冒险剧。戴维·诺克斯追寻了囚犯威廉·安西尔从塔斯马尼亚到新西兰甚至更远的地方的足迹。1823年出生在莱斯特郡的安西尔，在新西兰搭乘蓝夹克号轮船前往英国，在距福克兰群岛以南三百英里处，轮船失火了，船长和乘客坐着一条救生船逃了出来，其他船员乘上了其他两条船，每一条船上载有一箱子黄金作为压舱物。安西尔的救生船在大西洋上漂了三个星期，三个人死了，他和其他幸存者不得不杀了船上的狗，吸狗血充饥解渴。后来《伦敦时报》上刊载的一篇文章报告说：船上绝望的人打开了装着黄金的箱子，并“吸吮金锭，就好像人们为了解渴而吸吮鹅卵石一样”。当他们的船最终被发现时，黄金散落一船，船上尽是血迹。营救安西尔的人想当然地认为是安西尔这帮人为偷盗黄金而谋杀了蓝夹克号轮船上的船员。这些濒临饿死的幸存者被戴上镣铐。后来得救的船长在英国证明了安西尔等人是无辜的，之后他们才得以释放。安西尔最后回到了新西兰，娶妻生子。后来他以重婚罪受到起诉，在1902年去世。诺克斯评论说，自从偶然了解到这样的历史故事以后，“我几乎就不再看小说了”。

除了信息外，家族还把信仰和行为遗传给了后人，起码我们是这样认为的，因为这看上去显而易见。德国的吉塞拉·海登赖希为客户讲授家族系统疗法的根据就是情绪倾向和行为可能世代相传。基于临床经验的家族系统疗法在许多国家非常成功，但是直到现在，还没有人计划系统地测量文化是否能够以及如何一代代地传下去。如果真能遗传的话，还要搞清楚文化能传几代人。

第七章

观念和情感

你父母造出了你；
也许是不经意之间，
但他们的确这样做了。
他们把自己的缺陷传给了你，
还专门为你额外加入了一些。
——菲利普·拉金《这就是诗》

当奥劳达赫·伊奎艾诺11岁的时候，他生活在18世纪的村庄里。早晨，大人们都下地劳作了，孩子们就聚在一个村民的家里玩，其中一个孩子爬上附近的树上放哨，注意陌生人。伊奎艾诺写道：有一天，他和姐姐独自在家，没人放哨。突然，有两男一女翻过墙头，跳进院子。这两个孩子还没来得及喊叫，就被堵上了嘴，从墙上挟到了外面。

劫匪走到了一个有同伙等候的地方，沿途伊奎艾诺看到远处有人，他就大声呼喊救命，但是又被劫匪塞住了嘴，装进了麻袋。那天他和姐姐紧紧抱着过了一夜，可是天一亮，姐姐就被带走了，再也没有回来。伊奎艾诺后来写道："危难中姐姐给我的一点点安慰也一块儿被带走了，为她的命运担忧更加重了我的痛苦，我真是担心极了，不知姐姐要遭受多少苦难，这担心超过了我对自己的担心。" 关于他姐姐，他写道："虽然你早早地就被人从我身边强行带走，但你的样子永远刻在我的心里，无论再过多少年，无论我命运如何，谁也不能把你从我心里抹去。”

那时候，类似伊奎艾诺的遭遇相当普遍，这比流放囚犯更可怕。流放囚犯的制度的确毁掉了很多家庭和群体，给人造成了深深的苦难，从17世纪初到19世纪末，估计有225万囚犯被流放，尽管有很多囚犯活了下来，而且混得相当不错，但是很多人的命运却极其悲惨，那些囚犯被迫服苦役。但在同一时期，世界上还有一个更为残酷的、延续时间更长的灾难存在着，那就是“奴隶制度”。

奴隶贸易在非洲存在了好几百年，事实上有四个不同的奴隶贸易市场。早在9世纪，奴隶贸易就横跨撒哈拉：遭受绑架后被贩卖到北非的奴隶贸易，红海和印度洋地区的奴隶贸易，贩卖到中东、印度和印度洋岛屿种植园里的奴隶贸易，从大西洋地区贩往美洲的奴隶贸易。在很多非洲国家，起码有20代人生活在这样一个社会里：自己的配偶、孩子或朋友突然失踪，而且毫无踪迹可寻。很多非洲人认为自己的亲人被绑走，并运到海外被人吃掉了。

在有奴隶买卖的社会里生活，生命毫无保障。在那漫长的岁月里，被人绑架的危险随时会出现。在18世纪的非洲，像奥劳达赫·伊奎艾诺居住的这样的村子里，有些村民下地干活时，就把孩子锁在围栏里，有人甚至拿着武器进行保卫。

然而，危险并不总是来自外面。如果两个村子或族群相互实施暴力，发生械斗，有时候整个村子会被骑马的人包围并烧毁。那些逃过一劫的人则会被绑走。同一个群落的人也会发生内讧。很多农民急于自卫，情急之下会绑架别村村民，把他们卖给奴隶贩子，用得来的钱购买防身的刀枪。有时整个群落都分崩离析，首领也变成了奴隶贩子，把自己的人当作供品上供，有时一年就进贡几百人。还有些地区，对犯了罪的人实施的惩罚就是卖给奴隶贩子。有时候，为了给奴隶贩子提供奴隶，他们给一些无辜的人定罪，硬说其犯了通奸罪或巫术罪，然后把人卖给奴隶贩子。卡桑戈部落的酋长设立了一个名为“红水神判”的审判仪式，他们强迫被指控犯了罪的人喝一种放了毒药的红色液体，喝了红水又吐出来的人被判有罪，然后卖为奴隶；如果喝了药水没吐出来，当即死亡了，他们的家人就被卖为奴隶。

还有比这更恐怖的，有些村民发现自己不是被近邻欺骗出卖的，而是被自己的家人给出卖的，目的竟是为了还账。19世纪的德国传教士，西格斯蒙德·凯勒询问了140多个曾经是奴隶的人，想了解他们是如何被卖为奴隶的，几乎20%的人说是家人或朋友把他们出卖的。有一位曾经在20世纪90年代和多哥格布赖族的人接触过的人类学家说，这些人对那个时代有着“异常清晰的记忆”，而且说起这事来语气很平静，毫无悲愤之意。当地的格布赖人还给他指了指出卖自己亲戚的人曾经住过的房子，而且还记得他们当中许多人的名字。出卖亲戚的人通常是男人，按照传统，男人对于他们姐妹的孩子拥有所有权。即便是现在，格布赖族里当舅舅的人还经常对外甥开玩笑说要把他们卖给奴隶贩子。

大约有3000多万人被从家里带走，绝大多数人再也没有回来。仅在大西洋奴隶贸易中，从1700年到1850年间，就有1000万人被卖到海外为奴。那时候，有一个海员在日记里写下了这样一段话，来描述被卖奴隶极度痛苦的惨状：“当船开始起航时，船上整夜都在一片混乱之中。我从来没听见过那样的恸哭哀号，就像疯人院里可怜病人的嚎叫。男人们摇晃镣铐的声音震耳欲聋。”

在这1000万奴隶中，到达大洋彼岸的只有880万，很多人都命丧途中。

如今，非洲大陆饱受经济落后之苦，这些问题大多与奴隶贸易密不可分，同时也与1885年到1960年殖民时期遗留的问题有关。虽然历史学家运用了该时期翔实的史料，对于奴隶制度和殖民制度造成的长期破坏给予了令人信服的论证，但直到现在，没有人曾尝试对那个时期造成的破坏进行量化。哈佛大学的经济学家内森·纳恩，在读研究生时对现代非洲的各国经济进行比较，他发现，如今最贫困的国家多是以前在奴隶买卖中流失人口最多的国家。

非洲的奴隶买卖已经结束了一个多世纪，这种制度对于非洲国家的经济和人民的生活有着什么影响呢？纳恩发现这段历史的遗迹不但在物质生活和公共机构中流传了下来，而且对人与人之间的相互关系也有影响。

内森·纳恩出生在加拿大一座农场的小木屋里，这个农场远离人烟，只能乘飞机或雪地摩托才能到达。他还记得自己很小的时候，有一天，玩具卡车掉进了缘木地板的缝隙里，拿不出来了，这让他非常沮丧。纳恩的父亲是美国蒙大拿州人，母亲是韩国人。他父亲来到加拿大，是为了培育一种母牛和牦牛杂交的新品种，这种牛能够耐得住零下40摄氏度的严寒。早些年间，他在韩国首尔认识了纳恩的母亲。经过几年的鸿雁传书，她飞到了加拿大西海岸与他完婚。从一个东亚闷热潮湿有700万人口的城市，来到只有10个人的加拿大苔原农场，这样的举动非同寻常。在纳恩小的时候，母亲常给他讲由此带来的文化冲突的故事。有一次，他们坐着马拉的雪橇穿越冰冻的湖面。突然，湖面裂了，几匹马一同掉进冰窟窿，小纳恩的父亲不得不破冰救马，随后砍来干树枝，在湖岸上生起火来，马才不至于被冻僵。

在新英格兰寒冷的一个冬日，我在纳恩的哈佛大学的办公室外面见到了他。他长着一张孩子似的脸，带着一种漫不经心的神态，很难让人与他的工作和名声联系起来。多年来，他一直在档案堆里搜寻收集十万多奴隶的档案记录，在经济学领域，他有着开拓人的称号。我们坐定以后，就谈起了文化之间的系统差异、历史的作用，以及为什么在奴隶买卖中流失人口多的国家如今是最贫穷的国家等问题。

为了找到奴隶贸易与现代经济之间的联系，纳恩在思考当今经济发展的不平衡是否同奴隶贸易之前就存在的地域不平衡相关联？是否越穷困的国家奴隶贸易越多？然而，纳恩的研究结果与此正相反：在奴隶贸易中流失人口最多的地区恰恰是非洲经济最发达、机构组织最完善的国家，这些国家都有中央政府、国家货币和完整的贸易网络。恰恰是那些在奴隶贸易时期最不发达、遭受暴力和战争之苦最深的国家，能驱赶奴隶贩子，免遭奴隶贸易长期的影响。

当代的贫困现象同历史上奴隶制度之间的关系，能用殖民主义带来的后果或者一个国家所拥有的自然资源来解释吗？纳恩发现这些因素看似有影响，但是影响都不大。起作用的却是奴隶制度，而且作用很大。

当纳恩还在读研究生时，就读过奥劳达赫·伊奎艾诺的遭遇和西格斯蒙德·凯勒对奴隶制的记述，并对有那么多被朋友和家人出卖为奴的亲身经历的报告深感惊愕。大约有20%的奴隶被关系很近的人出卖。纳恩想知道这种背叛有什么样的长期影响。有一天，他认识了一个询问同一个问题但目的不同的人。这个人叫伦纳德·万奇肯，是在纳恩作有关奴隶数据的演讲后认识的。万奇肯是在贝宁长大的，而贝宁是遭受奴隶买卖影响最严重的国家之一。纳恩关于奴隶买卖是如何影响现代国家经济的观点与万奇肯的看法不谋而合，万奇肯认为“信任”观念是问题的关键。

万奇肯对于“信任”这个问题已经思考了很长时间。当学生时，他热诚、聪慧，尤其在数学方面很有天赋。但是在20世纪80年代上大学时，他越来越深地卷入了政治激进主义。他组织抗议示威活动，散发传单，批判贝宁的残暴政府。后来，他的一些朋友被捕了，他不得不四处躲藏。五年来，万奇肯每两天就得换一个住处，有时候他必须睡在山洞里或丛林中。后来他被捕了，受到拷打。监狱警卫强迫他连续站立三天三夜，接着就是一连数小时的拷打。万奇肯在监狱里受了一年半的折磨后，终于逃了出来。他先逃到尼日利亚，然后跑到了加拿大。

尽管在贝宁的“小皇宫”（众所周知的情报总部的名称）里遭受磨难，但是万奇肯跟我说，贝宁最丑恶的方面还不是公开的腐败现象，而是亲朋好友之间的不信任。在贝宁，相互怀疑无处不在：在经济活动中，在政治活动中，甚至在家庭生活里，人们互相猜忌。当他还在上学时，人们就没来由地互相攻击，朋友间互相指责为巫师，就是在谚语中也有互不信任的体现，譬如“你能躲过敌人，但你躲不过邻居和家人。你要提防身边的人”。流行歌词中也有类似的话：“这家伙是笑面虎，看着善良，但会吃人。”有些歌词表明同母兄弟可以信任，异母兄弟、表亲和其他亲戚不能信任。他这一辈子，总是听他母亲警告他说当心他的叔祖母阿维蒂诺，唯恐她会伤害万奇肯，可母亲表面上却十分关照这位叔祖母。万奇肯在母亲去世后，过着逃亡生活时，曾跑到这个叔祖母家门口敲门，那时候，叔祖母已经躺在床上，奄奄一息，但她还是挣扎着起来和他打招呼，她只想说点善良的话：“当我去了天国时，我要对你母亲讲，请她别担心，告诉她你一切安好。”

小孩子之间的对话里面也明显能反映出人们之间的不信任。据万奇肯回忆，两个九岁或十岁的孩子互相提醒提防某人，他们会说“他可能卖了你”，或者“他会让你消失”。在离开贝宁之前，万奇肯从来都没有想到过“卖了你”除了字面含义，还有什么别的意思。这肯定是奴隶贸易时期遗留下来的概念。

加拿大给予了万奇肯难民身份，时隔不久，他取得了大学本科学位，然后继续深造，又拿了经济学博士学位。后来，他受聘担任了纽约大学的经济学教授，后又到普林斯顿大学任教。他和纳恩相识以后，就开始一起合作了。

他们凭直觉认为，从“信任”这个概念入手，能找到奴隶制度可能依然影响着现代经济体的方式，但他们的目的是寻找证据。当然了，信任对于任何经济体都是至关重要的，社会要想发展贸易，就必须具备一定程度的信任，这是最起码的条件。如果人们相互不信任，他们就不愿意做任何生意了，小到简单的物品交换，大到复杂的签约生意。然而，在经济学领域里，以前还没有人试图调查历史、信任和经济的关系。总而言之，信任是一个文化因素，而“文化”又是一个模糊的、不明确的概念。纳恩和万奇肯尽可能给出一个简单的定义：文化是人们作决定时所采取的、以自己的实际经验为基础的最基本的标准。人们总是问自己：“我到底信不信任这个人？”来自不同文化的人在做出决断时有不同的标准。

纳恩的研究发现，一百年前在奴隶买卖中流失人口最多的国家也是现在最穷的国家，基于这个观念，纳恩和万奇肯检查了“非洲晴雨表”，即衡量公众对非洲日常生活各个方面所持态度的民意检测标准。检测项目有非洲的民主、就业和公民的未来等问题。这项工程涵盖了非洲17个国家，很像盖洛普民意测验。研究人员发现，一般来讲，关系越近，得到的信任也就越深，人们给予朋友的信任多于政府官员，这是普遍规律。这个规律也适用于奴隶贸易问题，一百年前卷入奴隶贸易越深的群体也是现在信任理念越缺乏的群体。在现代非洲人中，那些自己的前辈曾在奴隶贸易中遭受创伤较重的人，比那些前辈受创伤相对较轻的人，缺乏信任观念，他们不但不相信地方政府和同民族的人，也不相信亲戚和邻居。

是奴隶贸易引发了这种人与人之间的互不信任吗？这种不信任文化一直传承至今，对原地区的居民依旧有影响吗？有很多迹象表明，二者之间或许真有必然联系。通常来说，如果亲眼看见了无辜的人突然被人抱走，或者被当作奴隶卖掉的情景，你从此就不会再相信别人了。不轻信别人可能会使人活得好一些，起码自己不会被人当奴隶卖掉。大人们在教育孩子的时候，也都会教他们要小心谨慎。奴隶贸易与对人失去信任这两者之间的联系还可以从另一个侧面来解释：奴隶贸易不但使人不再信任别人，也使人失去了别人的信任。或许人们不相信像贝宁这样的国家的人，是因为他们不值得信任。在这样的国家里，首领对自己人下手，家人出卖自家人。这种“背叛”文化与“不信任”文化是否是一同遗传下来的？答案是“是”，但不完全是。纳恩的分析揭示出：当年受奴隶贸易灾害最深的地区的民族群体和地方政府如今也最不受人信任。有前辈曾在奴隶买卖中沦为奴隶的人更有可能不认可当地的议会议员，说他们腐败，说他们不听选民的意见。纳恩解释说，这很可能是对这些地区议会的准确评价。然而，即便是不考虑对方值不值得信任，受奴隶贸易灾害最深的国家都有大量的不信任的现象存在。

当纳恩和万奇肯发表了他们的研究结果以后，万奇肯在一个贝宁的电视节目中谈论了这个问题，并引起了很大反响，有很多人给他写信，好像每个人对此都有看法要发表。有一个老朋友为了让万奇肯听到他们全家人对这个话题的激烈争论，用免提打电话给他，整个国家好像掀起了一股信任话题的讨论热。人人都承认有一个深深的不信任的阴影渗透在他们的生活里，而且人人都认为这种相互怀疑的态度对谁都没有好处，人们应该更为相互信任才是。

然而，在他的研究发表了多年并在他移居美国之后，万奇肯给他住在贝宁的姐姐打电话，告诉她有一个老朋友要来看他，他姐姐警告他说：“你可得格外当心，提防这个人！”万奇肯当时就想：“我认识这家伙已经40年了！他要想害我早就害了，还用等40年吗？”在贝宁，有关信任的话题一直是公众谈论的永恒主题。万奇肯已经着手在贝宁创建一所大学，他说：“我对非洲，尤其是对贝宁的最大贡献就是通过开设高水平的经济学研究生课程，来培养下一代领导人和学术界人士。九月份我们就开始了这项工程，现在一切准备就绪。”

有人断言，不信任和对历史缄默的习俗会延续一个多世纪，但纳恩和万奇肯对此感到费解。一般来讲，我们不认为人的观念或心态会持续这么长时间，难道人的观念和情感有可能继续遗传下去吗？

1348年，在日内瓦湖的一座城堡里，一个叫阿基米特的犹太人在“很多值得信赖的人”面前受刑。最后他坚持不住了，承认是他在当地的井里下毒，引起了黑死病。在上一年，这场瘟疫通过丝绸之路席卷到了欧洲，在一个又一个的村庄里，人们一起床就发现自己发烧了，手脚的指甲变黑，淋巴结很奇怪地肿了起来，然后爆裂流血。还有些人体内出血，尿血，咳血，最后在极度痛苦中死去。

这场瘟疫传播得又快又广，整家整家的人，整村整村的人被传染，据说欧洲就有5000万人因灾死亡（占欧洲总人口的60%），世界范围内有7500万人丧生。当时谁也不知道这场可怕的疾病是什么，又来自何方。有人认为这一定是上帝的惩罚，有人说是星球运动的结果，还有人说这是人类自己制造的疾病。很多人将其归罪于当时欧洲人口最多的少数民族犹太人，有的归罪于残疾人，还有些个别情况竟然归罪于贵族阶层。人们主要认为瘟疫是由犹太人引起的。阿基米特受刑之后，令人发指的对犹太人进行的有组织的迫害与屠杀（针对某一族群的狂暴的骚乱行为）席卷整个欧洲，时间长达十余年之久。

当时有个地区，就是今天的德国，有320个城镇有犹太人居住区，其中的232个城镇对犹太人实行了迫害与屠杀，他们破坏犹太人的房屋，对人实施酷刑，驱逐屠杀犹太居民。在很多地区，整个社区被解散，逃亡的犹太人遭到农村暴民的围攻，只有79个城镇还能保持平静。尽管如此，基督教徒中仍然有保护犹太人的人，克莱门特教皇四世就宣布井里投毒事件是“不可信的”，医务人员也说井里投毒的传闻不符合事实，但是理性在恐慌面前没有力量。当瘟疫吞噬了瑞士的巴塞尔州时，死于瘟疫传染的基督教徒比犹太人多。1349年1月9日，大约有六百名犹太人被赶进莱茵河的一个岛上，在一幢特制的木制建筑中被活活烧死。

三年以后，瘟疫的高峰过去了，但是由此产生的恐慌和仇恨仍在继续。后来，经济学家尼科·沃伊特兰德和汉斯-约阿希姆·沃斯有关观念传承的研究，是该领域最为杰出的成果之一，他们发现仇恨在一代又一代人中间持续，竟长达六百年之久。

沃伊特兰德和沃斯对比研究了同一个城镇的犹太人在黑死病之后和20世纪20年代所处的境遇。第一次世界大战之后，反犹太人主义在德国形成高潮，很多德国人把战争归罪于犹太人，因此，村民们再次掀起迫害并屠杀本村犹太人的高潮。这两位研究人员确认：在第二次世界大战以前施行最残酷的反犹运动，与在黑死病时期的迫害屠杀明显地成正比。在20世纪20年代发生的20次对犹太人的屠杀中，有19次发生在14世纪时曾迫害过犹太群体的城镇里。假如你是一个生在20世纪20年代德国的犹太人，居住在14世纪没有发生大屠杀的城镇里，那么你被同一城镇里的居民打杀的概率是1.1%；假如你是住在发生过那场大屠杀的城镇里的犹太人，那么你遭到打杀的概率就要升至8.2%了。

沃伊特兰德和沃斯对于亚琛市和维尔茨堡市进行了对比，在第二次世界大战前这两个城市的规模相差无几。从1100年起维尔茨堡市就有犹太人居住了，而亚琛从1242年起才有。在黑死病爆发前后，亚琛市没有发现反犹暴力事件的记录。与此相反，维尔茨堡的居民围攻了犹太人居住区，并打死了800人。沃伊特兰德和沃斯注意到中世纪时，在维尔茨堡的公证员写给主教的信中就有反犹情绪，他写道："犹太人就应该被火焰吞噬。"大约过了600多年，尽管两座城市的犹太教堂都曾遭到过破坏，但是只有维尔茨堡进行过反犹大屠杀。

沃伊特兰德和沃斯不仅仅调查了20世纪20年代在德国直接迫害犹太

人的活动，他们还从其他方面追寻反犹运动。其中一个方法是检测1928年纳粹党实行的民意调查，那时候纳粹还没有得到公众的拥护。沃伊特兰德和沃斯写道："在有火烧犹太人历史的地区，纳粹党得到的选票是没有这种历史地区的1.5倍。"

在写给最具纳粹种族主义色彩的报纸《进攻者报》（Der Stürmer）的编辑的信中，也能看出与遥远的历史之间的联系。两位研究人员确定了写信人的住址，并且发现了这些地方与施行反犹暴力活动的城镇有着很强的联系。在20世纪20年代住在维尔茨堡的居民给该报编辑写的反犹信件是别的城镇的10倍。

其中有一封在校女学生写的信说："亲爱的《进攻者报》编辑，很遗憾，我们学校仍然有很多犹太同学，同样遗憾的是，很多德国姑娘依然和犹太姑娘是好朋友……我认为她们这种友谊是非常危险的，因为犹太人的腐败思想会慢慢地，但会毫无疑问地毁掉这些女孩儿的灵魂。"

1939年以后，从有14世纪反犹暴行历史的地区被赶进集中营的犹太人比别的地区要多，虽然在此期间送犹太人进集中营的做法是德国当时的国家政策，但是沃伊特兰德和沃斯认为地方政府对于国家规定的执行有灵活性，被送进集中营的犹太人数量反映出地方的行政管理人员检查公民的出身是否严格。埃里克·海伦赖希在调查家谱和祖先证明时也得出相同的结论。即便是在水晶之夜（Kristallnacht）期间（全德国的反犹行为实际上得到纳粹党的许可），在六百年前屠杀犹太人较多的城镇中，犹太教堂被毁得更多，在没有这种历史的城镇里，犹太教堂被毁得就少。

但这并不是说沃伊特兰德和沃斯在暗示，在黑死病爆发之前欧洲的不同民族之间的关系总是很和谐的。实际上在14世纪之前，就有屠杀犹太人的事件发生。（在英国，当黑死病过后之所以没有出现反犹暴行，并不是因为英国人不恨犹太人，而是因为在1290年他们就把犹太人种群全部驱逐出境了）。在黑死病过后，在欧洲又发生了很多反犹暴行。

中世纪发生的反犹暴行和20世纪的反犹暴行的细节早已广为人知，但是在沃伊特兰德和沃斯的分析公布之前，没有人试图确定这两者之间的关联，部分原因是没有人能想象得出人的心态会延续这么长时间。

如果跨越几个世纪的仇恨行为之间真有关联，以及在几代人的时间跨度中，心理上的创伤与不信任之间的确有关联的话，那么，观念和情感又是怎样延续下来的呢？例如，高祖太爷爷的个人素质，和他信任或者怀疑别人的情感能够影响到他的后代吗？

我就这种仇恨是如何延续几个世纪的事咨询了沃伊特兰德。他和沃斯发现1750年以后在迅速发展的城市中，长期反犹情绪的传承被打断了。非常重要的一点是，这些工业化城市的迅速扩张，并不是因为这些城市的生育率提高了，而是因为有许多外地移民涌入城市。在仇恨犹太人的情绪持续的地方，移居本地的人相对来说要少。纳恩和沃伊特兰德写道：“1820年以后，虽然世界各地的移民迅速增加，但是在我们所调查的典型城市中，大多数居民肯定是1350年居于此地的人的直接后代。”

纳恩还想弄清楚，在非洲是谁把不信任的情感传承下来的。除了他和万奇肯已经调查过的记录文件外，没有其他办法可以追踪这种传承过程。既找不到早期的文献，也找不到记录着过去不同家庭和社区情感的非洲状况的晴雨表。

因此，纳恩和万奇肯只得从接受调查的人中估计有多少奴隶是出自他们的种族群体，有多少奴隶是从他们居住的地区被掳走的。他们两人的主导思想是，如果传输给你价值观的是你的家庭，那么你走到哪儿，就很可能会把这种价值观带到哪儿。但是如果你的价值观是从你周围的人，或是从某个地区的司法、社会或政治机构里得来的，那么，你的居住地给你造成的影响可能会比你的父母更深远。如果这种判断是准确的，那么，当一个人离开了家乡移居到了一个价值观不同的地方，他很可能会因为受周围人的影响而改变他原有的价值观。同样的道理，如果一个人移居到一个公共机构鼓动不信任情绪的地方，那么，即便他来自一个鼓励信任的地方，也可能会深受影响而变得不太相信人了。

虽然家庭和社会同等重要，但是家庭的影响更大。数据表明，一个地区可能会产生自身的不信任文化，这种文化有可能影响外来移民，尽管这些移民的祖先没有经历过破坏信任观念的历史事件。但是，如果一个人的祖先饱受奴隶贸易之苦，即使他离开了生他养他的家乡，来到一个居民相互信任的地方，他也不太可能变得更信任别人。这说明家庭遗留给你的不信任因素比社区传输给你的不信任因素要大得多。

这个观点同我们对于家庭的直觉相一致，生养我们的人，有意识或无意识地塑造了我们。而他们也是由生养他们的人所塑造的，循环往复，不胜枚举。同理，我们对待他人的方式，甚至对待我们后代的方式，深受别人对待我们的方式的影响。但这并不是说我们的思想不受同辈人的影响，也不是说我们选择居住的社会对我们没有影响。很明显，年龄越大，自我塑造的能力越强。家族历史不一定对我们的将来起什么决定作用，但影响力非常强大，甚至在多代人身上复制传承达数百年之久。难怪有很多人选择研究他们家族的久远历史，他们是为了对自己的现状能够更加了解。如果你想知道你在别人眼里是什么样的人，你的自我意识是怎样的，但在日常生活中又找不到足够的证据来解释，那你就必须求助于家族历史记录了。实际上，家族遗传的影响力是相当大的，不但持续时间相当长，而且传播范围也相当广。

给人留下世世代代影响的不仅仅是瘟疫和奴隶贸易等这类灾难性事件，那些显然对人类有利的事件，如技术的发明，也会给人留下广泛深远的影响。在20世纪70年代，丹麦经济学家埃斯特·博斯鲁普认为，耕犁的发明改变了男人和女人对自己的看法。耕犁改变了农业社会的劳作方式，也改变了人对劳作本身以及应该由谁来从事这种劳作的观念。

在耕犁发明之前，主要的农业生产方式是轮耕。轮耕靠的是锄头这样的手持工具，不需要太多的体力，而使用耕犁却需要很大的上身力量和体力。在耕犁被普遍采用后，需要更强壮的人来发挥它的最大功效，而这些人绝大多数都是男人。在采用轮耕技术的社会里，男人和女人均使用这种技术。当然了，耕犁的发明并非是要把女人排除在外，而是为了使种植小麦、大麦和苔麸的耕作更快、更省力，因为这些作物适合在土地平、土层深的田地上种植。但是在种植高粱和谷子的多石山地，农民仍然继续使用锄头。博斯鲁普确信，耕犁的使用造成了劳动力的分工，男人在田间劳动，女人从事家务。因此人们就形成了一种观念，认为这种分工是十分合理的，女人就适合做家务。

博斯鲁普的论断很有说服力，但是还没有人尝试将世界范围内男女之间固有差异的观念与祖先是否使用耕犁的历史结合起来进行检测。内森·纳恩在读研究生期间就读过博斯鲁普的观点，十年以后，他和同事决定对这个问题进行检验。

纳恩等人按照使用犁耕法还是使用轮耕法把社会进行了划分。他们收集了有关男性和女性生活的最新数据，包括在不同的社会里女性在外的工作量与在家的工作量的比率、女性拥有公司的概率以及她们参与政治活动的程度等。他们比较了公众对“当工作机会短缺时，男人比女人更有权利得到工作”等问题的回答，以调查相关的公众态度。

纳恩发现，一个祖先是种植小麦的人，其男女平等观念很有可能比一个祖先是种植高粱或谷子的人弱。在使用耕犁的地区，男女不平等现象较多，妇女外出工作的少。大多数接受调查的人甚至从来没有见过耕犁，更不用说使用耕犁了，尽管如此，调查结果却是相同的。而且耕犁已经完全机械化，无论是男孩儿还是女孩儿，都会操作这类机器。

还有一些类似的心理文化传承研究，对东西方的文化差异进行了探讨。许多研究发现，西方人更重视个性独立，对事物贯于分析；而东方人则更注重相互依存、整体观念和合作意识。2014年，一个心理学团队对传统上种植小麦和水稻的中国人口群体进行了调查，以探寻这些差异。这项研究是对中国国内不同文化进行比较，而不是笼统的东西方文化的比较，这样就避开了很多混杂因素，譬如宗教和语言。

参加调研的人接受一系列测验，例如，给三幅图片两两配对。在这项测验中，要求受试者对于印有狗、兔子和胡萝卜的图片进行配对。东方受试者倾向于把兔子和胡萝卜放在一起，这显示出他们的整体观念和对于事物之间相互关联的注重。西方受试者则把狗和兔子放在一起，体现了分析式的思维习惯，因为狗和兔子同属动物类。在另外的一个测试中，要求受试者给自己和他的朋友画像，西方人把自己的画像画得比朋友大。还有一个测试是调查人们是否会给朋友比陌生人更多的特别待遇，东方受试者一般在此项中得分较高。

研究人员发现，在所有这些测试中，排除测试群体的财富、对病原体的接触或其他文化的影响等因素的情况下，祖先种植水稻的人群比祖先种植小麦的人群在思维方式上更注重事物之间的相互关联性。其他测试也显示出两个群体之间的其他差异，例如，来自小麦种植文化的人比来自水稻种植文化的人离婚率要高，这也符合东西方离婚率的差别。这一结果与接受调查的人从事什么职业，甚至与他们本身种植什么农作物根本没有关系，但他们身上仍带有干农活的祖先遗传下来的文化因素。

这些可归因于种植两种农作物的要求不同。水稻种植依靠复杂的灌溉方式，而且水的使用要求农民通力合作，还要求农民付出比种植小麦双倍的劳动力，因此，水稻种植区经常错开庄稼的种植时间，以便让全体农民在收割庄稼时互相帮助。与此正相反，小麦的种植不需要复杂的灌溉，也不太需要农民之间的合作。

无论是为了揭示性别的不平等，还是关于“信任”的观念，这些研究都显示出，我们看待世界的方式和我们的行为都要受到家族或环境遗传给我们的信念和行为准则的深刻影响。即便是对移居国外的人，这些准则也始终跟随着他们。当人们离开了具有某段特定历史的地方，历史又是怎样对家族产生如此深刻影响的呢？

移民一旦离开了塑造他们价值观的旧习俗和家乡，移居他乡，他们怎样再造旧日的价值观呢？拉克尔·费尔南德斯和亚历山德拉·弗格利对这个问题进行了探讨。他们的目的是想了解移居美国的第二代女性是否仍然受到父母原籍国的价值观的影响，尽管她们从未回过原籍。接受调查的是一组在20世纪70年代出生于美国，而她们的父母是来自别国的女性，所调查的问题是她们在美国的工作和家庭子女的情况。

他们认为，如果当代美国社会是影响这些人生活的最大因素，那么，其工作和家庭状况就应该同非移民家庭的美国同辈人一样。但是如果家庭文化是更有影响力的因素，那么，女性的行为就会更接近于他们祖辈的行为。研究人员将1970年美国人口普查的工作和生育数据与每一位女性父母原籍国50年代的数据相比对，结果发现虽然当下的生活对这些女性非常重要，但是家族史仍具有极强的影响力。如果她们原籍的妇女从事更多的工作，那么出生在美国的移民第二代女性平均每年也多工作一周的时间。如果原籍的妇女生育的子女多，那么移民美国的第二代女性就比美国非移民同辈人生的孩子多。

费尔南德斯和弗格利把丈夫与妻子的教育背景、他们父母的教育背景、丈夫的收入和家庭所在的地理位置等因素作为变量加以控制，即便是考虑到了这些因素，祖籍的观念对于在美国出生的女性的行为也有很大的影响。

两位研究人员还探寻了这些女性的工作状况和生育子女的数量受自

身文化或丈夫的文化的影响情况，结果显示，当妻子的父母与丈夫的父母原籍国不同时，丈夫父母的文化显然更有影响力。导致这一结果的原因尚不清楚，但是据他们观察，这与选择什么样的结婚对象有关。

费尔南德斯和弗格利认为，家庭和小社团之间的互动能大大增强家庭的影响力。他们发现如果家庭成员同附近学校、教堂和其他机构的人没有明显的隔离，那家庭的影响力在很大程度上就会得以加强。如果这些第二代移民女性的环境周围还有许多其他来自父母民族的家庭，那么，她们的祖籍文化对于她们的影响就会增大。她们所居住的环境中来自同族人的比例越高，这些现代女性受到老式生活方式的影响就越大。即便是她们已经远离了祖籍的各种社会制度和机构，但仍然同来自那个世界的人相处，她们仍会保留着旧的观念，并把旧观念传承下去。

没有研究显示信念和心态在代际之间传承存在唯一的通用准则。一项研究显示，如同美国20世纪70年代第二代移民女性一样，20世纪前10年的爱尔兰裔美国人的生育数量尽管低于同时代的爱尔兰人，却明显高于同时代的美国人。而德国裔美国移民的生育模式与原籍的生育模式并不直接相关。

有些文化更倾向于保持群体的紧密性，而紧密性又增强了价值观念的持久性。墨西哥、意大利和日本移民更倾向于聚居在新的地区，这或许更有助于保持对他们影响至深的原有信念。与之相反，土耳其人、法国人和黎巴嫩人则不太喜欢和同民族的人聚居在一起。

文化中的某一特质的传承方式或许还与该特质的种类相关。在世界各地，“信任”观念都会对经济产生影响，但影响程度有所不同，譬如在意大利，影响“信任”观念的因素和非洲的就不尽相同。奎多·塔贝里尼为了探讨意大利南北方经济区的人们对“信任”观念、对他人是否要尊敬的看法，向人们提出了“你是否认为大多数人不可信？或与人接触怎么小心都不为过？”“你对个人努力与经济成功之间的联系有信心吗？”等问题，并对回答进行了比较。调查结果显示，尽管他调查的地区如今具备同等水准的文化层次和机构制度，但是过去文化落后、机构制度也相对腐败的地区，其信任度、对人尊敬程度较低，人们在经济上也较为贫困。

当纳恩开始研究他的课题时，他的研究领域正在经历着一场革命，一组经济学家开始探讨历史是如何影响经济的。很明显，一个国家的经济可能会受到当下直接因素的影响，譬如重要机构的破坏、显要人物的去世、农作物受灾、疾病的传染等等。事件发生得越近（如2001年美国9·11恐怖袭击事件），就越容易评估它给经济带来的影响。但是现在，经济学家们正在穿越时光隧道，对于年代久远的历史事件造成的影响进行检测。他们开始讨论横向传播（即一个人从同辈那儿和社会中学到的东西），并将其与纵向传播（即从过去遗传下来的东西）进行对比。受此启发，人们对殖民主义所造成的冲击进行了大量的研究，尤其是针对不同国家中的一些机构，像银行、政府，以及司法系统等，如何受到殖民主义的影响，继而给这些国家的经济造成了什么影响。这是经济学家首次以实证为依据来说明历史的重要性。他们的研究卓有成效，因为该研究不仅仅基于笼统的概念，还提供了将特定的结果和特定的事件相关联的研究方法。

虽然人们认真思考了历史问题，但大量的工作还是都集中在了社会机构所造成的影响方面。探讨“仇恨和恐惧”如何影响一国经济的健康发展往往被视为不科学的研究，部分原因是对观念进行研究缺乏有效的数据和给文化下定义难度很大。现在这种状况正在改变，因为与人的观念和态度相关的信息多了起来，大量的历史数据更容易处理了，另外，研究人员还改革创新了解释这些数据的方法。然而，研究人员没有检验“信任、仇恨和恐惧”等因素给经济带来的后果，因为他们认为这些因素除了在个人生活和时代范围内有影响之外，在其他方面没有什么重要意义。

然而，费尔南德斯和弗格利指出，市场与观念有着基本的关联。一个国家对于把人当作个人财产进行买卖的容忍度，将影响这个国家是否有奴隶贸易存在，以及这种奴隶贸易的经营范围。女性外出工作有益的观念将对社会劳动力的数量产生影响。费尔南德斯说，自从他们的研究发表了以后，研究经济不考虑文化因素的状况改变了，“‘文化’一词不再是个不光彩的词汇了”。

从这些前辈人的经验和现代人的心态之间非比寻常的关联中，我们可以得到什么呢？首先我们要搞清楚：我们并不是说要像摆弄算命人手中的扑克牌那样通过检测先辈的生活，来预测我们的命运。相互关联并不等于因果关系。我们的祖先有可能同我们的心理素质一点关系都没有，但是在某些方面，我们可能会深受前人遇到的事件的影响，无论你察觉与否，历史有时对我们都相当重要。

我突然发现，意识到我们的家族是沿着巨大的历史弧线走过来的，这能够使我们更清楚地看到哪些素质是我们自主选择的，哪些是我们从曾祖辈甚至是老祖宗那里传承下来的。这些祖先生活在不同的时代，或许对生活有着不同的追求。如果有人发现他有一位或数位祖先是移民，或是经历过奴隶买卖、瘟疫或饥荒，他可能会发现这能解释他现在生活中的某些事情：或许是他的父亲常用的某个怪词，或许是他对于旅行的反感，或许是他生了几个孩子，亦或许是他们家人有不谈家事的习惯等等。

当然，几百年来，历史学家一直告诫我们：历史很重要。作为一个社会，即便是我们不想从历史中学到什么，我们也不能脱离历史。经济研究发现，久远的历史事件可以影响一个现代家庭的性格，而家庭所做出的选择又会反过来对大历史做出诠释。我们还记得拉尔夫·沃尔多・爱默生的呼吁：“我们为什么不应该享受我们与宇宙最初始的联系呢？”也许我们记得，但是，如果我们能确定哪些是传承给我们的素质，哪些是我们自主选择的观念，那将对我们很有益处。

很显然，我们的生活环境、所受的教育，以及工作机会都会对我们产生巨大的影响。当然了，个人收入还可能改变一切。某些人，比如说教师、导师、配偶，对我们的影响更为重要。

所有这些因素也会相互影响，这是复杂的、可无限循环的过程。我们受到某些事件的影响，而我们又会对引起其他事件的人施加影响。我们直接受人影响，又同样影响他人。传承下来的文件、观念和情感会告诉我们这一点；DNA是一种记录，它也在不断传承着。那么，DNA能告诉我们什么呢？

第八章

历史的微粒

也许你不能给孩子们留下丰厚的遗产，但是你每天都在为他们编织着可以穿着一生的外衣。

——西奥多 · L. 凯勒

从梅恩兰岛乘渡船驶过北海深黑色的海水到韦斯特雷岛，需要一个小时，从梅恩兰岛驶到英国海岸也是一个小时。当然，相对来说，英国也是欧洲西海岸一个不太大的岛。在过去的一万年里，出生在不列颠群岛或从其他地方涌入不列颠群岛的人共有几千万，但是只有一万人生活在奥克尼群岛上，而奥克尼群岛中的韦斯特雷岛就更小了，生活在岛上的居民只有600人。

从轮渡口到岛上最大的城镇皮埃罗沃尔镇，有一条绵延起伏的路，路的两侧是浅绿色的田野和陡峭的岩石，两边是一望无际的海景。沿着东面的悬崖，海雀整齐排列成行，将周围的荒野映衬得更加荒凉；在海滩上，肥硕的海豹慵懒地趴在那里，它们翻动身体扑向大海的奇特景象、丝绒般的皮毛和灵动的眼睛吸引着人们的目光。这让人不由想起物种的进化并非把每一个生灵都变为超级运动员，只要能适应环境就够了。即便是在五月，从北极刮来的风依然刺骨凛冽。

韦斯特雷岛流传着一个传奇故事。1588年，有一艘西班牙大帆船在附近沉没，落水的船员都朝着群岛游来，有些船员被撞死在礁石尖上，有的在韦斯特雷岛获救。但是，爬上比邻的帕帕韦斯特雷岛上的人却没有那么幸运了，岛上的人发现他们自己过冬的粮食都不够，因此只能把可怜的船员一个不剩地推下了悬崖。

在韦斯特雷岛上，成功获救的人证明了自己是有用的人，他们在岛上娶妻生子，这些意外登岛的移民以及他们的后代子孙，都被叫作“西班牙绅士”。他们都是性格活泼的表演者和优秀的海员，但在第一代之后，这些西班牙绅士变得离群索居了。按规定他们不得与当地人有任何浪漫关系，据说有一个年轻的“西班牙绅士”违反了规定，被他的表亲杀死了。这些“西班牙绅士”的长相和那些有着白皙皮肤和浅色眼睛的当地人截然不同。多年来，岛上长着深色头发和有着橄榄色皮肤的人据说都是那些落水船员的后代。

虽说这只是个浪漫的传说，但也不是全无可能，只不过在缺乏确实可信的档案记录的情况下，很难判断它的真实性。岛上的传说并不只是这一宗，譬如，人们传说如果把一只猫朝着某个方向仍过房顶，就保证能刮有利于航行的好风。还有人说有一对金发夫妇生了一个黑头发的婴儿，这夫妇俩告诉邻居是年轻的爱神安格斯的西班牙祖先显灵了。谁知道哪个传说是真实的，哪个是人们为了解释异常现象而编出来的故事呢?

一天，我先从梅恩兰岛乘轮渡，又开车驶进皮埃罗沃尔镇静谧的半圆形港湾。我看见了很多可爱的蓝眼睛，但没看到黑头发的美女。我来到了镇档案馆，馆外陈列着一具抹香鲸鱼的骨架，在馆里我查阅了有关“西班牙绅士”的档案材料，翻看着老照片影集。我不时看到橄榄色皮肤的年轻人，很有西班牙特色，但是档案记录没写他们是谁，甚至没说他们是不是岛上土生土长的人。

但是，在他们的眼神里面，皮肤下面，甚至在他们的细胞膜里，有着只属于韦斯特雷岛人的DNA标记。虽然这个特征来源还不清楚，但是，2012年发现该特征来源的一个科研小组发现，无论它来自哪里，即便是奥克尼的梅恩兰人，也没有这个特征。那是“西班牙绅士”遗传下来的特征，还是有更古老、更离奇的根源？

与众不同的不仅仅是韦斯特雷岛人，就是长期居住在奥克尼群岛上的居民的细胞里也有同其他英国人完全不同的东西。在整个不列颠群岛，有几个群体的体内都带有古老事件的独特痕迹。凯尔特王国、野蛮民族的入侵、一千多年前北欧人的劫掠等，所有这些远古的、近似于神话的历史事件都在德文郡、安格尔塞、韦斯特雷岛以及其他许多地方的善良而普通的人身体里面留下了痕迹。

这些痕迹是由来自牛津大学的科研小组发现的，这个小组发现了一种方法，以前所未有的细致程度，来解读人类DNA这部历史书。事实上，这是最接近于时间机器的方法了。虽然这还不能说是我们穿越时间隧道的最佳尝试，但我们也离那儿不远了。

彼得·唐纳利来自昆士兰，拿着罗兹奖学金进入了牛津大学。1980年，29岁的彼得·唐纳利因异常聪颖，被评为正教授（据说他是英国一百多年来最年轻的正教授）。他现在是维康信托基金会人类遗传学中心的主任，兼牛津大学圣安学院统计学教授。他不太符合人们评判超级天才的固有标准，他身材高大，说话声音低沉，如果按照另一条生命轨迹发展，他可能会成为一个威严的高个子治安法官。虽然他学的是统计学，但他的工作逐渐使他介入了遗传学领域，仅仅十年的时间，他就从一个开始涉猎遗传学的数学家，成为世界级的遗传学领军人物。

我是在一次遗传学国际会议上认识唐纳利和他的同事斯蒂芬·莱斯利的。会址在澳大利亚罗恩湾风景宜人的海滩附近，离韦斯特雷岛有大约9000英里远。就在下午落潮与涨潮的时候，唐纳利和莱斯利陪着我简单回顾了21世纪遗传学研究的历史，重点是一次史无前例的巨大变动。

人类基因大约是在20世纪初被发现的，构成基因的DNA双螺旋结构在1953年才被詹姆斯·沃森、弗朗西斯·克里克和罗莎琳德·富兰克林发现。大约又过了50年，人类第一次完成了基因组的测序。这一步的跨越无疑是巨大的，而且是昂贵的，但把特定的基因与人的某种特征或疾病相联系的项目，直到目前进展都比较艰难，这类项目一次只研究一种基因。唐纳利说，研究人员只挑选“他们最喜爱的基因”进行研究，唐纳利解释说“这并非因为一种症状只涉及一种基因”，而是如果再涉及别的基因耗资会过高。

但是，采用候选基因来进行研究的方式存在一个问题，就是很有希望的研究结果——例如，发现大多数患有某种疾病的患者都携带一种健康人没有的遗传标记——可能与要研究的疾病毫无关系。莱斯利解释说：“现在我们知道在苏格兰，人们会有与外来人不同的基因变体，比如说托斯卡纳人。这也许是巧合，也许是自然选择，但苏格兰人与托斯卡纳人之间会存在不同。”关于采用候选基因进行研究的危险，莱斯利说：“你以为你看到的东西与某种特征相关联，但实际上你看到的只与苏格兰人或托斯卡纳人相关而已。”（唐纳利说，采用候选基因进行研究的另一个问题是“所有的研究结果可能都是错的，那个时代的教训之一就是有些专家在选择候选基因时简直太糟糕了”。）

大约在2007年，不但基因组的许多位点同时可以得到检测，而且检测成本也迅速下降。在短短的几年时间里，候选基因研究被基因组相关性研究取代。研究人员对某个个体的全基因组具备了更为敏锐的观测能力，他们能够对成千上万人的成千上万个基因组位点进行比较，以确定基因与某种个人特性或疾病，或与一个群体的历史之间有什么关联。

早在科学家具备该检测技术之前，他们就知道有可能存在着常规的基因差异，遗传学家把这种差异叫作“人口结构”。唐纳利说：“自从我们开始检测人口群体特征以来，我们就知道这些特征在世界不同地区的分布也是不同的。长期以来，我们只知道几种标记，例如，群体血型标记，这在20世纪30年代就可以检测了。”

当然，血型是典型的实例。A型血群体主要是在欧洲，相对而言在亚洲就很少，非洲的B型血群体比欧洲多。用来检测这种特征的Rh因子（以恒河猴命名）指的是是否有一组红细胞抗原的存在，而且这在不同的人群中也存在差异。Rh阴性血在欧洲比亚洲更常见。即便是在欧洲，不同的群体所具有的血型也不同，例如，爱尔兰输血中心在爱尔兰西部采集的O型阴性血就比东部多。

群体之间存在的生理差异可能与他们的生活方式无关，但是却有深层次的意义。这些差异可能揭示出这些群体分离了多长时间，他们在某个地区生活了多久，在过去曾与什么人群混居，以及他们的身体是否适应当地的环境等等。这些差异，连同历史档案记录、文物，或者有关其他群体生理方面的信息，就可以给我们展示出人口差异何时发生的，发生的原因是什么，等等。实际上，你可以运用活的人体组织来推测成百上千年前他们祖先的生活状态，就像英国诗人威廉·布莱克所比喻的那样，“见一粒沙而知世界”，然而，基因检测不是比喻，而是事实。从人体细胞中，你会看到世界历史。

对血型和人口群体进行比较，是科学家试图解读人体内历史的一项尝试，而历史遗传学家则开始观察基因组中很小的部分，即由父亲遗传给儿子的Y染色体和源自母亲的线粒体DNA（mtDNA）（有关Y染色体和线粒体DNA，详见第九章）。在过去的十年中发展起来的方法能够调查基因组的更多方面，并足以检测出居住在不同大陆的居民之间的差异。莱斯利说：“我给一年级的博士生布置了一个任务，教给他们一种给遗传信息和人口结构分类的方法，同时给他们提供了几百个遗传标记。这些标记分别属于120个非洲人和120个北欧人。我要求他们用这种分类法给这些标记分类。结果，他们用了半天的时间设计出的一个程序，仅需几秒钟，就能从这些遗传标记中测定哪些人来自非洲，哪些人来自欧洲。”

但是，这个程序却无法揭示出20世纪以前英国人口群体的信息。莱斯利说：“如果你想用通用的方式把英国各地区的特性区分开来，你不会得到什么结果，你能看到的只不过是奥克尼人的特征或威尔士人的特征，仅此而已，你根本看不到微观尺度的遗传结构。”

现在，随着全基因组研究的出现，研究人员可以检测几千人的基因组，以获取人口结构信息。这种检测通常是以病例对照的方式进行研究，出发点是解释DNA中出现的源自祖先遗传的特征，这些特征有可能混同于用于医疗研究的特征。唐纳利领导的成立于2005年的维康信托基金会病例控制协会，对17000个基因组进行了抽样调查，这项调查被视为是现代遗传学病例对照研究的最佳范例。一年前，他和英国最著名的遗传学家之一沃尔特·博德纳爵士，已经开始了另一项研究。在很多年以前，博德纳和妻子——科学家朱利亚·博德纳（在2001年去世），发起了一项遗传学研究以探究英国人的血统起源。多年来，博德纳一直追寻这个研究理念，后来他把这个理念带给了唐纳利，他们一起构想出了一项对于调查英国人口疾病有重要意义的研究，而且这两位科学家希望这项研究能给他们提供有关历史的一个全新认识。

如果我们纵观人类历史，会很清楚地看到当人们相互生活在同一区域的时间长到一定程度，他们的DNA最终会融合在一起。实际上，人们倾向于同周围的人通婚，如果有人不这样做，那就必定有非常明显的原因，也就是说，他们的生育环境存在很大障碍。这些障碍可能是地理因素，如高山、海洋或是极远的距离；也许是一些强制遵循的信念。和“西班牙绅士”类似，纽约布鲁克林的正统犹太教群体（如同世界上其他城市中的很多犹太教社区一样）与其他民族群体比邻而居，但只在自己群体内通婚，从遗传学的角度来说，他们相当于生活在一个孤岛上。

即便是人们只在本群体内通婚，或者真的生活在一个孤岛上，他们的DNA也从来不是静止的。随着时间的推移和DNA的代代相传，基因组内会自然而然地产生变化。有些DNA不再遗传，其他DNA会散布在基因库里。如果一个群体不与其他群体通婚，他们自身的DNA变化就会成为这个群体独有的特征。

为了获取对英国人祖先遗传特征研究的最佳成果，牛津大学的研究小组把焦点集中在了具有丰富考古遗迹的地区，而且对基因组的选择非常严格，他们所选对象四位祖辈的出生地均在农村，且彼此之间的距离必须在80公里之内。抽取任何人的基因组的方式实际上同抽取父母的小一些的基因组样例的方法相同，也和抽取祖父母的更小基因组样例的方法相同。研究小组对基因组的这些方面特别感兴趣。

莱斯利说："实际上，我们正在回顾、探查祖父母出生时当地的基因状况，理由是如果四位祖父母都出生在康沃尔郡，那么他们的父母也出生在康沃尔郡，依此类推。我们希望能追溯到人们不经常搬家、世世代代住在自己小社区的时代。"很多应研究小组要求接受调查的人都是已届退休年龄，这就意味着他们祖父母的平均出生年份约是1885年。

这种细致的抽样调查是博德默的主张，他是在R.A.菲舍的门下学习时开始从事遗传学研究工作的。菲舍是两门现代科学的创始人，一门是人类遗传学，另一门是统计学。另外，博德默还对历史如何影响人口群体保持着长期的研究兴趣，他比别人都确信在不列颠群岛的遗传历史方面还有很多东西需要研究。

这个小组最后收集了2000多个基因组，而且决定由莱斯利来设计一个梳理这些基因组的全新方法。他借助精密结构分析法取出一个基因组，然后与同组中的其他基因组一部分一部分地进行比对。比对完成以后，他把全部基因组归纳为十几个基因组群，每个基因组群里的基因组，从遗传的角度讲，互相之间都比其他组群的基因组更接近。人群预分类不考虑地理因素，仅以遗传学为基础。

莱斯利给每个受试者按照DNA分组情况配置了一种颜色，然后再把这些颜色根据受试者的祖父母的出生地标在英国地图上。如果每个地区的遗传信息没有什么特别之处，地图上的颜色就是随便分布的，看起来就像在一个杯型蛋糕上撒的一层彩色糖霜碎末。如果存在研究人员预想的大趋势，地图上就会呈现出一个虽然混乱但是能够引起联想的模式，譬如某种颜色群或许朝着英国东部倾斜，而另一个颜色群朝着西部倾斜。莱斯利希望看到一个大约有三个群体的完美模式，这三个群体已经在其他遗传和历史的分析中得到确认。但是当他进行分析时，他后来回忆说：“我几乎惊呆了。”

调查的数据显示出在整个地图上散布着超过17个颜色带，有的地方组群的边界同现代郡县的边界相一致，有的带有自然的特点，例如塔玛埃斯特里和博德敏荒原就有这个特点。在大多数情况下，组群没有重叠，从遗传学上讲，每个组群都代表着19世纪80年代在基因上存在明显不同的英国人口。譬如，人们会惊讶地发现，标在康沃尔郡的人群都是同样的颜色，而地图上其他地方却没有这种颜色。他们的颜色似乎表明康沃尔郡人拥有独特的基因。安格尔赛组群，与来自坎布利亚和诺森伯兰的组群的情况也是如此。

莱斯利最初的专业是数学，后来他在唐纳利的指导下攻读博士学位时，打下了坚实的遗传学基础。另外，他还是一个痴迷于历史的人，读过很多英国近代史和古代史的书籍。如今他在澳大利亚墨尔本默多克儿童研究学院有自己的实验室，但是你仍然有可能错把他当成博士后。虽然科学家从博士后到教授的发展历程是一个逐步摆脱稚气、走向成熟的过程，但是在与莱斯利交往的几个月里，他似乎依然保留着稚气。他对复杂问题的分析见解，对证据的认真斟酌，还有DNA中所容纳信息量的分析，都极具感染力。然而，一旦深入到这个题目中，他就绝对地集中精神、心无旁骛。

莱斯利还记得他第一天对数据进行分析的情景，他看到的不仅仅是不同的基因组群出现在屏幕上，还看到这些组群代表的一整套纹理细密的历史详情，也从英国的遗传结构中呈现了出来。他首先看到奥克尼从英国隔离出来。莱斯利解释说，一个组群出现的顺序反映出它与别的组群的差异程度，也就是说，奥克尼人同其他英国人口种群区别最大。接下来是威尔士，然后是分裂开来的南北威尔士。再接下来英国南部从英国割裂开来，然后康沃尔郡以不同的组群出现。莱斯利说："这么快就看到结果，简直让我吃惊。"其他组群相继分离，例如，英国北部和苏格兰，然后是韦斯特雷岛，这个岛的颜色标志着它与奥克尼群岛其他部分大不一样。

在研究小组以为能够找到皮克特人的地区，一个带颜色的椭圆形整齐地在地图上划定了自己的边界。在爱尔兰北部又出现了两个不同颜色的非比寻常的融合组群。莱斯利猜测，这里曾是被英国征服的阿尔斯特地区。在17世纪，从英国和苏格兰有8000移民涌入了那个地区，并取代了当地信奉天主教的爱尔兰人。这个地区后来成为北爱尔兰，人们把那次大移民称为"阿尔斯特大移民"。那两个居住在一起但没有通婚的组群就是天主教徒组群和新教教徒组群。

接下来，一个莱斯利最为得意的分析结果出现了，这个组群出现在爱尔兰海上，与爱尔兰东北海岸和苏格兰西南部分地区连接在一起。莱斯利一看到这个离奇的数字化信息就将其辨识了出来：现代遗传学已经把达尔里阿达王国古老的地理位置标注在了地图上，达尔里阿达王国是6世纪横跨阿尔斯特和苏格兰海岸的一个部落组群。然后，最后一个组群出现了，与其他小型组群不同的是，这是一个大片的红色区域，几乎覆盖了英国中部和南部的大部分地区。这个研究项目中有大约一半的基因组被划归到这个组群，组群中所有的人都有共同之处，那么他们到底是什么人呢？

“我只是坐在那里，然后重新进行分析，唯恐我把什么地方搞错了。我一遍又一遍地进行分析，分析……”说着，莱斯利把手向上一挥，压着声音喊道，“啊，这真是太棒了！我知道你可以在不同的大陆之间进行区分，也有可能在那些可能成为国家的地方进行区分，但是得到纹路如此精细的组群划分，我简直不敢相信这是真的。”

莱斯利进行的是一个传统的分析法，人们称之为主要成分分析法，简称为PCA，即在同一数据上把调查结果与他自己的数据进行比对。但是在显现出几个最大组群之后，几乎再也没有任何区分出现。

莱斯利把他新做的分析给彼得·唐纳利看了以后，唐纳利回忆说：“分析结果远远胜于我的想象。”

我问博德默对于调查结果的看法，他说：“能找到那么多的不同组群简直太惊人了。虽然我是最希望对此有所发现的人，但我对结果仍然感到非常惊讶。”

考古学家马克·鲁宾逊在牛津大学自然历史博物馆工作，该博物馆是一幢坐落在公园路的新哥特式的大楼。他的办公室在二层，为了使19世纪中叶在此处工作的天文学家可以通过窗户观测夜空，窗户曾经有12英尺高。现在房间中间修了一个夹层楼，把窗户分为两半。当我去访问他时，我看到各种形式的文件堆得到处都是。鲁宾逊用带有花卉图案的茶杯给我倒了一杯水，又拿起一根麦穗儿给我讲了讲古代庄稼的样子。在那之后，我们一连好几个小时坐在那里，一动不动地盯着地图看。

鲁宾逊在莱斯利与他讨论了遗传分析结果之后，就开始测绘历史重要时期的英国地图了。（鲁宾逊后来回忆说：“我原来还很天真地以为能看到以撒克逊人和凯尔特人为主体的两个群体呢。”）我们坐在他的电脑前，他给我看了四幅他设计的地图。

第一幅是在9000年前到7500年前冰河时代的英国。那时，现代人类才开始出现。当时的英国还不是个岛屿，而是通过一个叫作道格的地块与大陆连接。鲁宾逊说，人们一说到道格统地，总把它叫作古老的大陆桥，但这里所谓的大陆桥，就同我们所说的“约克郡是连接英格兰和苏格兰的大陆桥”的意思一样。在那个时期，大约有1100人住在英国这块地方。他们的祖先可能是从我们现在叫作欧洲的地方从两条路线中二选一，或步行穿过道格统地块，或乘船穿过海峡河道的河口，登陆西面的海岸，来到爱尔兰的。

第二张地图是从农业刚刚出现的公元前4000年和青铜器时代的早期到大约公元前2500年之间的英国，那时候，宽口陶器时代刚刚开始，道格统地块已经沉入海平面以下，人们开始在英国定居下来。大约在公元前2600年，他们在南部修筑了圆形石结构，后来又在北部修筑了更大的圆形石结构，叫作奥克尼大陆上的布罗德加尔环形线。在布罗德加尔附近，他们又修建了马埃绍山地坟墓，现在只要你不介意穿过十米长、一米高的通道，你仍然可以钻进去看看。（新石器时代的生活不光是显赫的丧葬仪式和神秘的建筑，离斯卡拉布雷村落的布罗德加尔几英里远，你还可以看到数间石头房子里的壁炉床、床头和牛奶柳条箱形的隔板，石头房子是通过内部走廊连接的，就像现在的公寓楼。这些房子已经有5000年的历史了，比埃及的金字塔还古老。）有关这一时代的信息来自公元43年古罗马人入侵留下来的文物和文字档案记录。罗马历史学家描述过这些部落，但是除了一组部落和地名，以及布利吞语支的几个词以外（例如brock，意思是“纠缠”，tor的意思是“山丘”），我们对那个时期的英国人了解得并不太多。

鲁宾逊在电脑旁边又设立了一个屏幕，他可以在两幅古代英国地图的旁边同时播放研究小组绘制的这个现代遗传地图，而我却看不出这两种地图之间有什么关联。

第三幅地图是从公元43年到410年的英国。到了这段时期，皮克特人住在苏格兰，爱尔兰人住在爱尔兰。此时，古罗马人占领了整个英国，一直延伸到了哈德良长城，有时到更远的地方，但是他们大部分时间都聚集在东南方。这幅地图很像现代的遗传结构地图，因为这个以罗马人为主的地区很像莱斯利绘制的遗传结构图中的广大的红色区域。

第四幅地图是公元600年的英国。这幅图很像人们熟知的现代地图，因为这时罗马人已经走了，而且走得如此突然，就像一下子碰到了电灯开关，使那些有文字记载的材料突然沉寂了下来，而且一沉寂就是200年。我一会儿看这幅地图，一会儿又看那幅遗传图，来来回回看了好几遍，这两幅图真是太相像了，就好像咔嚓一声照出来的两张照片。

在那幅历史地图上，代表着盎格鲁-撒克逊人入侵的地区涂上了一种单一的颜色，在遗传结构图上，这个地区也是单一的颜色。但是鲁宾逊指着古老的王国说：历史地图上的北部和西部是雷吉德、爱密特和杜姆诺尼亚王国，这是凯尔特人小组群的家乡，这些地区当时还保持着自己的特征。雷吉德、爱密特和杜姆诺尼亚王国也清楚地绘制在遗传结构图上。雷吉德王国就是现在的坎伯利亚，爱密特王国在英格兰中北部，而杜姆诺尼亚王国则横跨德文郡和康沃尔郡。

鲁宾逊说："这就是这项工程的主要成就，它给我们提供了一个有很多数据支持的、关于罗马人在英国的统治结束时的真实状况。"也就是说，这个研究小组把那个黑暗时代给照亮了。

罗马人统治的英国只延续了大约400年，在整个时期里，尽管他们征服了英国大部分地区，但是没有几个真正的罗马人住在英国，很多士兵是被征召入伍的高卢人。虽然在罗马人统治的东南部地区大多是古代英国人，但是在文化上他们被罗马人同化了。官员住的是古罗马式乡间别墅，还有些官员讲拉丁语，工匠制造的也是罗马器物。与罗马人入侵之前不同的是他们有了相当完整的货币制度。

大约在公元410年，英国的人口将近250万，古罗马帝国在英国的统治开始解体了。撒克逊人、盎格鲁人、朱特人，还有弗里斯兰人开始进攻英格兰东南海岸，罗马人采取了各种对策应战，他们甚至请来野蛮人移居在前方地区。但是，罗马人的统治还是垮台了，就像他们在整个西欧的命运一样。罗马帝国的首脑撤出了英国。鲁宾逊说："他们写了一封强横的信，意思是英国人从此以后就不得不想尽一切办法防守自己的阵地了。"

罗马统治的完结给这个国家带来了巨大的震动，罗马人统治下的英国本来是有文化修养的国家，但是突然间，一切档案记录都停止了。很多地方的语言开始消失（现代英语里只保留了25个古英语词），而且，大多数罗马的姓名、罗马入侵以前的姓名，还有殖民时期的姓名都被撒克逊人的姓名代替了。农业也彻底改变了，罗马人种植各种小麦农作物的方式被撒克逊人的种植方式取代了。一些手工技术简直消失殆尽。譬如，几百年来，英国人制造了精美的罗马风格的陶罐，一种造型迷人、坚固耐用、釉色美丽的盛水器物。但是，撒克逊人来了，带来了他们自己的漏水易碎的罐子。虽然家庭陶窑还在，但是那种古老而精湛的制陶技术消失了。

多年来，人们提出了很多观点来解释当时英国出现的变化，但是，鲁宾逊评论说："很多观点纯属无稽之谈。" 那些观点不是建立在真实历史的基础上，而是深受那个时代政治的影响。鲁宾逊说："19世纪至20世纪初，有一种完全不符合实际的观点，认为是撒克逊人带来了结实的重型耕犁，而罗马时代的英国人只是在山坡地带的浅层土壤中耕种，后来不得不去了威尔士。其实，罗马人本来使用的就是重型耕犁，而且他们耕种的土地面积比撒克逊人的大多了。”

鲁宾逊接着说：“后来在20世纪又有了一种观点，说是撒克逊人完全攻克了英国，英国人简直被横扫殆尽，有的逃到了布列塔尼，有的逃到了威尔士。

“后来，在20世纪70年代，又有了全盘同化的观念，认为是热爱自由的撒克逊人把罗马时期的英国人从帝国制度下解放出来的。因此，英国人放弃了物质文明和城镇商业文化，变成了一种自给自足的嬉皮士的生活方式。

“再后来，大约到了前南斯拉夫的种族灭绝时代，一个民族屠杀另一个民族的概念进入了公众的意识，因此就有了撒克逊人屠杀英国人的说法。”

非常流行的一个观点是罗马人统治结束以后，在英国出现的灾难性文化崩溃不是大屠杀的结果，就是英国人逃往西部的证据。留下来的人口在文化和基因方面被全盘撒克逊化。现在，随着新的遗传证据的出现，有关在黑暗时期发生事件的新版本要比其他版本真实多了。

在莱斯利的分析图中，英国东南部的一个巨大的红色群体是单一组群遗传的地区。真实的历史显示，这个DNA组群的遗传不太有可能受到罗马人的（总体上是法国人的）军队的影响，因为当时大量涌入英国的是撒克逊人，因此最大的可能性是这个组群的来源是撒克逊人，这也说明撒克逊人在当地一点遗传影响也没有的说法是不对的。

但是，在现代遗传档案记载中，这个地区有多少古代英国人的DNA？又有多少是撒克逊劫掠者的DNA？结论很难确定。如果有大量的撒克逊人闯入并且屠杀了所有的当地人，那么英国人就只占人口的10%。如果只有几小股具有冒险精神的撒克逊人进入英国，那么，英国人的人口比例就会高达90%。最确切的计算方法是把现代记录中的DNA与当时劫掠者的DNA，或者与他们现在后代的DNA进行匹配。但是古代

DNA资源缺乏，这个研究小组只得检测欧洲大陆的基因组了。

莱斯利说："我们决定寻找一组欧洲DNA样例，然后把英国组群的DNA同选自欧洲各地的DNA进行比较。"这个小组从一个欧洲中世纪研究项目中搜集到了6000多个样例，并对样例以同样的方式进行分析，结果归纳为51个不同的组群，其中大多数组群没有当时英国的组群特征。(譬如，古代意大利组群在现代英国的基因库中没有记录，这就证实了历史学家所说的在罗马人占领的英国实际上没有罗马人居住)。与此相反，分析证实了奥克尼群岛人具有大量的挪威人的DNA，这个分析结果与9世纪北欧海盗入侵的历史档案记录和其他早期的遗传研究相一致。

地图上英国东南部的那片巨大的红色组群是一个由75%的古代英国人和25%的撒克逊人组成的基因组，这个基因组是在公元410年发生大灾难后缓慢出现的，这说明英国东南部的原住民并没有完全被撒克逊人替代，而是在黑暗时期才开始受到撒克逊人的影响的。

根据鲁宾逊的研究，当时的状况很有可能是灾难性的，没有罗马人统治的英国实际上已经崩溃，人口濒临灭绝。其他历史学家也证实当时有多达150万甚至250万人死亡。鲁宾逊认为只有25万人幸存，但长期处于混乱状态。人们一面抵挡撒克逊人的进攻，一面对付地方军阀的相互争斗。农民的庄稼被毁，他们遭受饥饿与疾病的折磨，不得不离开乡村，外出逃荒。一个家庭养不起两个孩子，所有城镇也空无一人，撒克逊人说城里常有鬼怪出没。

到了5世纪，撒克逊移民已经习惯了当时英国的状况。鲁宾逊说："撒克逊移民表面上看起来更不开化，他们的社会规模也很小，而且每个男人从年轻时候起就必须携带武器。"虽然他们已经适应了充满暴力的、非货币交换的文化，但这并不能说明千百万撒克逊人是在公元411年前后一齐涌入英国的。

鲁宾逊说："我的观点是，在延续了75年的时间里，每年大约只有

400个撒克逊人移居此地，而且生育率只贡献了25%的DNA。实际上，那时的英国人的生育率仍然很高。而且从文化上讲，撒克逊人的体内有英国人的基因。”当然，英国文化要用很长的时间才能恢复原状。几个世纪以后，诺曼人入侵英国，他们带来了精美的陶罐，其质量可与罗马时代制造的陶罐媲美。

那么，雷吉德、爱密特和杜姆诺尼亚王国又如何呢？幸存下来的遗传标记显示出，这些边缘地区的古代王国不但在罗马统治下生存了下来，而且从某种程度上讲，仍然独立存在。我们常常认为英国的凯尔特人群体是一群野蛮的、浪漫的、特别的古代人群体，但实际上凯尔特人不是单一的大群体，而是多个群体。这些不同边缘地区的古代DNA组群又是怎样逃脱罗马的统治和撒克逊人的进攻而遗传下来的呢？鲁宾逊的研究证明，他们之所以能够继续生存，是因为英国西部的凯尔特人从一开始就没有完全处于罗马人的控制之下。

鲁宾逊说：“这个地区曾经有罗马人的驻军，但是在铁器时代，农民的生活还是比较自由的。如果他们行为不端，他们会遭到杀戮。这很像英国殖民时期印度的土邦，只要土邦主不反英，就允许他们以自己的法律管理社会。”凯尔特人之所以能够抵制进攻，是因为他们仍然有着自己的领袖和武器，而且还能组织起来。他们在经济上能够支撑下去，是因为他们知道如何进行易货贸易，如何交换物品和服务。他们生育后代，代代繁衍，如今他们的后代还走在坎布里亚郡和康沃尔郡的大街上。

鲁宾逊从有文字记载的档案记录中已经了解了这些王国没有在后罗马时代的统治真空中消失，但是没有人能够想象得出，这些王国还会再现于世——被强大社会经济条件和足够多的基因重现的21世纪的幽灵。

莱斯利和他的同事是如何使那些消失了1000年的人又再现于人们的

生活中的呢？方法的关键不是看凯尔特人的基因，也不是看撒克逊人的等位基因，而是分析横跨基因组的“模式”，大多数研究分析往往忽略了这些模式。分析这些模式使他们能够确认它们之间虽然很细微但是非常重要的差别，否则的话，这些基因看起来真是毫无差别。唐纳利说：“这些非常细微的差别，分布在基因组许多非常微小的粒子中，我们必须把所有这些信息综合起来分析，才能发现差别细微的总体模式。”

实际上，在这次研究项目中，那些接受分析的遗传组群看起来就像是用非常相似的材料构成的不同混合体，有点儿像小粒咖啡和中粒咖啡，还像色调相近的彩色轮子。比如说，康沃尔郡人遗传的是品蓝，而德文郡人是浅蓝，虽然这两种颜色非常相似，但仍分属于不同的类别。

这里的意思是说，在古代英国人的遗传脉络中，大故事套着小故事。如果没有很多人在同一地方生活，并且世世代代同近邻结婚的历史，那么历史上就没有人能够从生理学上被检测到了。在撒克逊时期的英国，从公元4世纪到19世纪60年代，同一地方的青年男女恋爱结婚，同一地方的农民相互结婚，这样的习俗延续了大约58代。与此相反，那个巨大的红色遗传组群的背景故事可就不是单一民族的大型社区了，在这个社区中没有大的地理或历史障碍，各民族可以自由来往，这是一个从罗马时代起DNA就可以自由穿梭的地方。

奇怪的是，虽然不同的英国群体之间的差异是绝对明确的，但是这些差异却没有给基因组医疗造成困难。彼得·唐纳利说：“大体上说，英国的白种人从遗传角度讲是非常非常相似的，在以前，我们非常艰难地在疾病研究中寻找人口结构，因为我们不知道该不该为此事操心，到头来，我们发现真不需要为此事操心。如果我们看一看普通的遗传变体是如何影响疾病的易感性的，那英国地区间的差异就不是个大问题了。”

可能的情况是，当科学家开始考虑非常罕见的疾病时，遗传组群从临床上讲，都是相互关联的，但是同时，古代英国人的遗传结构就是巨大的等同性和极其微小但是非常明确的差异性合为一体的结构了，这两者都挤在同一个微小的颗粒中。

在分析过程中，也出现了几个反常情况，这使莱斯利感到很困惑。在分析中到处可以看到一个单个的人本应属于一个单一的遗传组群，但却和另一个组群住在别的地方。比如说，从遗传脉络的角度讲，有一个纽卡斯尔的德文郡人，如果这个DNA分析是正确的话，在19世纪中期，在他上面应该有八个德文郡人移居此地，结成四对配偶，生育孩子，然后这些孩子又相互结合，产生两对夫妇，每对夫妇起码要生一个孩子，这两个孩子再结为夫妻，然后生了这个德文郡人。如果这些人是犹太人，或者是天主教徒，这个过程就是合理的，但是这里没有明显的宗教差异阻止德文郡人的孙辈与当地的人结婚。

莱斯利反复分析了这个情况，但是无论他分析多少遍，这个异常现象总是不能消失。后来他回忆说：“我简直快急疯了，因为我比别人更相信这个遗传程序。我想知道这到底是怎么回事，于是我就开始对这个站错位置的怪人追踪查询。”

莱斯利查阅了几本历史书，发现在19世纪中期，有两个地方的人际关系出现了不正常事件。他说：“原来，在大约150年前，德文郡是个发达的矿区（同邻近的康沃尔郡一样），而且这个地区的东北部也是大矿区。有一年，东北部的矿区工人举行了罢工，因此，矿主就从德文郡和康沃尔郡找来工人顶替罢工的人。有很多证据证实，这些替工来了以后便遭到排挤。由于他们破坏了罢工，因此当地人不跟他们说话，不与他们来往，更不跟他们通婚。如果你上网查查家谱网站，就会发现有八个曾祖父母的人的家谱，他们的曾祖父母出生在德文郡，可他们却在纽卡斯尔以北居住，在矿区工作。”

这就清楚地表明，在纹理细密的遗传历史中出现了疏忽家谱的一面。虽然家谱学在学术界没有受到普遍的重视，但却与社会历史紧密契合，并且有助于解释社会历史。这些有关个人生活的小故事揭示出的个人行为影响着人类各个群体的历史和生理结构。

这个调查项目为我们提供了不寻常的答案，其中最大的贡献是它提出了很多问题。譬如，从8世纪后期开始，强悍的丹麦海盗入侵英国，但是很快就从英国消失了，只留下了一些能勾起人们兴趣的物质遗迹，从遗传学的角度看，遗留的信息却不多。鲁宾逊说，在文化方面，他们只留下了几个地名，典型的以-thorpe和-by结尾的词，如Coningsby和Cumthorpe这两个词。为什么他们来时雷声轰鸣，走时却悄无声息呢？挪威海盗对于奥克尼的人口结构又有什么影响？他们又是如何改变语言、文物和遗传脉络的呢？

韦斯特雷岛又是怎样一种情况呢？为什么韦斯特雷岛上的人与其他奥克尼群岛上的人是那么不同？莱斯利说，随着遗传分析的逐步进行，显示出这不太可能是一次单一的帆船失事的结果。另外，几百年以后，奥克尼群岛上的人怎么还保持着与众不同的特征？虽然海盗的疯狂入侵已经过去很多年了，但在整个奥克尼仍然没有多少近族通婚的现象，因此无法回归远古时期遗留下来的状态。是什么社会力量造成了至今仍在现代基因组中显现的古老模式？为什么现代韦斯特雷岛上的人还不能更频繁地与其他奥克尼群岛的人通婚？不会是因为他们没有船吧。

当我来到梅恩兰岛时，同一个奥克尼群岛上的人聊了起来，他对我说，他还是比较喜欢韦斯特雷岛上的人的，只是苏格兰大陆上的“卑鄙下流的威克人”你不能娶。他也觉得这种愚蠢的想法很好笑，这就像学生之间的调侃，还有……我们知道人类的冲突、信念，还有边界综合构成了人的基因组，但是那些我们从来不认真思考的、无足轻重的古老偏见怎么还会对我们的生理习性有影响？

奥克尼群岛人的DNA状况是怎样的呢？如果它的25%是挪威人的基因，那么，这个平均数又从何而来？鲁宾逊说，人们争论过挪威人屠杀了多少皮克特人，但是遗传脉络显示皮克特人如今仍然生活在奥克尼群岛上。

还有一个问题是入侵英国的人把什么遗传模式带到了英国，实际上，并不是所有的海盗都来自同一个村庄，撒克逊人也不是。如果他们来自于不同的村庄，这些村庄只在同村人之间通婚，那么他们的群体就有可能反映出不同的祖先群体特征。这些环环相扣的疑团，随着新的分析方法的出现，现在有可能得到破解。

这种方法自然也可以运用到其他国家。把多维的遗传档案记录与历史的和物质的档案记录相结合，不但可以对人类遗传增加全新的理解，解决以往的争论，还可以使我们对已有的知识理解得更透彻。把最远古的移民活动与较近的移民活动区分开来是将来研究工作的一部分。同时，一个基本的经验法则是，到处都有的东西可能就是最古老的东西，因为它们蔓延的时间很长。

鲁宾逊对于把精细的遗传历史分析法从农村运用到城市的可能性非常感兴趣，他说："我认为如果进入了城市，你会看到各类人群的融合体，还有各种不寻常的东西。"

这些方法还可以用来了解个人祖先的情况。鲁宾逊说："在我们的家族中，记录在案的祖先有苏格兰低地人、威尔士人、爱尔兰南方人和英格兰人。他们已经紧密地融为一体了，但是我非常想知道，是什么遗传因素导致了我的外祖父在20世纪20年代受到带有种族歧视色彩的辱骂。"

鲁宾逊对我说："他们吼道：'你的那只猴子哪去了？'因为我外祖父皮肤很黑，头发卷曲。在60年代他的头发已经白了，但是他是否长得很黑，而且祖先是不是那不勒斯人，是不是从东印度群岛驶往英国加的夫运煤船上的水手的后裔，我就不知道了。我只知道他名叫琼斯，对于其他的事我就一无所知了。”

也许还有很多方法可以解读DNA这本书，莱斯利和他同事的新方法不是取代，而是补充了老方法。即便是对整个基因组的分析方法日臻完善时，专业科学家和业余科学家还会找到更聪明的方法努力从Y染色体中挤出信息来。

第九章

DNA + 文化

历史不会重演，但有韵律。

——马克 · 吐温

2002年，佛罗里达州迈阿密大学会计学副教授托马斯 · 鲁宾逊，在一家名叫“牛津祖先”的英国公司接受了DNA检测，目的是了解一下自己的家族史，因为他对于自己的祖先知之甚少。几年前，他的一个舅舅对家族做了一番调查，发现他们的家族源自弗吉尼亚州。但是，鲁宾逊的父亲跟鲁宾逊爷爷的关系很疏远，因此，鲁宾逊对于父亲这一脉几乎一无所知。他只有一本记着他父亲家几个名字的家庭《圣经》。

鲁宾逊开始搜寻家族档案记录。经过数年坚持不懈的努力，他终于发现了一条线索，得知他父亲的祖先来自英国的湖泊区。他想知道通过DNA检测是否能使他的调查更有进展，所以就给牛津祖先公司送去了一份血样进行检测，以确定他的Y染色体的12个标记，这些标记可以为他的Y染色体在欧洲的发源提供一些线索。鲁宾逊还对他的家族DNA进行了检测，结果同他的Y染色体情况大致相同。

后来，他接到一个牛津祖先公司的代表打来的电话，说公司的首席科学家布赖恩 · 赛克斯，想同他谈话，因为“赛克斯有非常令人兴奋的消息要告诉他”。

鲁宾逊纳闷了："这家伙到底要谈什么？"他开始设想最坏的情况，最可怕的可能性就是他是希特勒的后代（鲁宾逊是金发碧眼），幸好结果并不是这样。

对于历史人物的后代，总是有一种难以抗拒的、非常引人注目的东西在吸引着大众。譬如：电影演员安娜·钱塞勒是简·奥斯汀的曾孙侄女，人们不会认为她长得不像她的曾伯母。人们还会问：希特勒的几个侄子的命运如何？据说他们还活着，就住在纽约的长岛，他们的日子过得怎么样？流亡在美国的本·拉登的孩子又是怎么生活的？在过去的十年里，报刊留出许多篇幅报道达尔文后代的状况。他的后代的生活真是五花八门，他有一个玄外孙女，名叫劳拉·海恩斯，皈依了天主教，现在是天主教护教士（劳拉还是经济学家约翰·梅纳德的曾孙侄女）。达尔文的玄孙克里斯·达尔文，在校时有个绰号叫"缺环"，因为他参加并主持了（在秘鲁的瓦斯卡兰山上举行的）世界海拔最高的聚会而名声远扬，他现在是一个从山上绕绳速降的导游，住在澳大利亚的蓝山上。2009年，他和姐姐参加了纪念达尔文《物种起源》出版150周年的活动，和一个电影摄制组追寻达尔文当年著名的猎兔犬号轮船航线的活动。当时，克里斯·达尔文对一家地方报纸的记者说："这一年达尔文的大多数后代过得都很忙。"在大约一百位达尔文的后代中，有一个针灸医生、一个小说家、一个专门研究加拉帕戈斯岛番茄种植技术的植物学家、一个生态学家、一个舞蹈家，还有三个人获得了骑士称号，还有一个正在电视剧《神秘博士》剧组里工作。

这个事件还提醒我们，无论那些引人瞩目的故事在哪儿出现，都有可能涉及商界。当然，对于历史，我们需要学习的东西很多，即便有些课题具有很多撩拨人心的潜在信息，处于某个领域的领先地位，或处于还不太确定的地位，它们也是在很坚实的科学基础之上提出来的。

从人们开始认识人类染色体，到能够通过染色体来发现与几个世纪以前的祖先有何联系，大约用了一百年。就在20世纪初叶，科学家发现在人体细胞的泡状物中有个细胞核泡状物，在其中，男人和女人各有23对染色体。在每对染色体中，一个来自母亲，一个来自父亲。

虽然男人和女人都有同样的染色体配对，但有一点不同：女人的一个染色体对是由两个X染色体组成的，而男人的一个染色体对中有一个X染色体、一个Y染色体，这个Y染色体决定了男人的本质特性。

既然只有男人才有Y染色体，那么，这个Y染色体只能是父子相传。还记得本·富兰克林的发现吗？从阿克顿的祖先托马斯·富兰克林开始，他家的五代都是单传。同他一起旅行的儿子威廉，也带有与托马斯相同的Y染色体。

长期以来，科学家们一直以为所有男性的Y染色体都是一样的，但是到了20世纪末，他们发现男人的Y染色体其实是有差异的，并且是可探寻的。有一点很清楚，如果观察一组Y染色体，就会发现这些染色体的差异分属于不同的模式。最令人激动的是这个模式可以当作历史记录来解读。

Y染色体有别于其他染色体的地方，是它会原封不动地由父亲传给儿子。一般来讲，在遗传之前，每一对染色体通常是不按次序组合的，一个染色体可能会与同伴交换一两个位点，形成某种重组。与其他染色体不同的是，这个Y染色体不介入这种重组程序，因为它永远是父与子的单传。这个Y的伴侣永远是来自母体的X染色体，但是这两种染色体的DNA是不相互融合的。

染色体的重组对于遗传的多样化和种群的健康是有益的。这就说明，当我们创造一个新孩子，父母两人各出一个染色体拷贝，这些拷贝是孩子祖父母的完美组合。但是Y染色体不具备起作用的基因，而且与其他染色体的关系不大，因此，这种缺乏重组性能的染色体对于遗传多样化起不到作用。

如果从历史的角度讲，我们会认为Y染色体不参加重组是最完美的巧合。也就是说，如果父亲的Y染色体和儿子的Y染色体出现差异，不是因为有别人的DNA也融入其中，而是因为在复制过程中出了差错。如果我们能够确认这些在复制中出的差错，并把它们同其他许多不同的染色体进行比较，我们就能画出一幅Y染色体树形图，并顺着男人的支脉，从儿子到父亲，从现在到过去，一直深入下去。这个过程自古有之，早在人们懂得写出生证明，或者在家庭《圣经》上记录孩子的名字以前就有了，甚至在发明文字之前就有了。

有两种Y染色体的差错对于历史研究特别有意思，一种是有时候DNA中的一个符号在复制时出了问题。这种错误极为罕见，追寻这种变异的科学家实际上是在千万年的过程中探索出现的变化。另一种差错是一群符号偶然发生重复，一个G-A-T-A的程序有可能错误地复制为G-A-T-A-G-A-T-A。在多数情况下，这种短串联重复序列不会对染色体的功能产生影响，但是当你把相关的人的短串联重复序列进行比较时，这种重复可以用作标记来估计一个共有的祖先生活的年代。（预知导致一系列后果的短串联重复序列样例，详见第十四章。）

如果这个短串联重复序列的携带者生了一个儿子，这种重复还会在他儿子的Y染色体里有同样的拷贝。在代代遗传的过程中，这个重复拷贝的携带者会把这个遗传有误的程序传给他的儿子，你可以顺着这个重复的痕迹追寻到最早的重复拷贝携带者，这对于追寻生活在800年前的人提供了便利。

还有一个有点像神话故事的有关男性血统生理标记的说法：家里第七子所生的第七子在神话故事里是个幸运儿，而且在西方历史中，男性遗传路线在家族里确实很有影响力，因为家族的继承人总是要选择男性。奇怪的是，母亲也有着特别的遗传标记，但不是人类基因组的一部分，而是在线粒体中发现的，这些标记是在细胞核的泡状物和它的外层之间的空间里浮动的标记。这些线粒体，通常被称为细胞的发电站，就像便于使用的小机器，是一个单细胞生物组织的剩余部分，而且存在于很久以前的祖先细胞里，即所有的菌物、植物和动物。线粒体有自己的DNA，是由母亲的卵子传给孩子的。这说明每个人都带有与自己母亲同样的线粒体DNA，但是只有女儿能把它传下去。你的母亲、外祖母和曾外祖母的线粒体DNA（你可以无限地往前推），会永远在你的细胞中打上烙印。

当你思考整体基因组这个谜题时，Y染色体和线粒体DNA几乎是极有信息量的DNA块。看一看你的祖先树状图吧：从父母到祖父母，又到曾祖父母，再往前追溯几代人，当你追寻到10代祖先时，你在你的家谱中就会发现有2046个人存在过，他们每一个人（除去突然消失的人）都无疑对你的存在和你的家族基因组作出过贡献。

这个基因库非常巨大，常常会使人感叹道：在这么多代人的结合中探寻某个单一的基因，简直是不可能的事！但是Y染色体和线粒体DNA在历史中是顺着单一线路遗传的，是可以追寻得到的，自古以来就遵循父子和母子相传的路径。除此以外，Y染色体和线粒体DNA还能告诉我们什么呢？

在佩米格瓦塞特河东支流清冽的水域旁，周围是各种颜色的树木，有的金黄，有的火红，有的碧绿。树林中支着一顶顶帐篷，在帐篷顶上，五颜六色和各种条纹的旗帜在微风中飘舞。这里正在举行新罕布什尔州高地运动会。每一顶帐篷都骄傲地展示出一个氏族的姓氏，譬如麦格雷戈家族、麦克杜格尔家族，还有斯图尔特家族。在锦标赛场上，牧羊人在角逐，他们朝着热切待发的边境牧羊犬吹口哨，这些牧羊犬非常专业地围着障碍赛场上奔跑的羊群不断地狂吠。解说员在为观众讲述着牧羊犬的纯正血统，有些犬是血统名贵的公犬。

在秋天的阳光下，同我聊天的是唐纳德·麦克拉伦，他也是麦克拉伦和阿克雷斯凯恩氏族的族长。他一边喝着威士忌，一边吸着粗大的雪茄烟。在他的贝雷帽上，十分招摇地插着三根金色的苍鹰羽毛。麦克拉伦很健谈，也很有魅力。如果你第一次见到他，很难想象他在退休之前是个英国外交家，但是，你一旦知道了他的这个身份，你就会觉得这是理所当然的，因为他很有外交风度，只要他一出现在家族的帐篷里，就会被人围住。来自各地的麦克拉伦家族的人同他谈话时都很激动，话题总离不开酒，开玩笑还是关于酒。

在这个新世界里，我们这些没有家谱记录的人，或者说起码是没有看过自己家谱文件的人，很享受那些带有过去行将结束意味的仪式。苏格兰短裙、佩剑、背叛和王冠都已成为历史，而时间已走到今天。通常来说，我们知道自己的祖先生活在中世纪的早期、中期和晚期——这是必然的——但是在这个新世界里，所有通往历史的大门都关闭了。那么，这一切是清晰的观念还是现代主义思潮？

麦克拉伦家族很久以前是一个皮克特-苏格兰族群，后来采用了一个普通的氏族姓氏：拉博兰，这个姓氏来自一个生活在13世纪早期的名叫拉博兰的族长。但是他们把祖先追溯到了5世纪苏格兰达尔里阿达的一个统治者——厄尔克王，这个王国已经标在了斯蒂芬·莱斯利的地图上。厄尔克王有两个儿子——洛恩·莫尔王和弗格斯·莫尔王，唐纳德·麦克拉伦是洛恩·莫尔王的后代，当今的英国女王是弗格斯·莫尔王的后代。这说明，如果从50代以前论起，女王和唐纳德还是表亲呢。可唐纳德说他从来没主动认过这门亲戚。

虽然唐纳德没有官方职务，可以像一些苏格兰族长一样，不必理会氏族事务，但是他在很年轻的时候就承担起了族长的职责，到北美访问过麦克拉伦家族的遥远分支。退休以后，他多次领导了麦克拉伦家族的庆祝活动。如今的氏族庆祝活动比以前有趣多了。几个世纪以来，古代苏格兰部落相互争斗，最高领主争权夺势。部落之间的分歧经常用武力来解决，可怕的背叛和丢掉性命是常见的事。同唐纳德一起浏览历史，就如同走进美国作家乔治·马丁所著的《权力的游戏》中的世界。

从12世纪初开始，苏格兰王国就开始在氏族当中实施封建制度。虽然国王试图维护权威，但是氏族们长期处于没有法制的野蛮状态。唐纳德说："那是地狱般的时期，高地处在极其混乱的状态。氏族们有'火与剑的特许状'，如果你向王国政府申请，他们也会授予你一张，有了这张特许状，你就可以用战火把敌人赶出家门。那时候，经济全面崩溃，穷人无家可归，人们自暴自弃，四处盗贼蜂起，甚至互相杀伐。"

后来，苏格兰王国政府要求所有氏族为自己的土地正式申请所有权，但麦克拉伦氏族拒绝了。这样一来，土地就不归麦克拉伦氏族所有，他们也就变成了王国政府的土地承租人。1672年，苏格兰议会又发布法令，命令所有氏族正式登记其纹章盾徽，麦克拉伦氏族又没有服从。因此，他们真的成为既无首领又无土地的部落了。几个世纪以来，他们陷入了地方的和全国的战争之中，遭受了重大损失。尤其是在16世纪，他们的伤亡最大。多年来，麦克拉伦氏族为詹姆斯四世作战，陷入灾难性的战争。正当他们试图从战争中解脱出来、休养生息的时候，一个敌对的氏族——麦克格雷戈尔氏族，对他们两次发起突然袭击。第一次是在1542年，他们在夜间突然从黑漆漆的树林里冲出来，杀死了麦克拉伦氏族的27个人，包括女人和孩子。16年以后，他们又对麦克拉伦氏族发起了袭击，残杀了16户人家，烧毁了他们的房子，并夺走了麦克拉伦氏族的土地。

就在这时，世界范围的氏族大迁徙开始了。有一段时间，苏格兰的氏族遍布全国，后来他们向欧洲大陆迁移。当时，有两个麦克拉伦的家族发展非常顺利，家族的长辈加入了瑞典军队，他们的纹章盾徽登入了瑞典贵族名册。在18世纪和19世纪，苏格兰人开始向北美洲、澳大利亚和新西兰迁移，很多人摆脱了不幸的生活。

直到1957年，这个氏族的族长纹章终于正式得到确认。唐纳德的父亲出示了他所收集的证据，来证实他就是最后一位麦克拉伦氏族族长的后代，他把这些证据交给了爱丁堡纹章院主管法院，这是苏格兰授予爵位和管理纹章的权力机构，并以严密的审判著称。这个法院裁定唐纳德的父亲的确是公认的最后一位麦克拉伦氏族族长的后代。当他获得了族长职位以后，他又获得了在贝尔克希德的属于麦克拉伦氏族的土地所有权，这些土地是在几个世纪以前失去的，包括著名的克里格图伊克，这是很久以前麦克拉伦氏族集会的地方。唐纳德的父亲在1966年去世，他的三根金色羽毛传给了11岁的儿子唐纳德，唐纳德现在是氏族第25代族长。

在高地运动会上，我还见到了这个氏族的家谱学家鲍勃·麦克拉伦。鲍勃长得就像是穿上格子呢苏格兰短裙的圣诞老人。在2004年退休前，鲍勃是一家工程与制造公司的高级科学家，他为麦克拉伦氏族建立了姓氏遗传研究项目。在高地运动会上，他把几位客人接到帐篷里，客人中有一对年长的夫妇、一位参赛对手氏族的成员，还有一位手腕上刺有文身的女人（用苏格兰盖尔语刺的“我亲爱的”）。他不知疲倦地、耐心而热情地为客人讲述着麦克拉伦DNA研究项目的情况。他说，这个工程有850多位成员，其中有754位对自己的Y-DNA进行了检测。实际上，这个研究项目是世界上最大的、发展最快的Y-DNA研究项目。

Y-DNA研究项目的主管与18世纪的自然历史学家卡尔·林奈和他的学生有许多共同之处——他们都是对动植物进行考察的探险家。他们广泛收集样本，然后设计分类法对样本进行细致的描述和分析。鲍勃鼓励氏族里的人去分析自己的DNA，然后确定他们之间的共同点和不同点，以及造成这些不同点的原因，以便弄清楚这些Y染色体的携带者之间的关联。

鲍勃还是位技术精湛的业余研究人员，他和项目主管不仅领导私人的科研项目，而且还改革科研方法。他们多年来为Family Tree DNA公司工作，这是第一家推广Y-DNA检测的公司，他们的工作是设计检测程序，使其尽可能多地包含信息。

这个公司经营的第一份检测项目是分析Y-DNA的12个位点，计算每一个位点中出现过多少次短串联重复序列，公司的第二个检测项目是检查附加的13个位点。这两种检测最终可以对历史给出比较低端的解读。很多人的Y 染色体25个位点都可以很好地互相对应，但是其机制尚不明确。兄弟、父亲、儿子和远房的堂兄弟都可能得到同样的结果。鲍勃跟我说，不仅仅是位点的数量不够，而且这些位点对于追寻血统没有提供有益的帮助。

其实，选择检测Y染色体的25个位点的原因，只是因为科学家已经研制出把它们分离的工具而已。遗传学家创造出了合成的底层材料，一种附着在前后的简短重复的酶，而且，每一个不同的位点需要有它自己的酶。

鲍勃和他的位点主管们在寻求更好的观念，鲍勃说：“我们想方设法使家谱的DNA给我们提供更多的信息。”公司把要检测的短串联重复序列的数量提升至37个，而且在选择附加的12个位点时更为细致，集中分析那些变化更快的短串联重复序列。因为它们更有可能发生变化，如果两个Y染色体在这些地方相互吻合，那么就可能共有一个更近的祖先。

鲍勃说：“现在，如果你与某个人在全部37个位点上是一致的，那你肯定会有重大发现。”在这个检测中，相同位点多的人肯定共有一个祖先，并且他们很可能比相同位点少的人更接近共有的祖先。然而，一段时间过去了，当参加检测的人越来越多时，就有越来越多的人在37个位点的检测中相匹配。几年以后，他们设计出了有67个位点的检测方法。

有两位接受检测者在37个位点上相互对应，他们听说他们可能共有一个祖先，但是与他们相隔的年代不是很近。但是鲍勃说，如果他们在所有的67个位点都相互对应，那他们共同的祖先就离他们近得多。最近，公司推出了包括111个位点的检测项目。

因为鲍勃·麦克拉伦的研究项目，我们了解到麦克拉伦家族存在很多不同的Y染色体。这并不奇怪，因为人们可以通过生育、婚姻或者领养等渠道成为这个氏族的一员。鲍勃给我展示了麦克拉伦氏族的Y染色体电子数据表，他认为其中有些是古老的苏格兰血统。他解释说，创建这个Y-DNA分类表的目的是帮助人们了解自己的家谱，而不是要把人包括在这个氏族之内或排除在外。

至于说族长唐纳德，记载着他同17世纪的祖先相联系的文件是很有说服力的证据，但也仅仅是线性证据。然而，鲍勃的分析看起来同爱丁堡纹章院主管法院的裁定相一致。鲍勃说，这位族长的Y-DNA检测结果“把他包括在相互关联的麦克拉伦家族之中，但对大多数家族成员来说，这种关联属于比较古老的苏格兰血统”。在鲍勃的项目中有很多人属于这一群体，他们拥有相似的Y染色体短串联重复序列，但也有足够的差异说明他们共有的祖先是很早期的祖先。

鲍勃说：“没有一个单一的Y染色体短串联重复序列能够显示唐纳德与氏族建立联系的年代，要想找到这个答案，我们必须搜集一组简短重复。有一个简短重复与其他样例都不一样，但是我需要其他样例来印证这一点。”

当我问到他对Y-DNA检测的看法时，他说：“这是一个补充我们已知信息的绝妙方法。”说着他就笑了起来，然后接着说道：“如果我认为我是美国小说作家辛克莱一类的人物，我可能就不会进行这个检测了，但是这个氏族的遗传学家请我来做这事，我还是非常高兴的。”

是不是只有一个氏族才共有一组相同的Y染色体呢？有同一姓氏的群体有没有相同的Y染色体呢？

姓名是具有很强象征意义的标记，能告诉我们传统意义上最重要的东西：名字是独特的身份标识，也是祖先的标识。我们的名字里有父亲的姓氏，还有他前人的姓氏。当然，姓氏还有一些实际用途。例如，在20世纪初，据说在蒙古国政府禁止使用姓氏以后，意外的乱伦事件增多了，这可能是因为人们在做爱时不知道他们有亲缘关系的缘故。后来的政府恢复了姓氏的使用，当时的蒙古国总理还宣布，家族姓氏的使用降低了犯罪率，提高了人们的社会责任感。（让人哭笑不得的是，当时人们担心有一大批蒙古人已经不记得自己家族的姓氏了。当然，掌握了人民的家族姓氏和亲缘关系，更有利于国家管理。）

姓氏在中国的历史最长，可以追溯到大约5000年前。在英国，姓氏大约有700年的历史，但在15世纪（也可能更早）才形成祖传姓氏的制度。一个世纪之后，姓氏在苏格兰也可祖传了。在爱尔兰，姓氏的历史更早，大约是在700年前开始的。但在荷兰，人们在200年前才开始使用姓氏。在土耳其，人们是在20世纪初叶才开始使用姓氏的。爱尔兰是仅有的保留老式父姓传统的欧洲国家，这个传统在其他很多国家都废弃了。在这个传统中，必须把父亲的名字附在“儿子”或“女儿”的名字后面，因此，一个家庭的姓氏每一代都有变化。例如：Axel Stefansson是Stefan的儿子，Axel的儿子Baldur的全名就是Baldur Axelsson了，这里的“son”是“儿子”的意思。在英语中，像Johnson这样的名字（即便是Johns）也是源于这个传统。

很多姓氏是按照职业起的，譬如：Smith与“铁匠”同音，Wright与“工匠”同音，Sawyer与“锯木匠”同音。还有的姓氏源自绰号或者昵称，如Redhead，就与“红脑袋”同音。还有的姓氏是根据当地的地形地貌或者地名起的，如York（约克）、London（伦敦）、Lake（湖泊）、Townsend（城镇派送）等。还有一些姓氏多出现于某一个特定的地区，据说在东安格利亚，有很多姓氏源于中世纪时代地方上举行的盛装游行。如果一个演员以他在话剧中饰演的角色闻名，譬如Herod（很多国王的名字），或者古埃及的法老，他们很可能就姓King（国王）或Farrar（法老）了。

在文化的桥梁下面，姓氏的河水一直在向前奔流，但是姓氏的使用仍然受到源头的影响。对于很多姓氏来说，始终有一个“地缘关系”，也就是说，一个姓氏起源的地方仍然是姓这个姓氏的人口最多的地方。在英国，苏格兰人和威尔士人的姓氏清楚地将两个地区区分开了，而苏格兰人与英格兰人的姓氏界定的地区更是泾渭分明。古老的威尔士姓氏是沿着威尔士的地理边界开始进入英格兰地区的。

当人们很清楚地认识到Y染色体是顺着男性的脉络遗传时，研究人员就开始对姓氏与Y染色体是否有关联产生了兴趣。但是，也有很多人对于能否用研究基因的方式来研究姓氏表示怀疑。毕竟，姓名也同普通词汇一样受到语言和方言变化大潮的影响。

但是姓氏有没有字面意思呢？当然有。姓氏源于语言，词汇产生姓氏（如铁匠、湖泊、山坡等等，都变成了姓名）。姓氏与词汇具有相同的作用。但是词汇一旦变成了姓名，从某种意义上讲，其意思就有了限定，它们作为简单名词的使命也就完结了，不再受普通语法的制约。因此，虽然姓氏可以被任何人使用，但是它们从此有了特定的主人。

诚然，方言和姓名都与地理有着很紧密的关联，但这两种关联是不一样的。这种关联一直被比作孩子所穿鞋子的尺寸和孩子的阅读能力之间的关联，两者联系的基础只有孩子的年龄，除此之外，鞋的尺寸和阅读能力就一点关联也没有了。在荷兰进行的一项研究表明：姓氏不受方言变化的影响，也不根据语言的规律变化，姓氏按照自身的规律变化。姓氏与生理特征有关联吗？它可以追踪Y染色体吗？

公元902年，一大帮以英格蒙德为首的北欧海盗被驱逐出都柏林之后，定居在了英国西北部的威洛尔。北欧海盗的到来是重大的历史事件，大量与海盗有关的珠宝、武器和墓碑在当地出土。而且，这里的许多地名也是源自挪威，譬如，特兰莫尔（意思是“鹤的沙岸”），米奥斯（意思是“沙坝”），还有一个村庄名叫辛格沃尔，是当年海盗集会和开会议事的地方。比邻的西兰开夏郡也有同样的挪威文物和地名遗迹。虽然北欧海盗入侵英国的来龙去脉已经无法考证了，但海盗的入侵对于当地的文化具有明显的影响。这些海盗与当地人养育后代了吗？他们和当地的居民是共同生活还是分开生活？

要想找到答案，就必须研究当地人的Y染色体，因为海盗都是男子。然而，虽然以英格蒙德为首的海盗是一个很大的群体，但是后来还有其他大帮的海盗入侵，再加上从爱尔兰和其他国家来的大量移民，你又如何从这些群体中寻找某一个Y 染色体呢？如果研究人员从威洛尔和西兰开夏郡的大街上随便找来50名男子，然后分析他们的Y染色体，恐怕什么也不会发现，因为这些人很可能是一年前才来的，也可能他们的祖先早在一千年前就来了。假如说在英格蒙德时代有某个信号存在，这个信号也早就淹没在后来移民发出的噪声里了。

好在研究人员没有采用随意取样的方法，而是决定在这个地区长期居住的家族中寻找样例。另外，他们还对中世纪起就存在的男子姓氏进行了研究。最理想的情况是这些研究人员能从海盗的传奇故事中，列出一份海盗名单，然后同威洛尔和西兰开夏郡还姓这些姓氏的人进行比对。但是在这些传奇故事写成时，海盗的姓名还没有被普通人采用，而且英语姓氏是在七百年前才形成的。要想探究威洛尔和西兰开夏郡海盗时代的社会构成，必须追寻尽可能久远的年代，希望可以追踪到起源于几百年前的家族，那个时候人们刚刚开始采用姓氏。

研究人员从记载着14世纪初叶和16世纪初叶社会的文件中发现了几组威洛尔人和西兰开夏郡人现在仍在使用的姓氏，比如巴克、贝克、布谢尔、夏洛克等，还有一些不常见的名字，比如比尔斯博罗、伦特、托蒂、克兰博利霍姆等。研究人员还设立了一个对照组，这个组的成员没有中世纪姓名，但是祖父一脉是出生在本地区的人，研究人员从中也发现了遗传的痕迹。

这项研究发现于两组群体中，的确有不同类型的Y 染色体存在，而且在中世纪姓名的样例中，有一半Y染色体可以追溯到挪威人的祖先。这些研究结果不但显示出当时有海盗和当地人通婚的现象，还明确地证实了一千多年前的海盗入侵对于今天的人口结构仍有极大的影响。然而，对于现代对照组的Y染色体，挪威人的影响不大，事实上他们中有许多人的祖先也很有可能来自北欧海盗群体。但是通过对采用中世纪姓名的男子的集中分析，研究人员更为准确地找到了英格蒙德海盗团伙和同时期西兰开夏郡人的后裔。

研究人员还把这个群体同比邻的柴郡中部的人进行了比较。柴郡离西兰开夏郡很近，且没有海盗的遗迹，也没有与挪威有关联的地名。研究显示柴郡中部人群的Y染色体不太可能是北欧人的Y染色体。

在一个类似实验中，来自都柏林圣三一学院的研究人员调查了爱尔兰岛人口的Y染色体，并发现它是非常单一的染色体。为什么爱尔兰人的Y染色体如此相像？一个原因是在基督教传教士圣巴特里克到来之前，爱尔兰人是不和外族通婚的。当然，天主教无疑对当代的爱尔兰文化和人口具有很深的影响，但是这个国家的大部分基因组仍带有5世纪非天主教军阀的痕迹。

都柏林圣三一学院的研究人员还对“九人质”尼尔国王进行了探究

（因为尼尔常常通过绑架其他族长亲戚的手段来强迫他们合作）。为了巩固权力，他生了很多孩子，这是人所共知的事实，也是当时的风俗。2005年，圣三一学院的研究人员发现这个国家西北地区17%的男子都携带有相同的Y染色体。因为这个Y染色体现在分布的地域就是当初尼尔统治的地域，因此研究人员认为这个Y染色体可能是尼尔遗传下来的。他们把检测对象的范围缩小到了59名姓氏源自尼尔氏族的男子（这些姓氏有唐纳利、奥唐纳利、奥加拉格尔、奥多尔蒂、弗林、伊根、鲁尔克等），发现这个假定的尼尔Y染色体在这个组群里出现的频率特别高，而且还可以追溯到1700年前，这正是尼尔生活的年代。

尼尔的Y染色体在那个时期的社会习俗中广泛传播。另外，在爱尔兰，几百年来离婚和一夫多妻制为社会所接受，甚至在这个国家信奉了基督教之后也是如此，这使得尼尔的男性后代可以把他的Y染色体四处传播。据一则有名的轶事说，在15世纪初，尼尔的一个后代特洛·奥唐纳尔和十个女人生了18个儿子，这些个儿子后来生了59个儿子。爱尔兰19世纪大迁徙的规模很大，而且尼尔的Y染色体在大迁徙时又广泛传播，所以人们认为在世界范围内，可能有二三百万个男子可以把他们的Y染色体追溯到尼尔。

研究人员开始将姓氏作为指标来衡量19世纪后期人们的亲缘关系。在几年里，他们对一个人口群体内的近族通婚情况进行了估算，并较有成效。在20世纪70年代，来自蒙特利尔的一个医生证实了人的Y染色体与姓氏是有关联的。他把一个现代法裔加拿大男子及其大家庭中的Y染色体变异追溯到了几代以前的同姓先祖。直到21世纪初人们才证实，重复出现的基因片段可以沿着姓氏一代代往前追寻。在最早检测短串联重复序列的Y染色体与姓氏的实验中，研究人员在2000年发现了一种特定的Y染色体，它在具有爱尔兰人姓氏的爱尔兰男性群体中很普遍，但是在具有英国人姓氏或非爱尔兰人姓氏的爱尔兰男性群体中却很少见。

自从男性染色体和父系姓氏的关联确定以后，人们很清楚地认识到，由于历史会对姓氏产生影响，历史和生理条件也会对Y染色体的出现产生影响，因此它们之间并不是单一、直接的关系，而是有多种不明显的、多变的关联模式。例如：如果你打算调查没有被现代移民中断的古老姓氏与Y染色体的关联，你最好去农村地区进行调查，因为那里的人不经常移入城市社会。但这并不是说从姓名中你了解不到城市的特色，譬如，几百年来，人们从世界各地往伦敦移民，这就使得伦敦人的姓氏最具多样性。

最令人感到奇怪的是，Y染色体/姓氏的模式在不同的国家并不相同。在英国，一般来讲，两个同姓人具有相似Y染色体的可能性是很大的，而且很有可能有一个共同祖先，这种可能性远远大于两个异姓人。但是，也不尽然：Y染色体的相似性取决于这个姓氏在群体内的普遍程度。譬如，如果你姓史密斯，那么上述结论就不适用。

在英格兰，人们经常会以“史密斯”作为自己的姓氏——所有根据职业采用的姓氏都是如此。一位史密斯先生与另一位史密斯先生共有同一条Y染色体的可能，并不会高于他和一位不姓史密斯的人共有同一条Y染色体的可能。尽管史密斯毫无疑问是英国最为常见的姓氏，但其实任何一个超过一万人的姓氏都属于和史密斯同样类型的姓氏。（譬如，金、布雷、斯特德，等等。）毫无疑问，如果人们现在才开始使用姓氏，那么，史密斯将成为一个更为罕见的姓氏，也许我们会遇到更多名叫约翰·安娜利斯特（Analysts，与“分析者”同音）、杰克·拉尔特（Realtors，与“房地产经纪人”同音），还有苏珊·黑客斯（Hackers，与“黑客”同音）的人。

除了史密斯（使用这个姓氏的总共有60万人）这个名字以外，其他很多名字就不太普通了，实际上，有许多姓氏还非常独特。这是有各种生物和文化方面的原因的，但其中最简单的原因是该姓氏仅有单一的起源，也可能是因为父系人丁不旺。假如说，在中世纪有一个名叫约翰·约翰逊的人生了十个儿子，可是他的邻居比尔·比尔森只生了一个儿子，如果这个小比尔森长大后只生了十个女儿，没生儿子，那就意味着这个Y染色体和比尔森这个好名字的生命到此结束。

在英国，一个姓氏越是不常见，两个同姓男子就越有可能共有相似的Y染色体，姓氏和Y染色体之间的联系就越强。有很多姓氏有这个特点，例如韦利特、蒂茨马什、阿藤博勒等。其中姓阿藤博勒的人最具同族性，姓这个姓的人中有87%是同一个人的后代，并具有同样的Y染色体，而它在其他人群中出现的比例只有1%。

在上述情况下，一个人的姓氏与他的Y染色体的关联是非常强的，以至于可以用于英国许多尚未侦破的谋杀和强奸案件中。如果从作案现场发现了一个人的Y-DNA样例，但是不能确定谁是嫌疑人，那么可以把这个Y染色体的数据同Y 染色体和姓氏匹配数据库进行比对，然后会产生携带有该染色体的姓氏名单，这样就大大缩小了嫌疑人的范围。

在爱尔兰，两个同姓人共有同样的Y染色体短串联重复序列的可能性是两个非同姓人的30倍，而不论这个姓氏的普遍性如何。例如：姓瑞安的人大约占爱尔兰总人口的1%（姓史密斯的人占英国总人口的1.3%），但是，两个都姓瑞安的人具有相同Y染色体的概率是两个随意请来检测的人的47倍。

尽管有6万个姓瑞安的爱尔兰人，但是研究人员认为他们中有很多人具有同样的Y染色体，因为在人们开始使用姓氏的时候，只有几个，甚至可能只有一个人姓瑞安。这可能说明在现代的爱尔兰，大多数姓瑞安的人是这个祖先的后代。姓奥沙利文、奥尼尔、伯恩斯、肯尼迪的群体也分别都有一个占据主导地位的Y染色体。

姓凯利和姓墨菲的人，情况与姓史密斯的人相似。虽然随意找来两个都姓凯利的人共有一个相关Y染色体的可能性，是一个姓凯利的人和一个不姓凯利的人共有一个相关染色体可能性的4.5倍，但是在姓凯利的群体中有很多人的Y染色体不一样，姓墨菲的人也是如此。这是因为这两个姓氏在这个国家的早期历史中更为普遍。姓麦克沃伊的人明显地有两个重要祖先的Y染色体，这是因为当这个姓氏被英国化时，有两个古老的家族在同一旗帜下被吸收了进来，一个是Mac Fhiodhbhuidhes，另一个是Mac an Bheathas，于是，两个家族同归麦克沃伊这个姓氏了。历史还证实有三个正式的爱尔兰姓氏，即麦克吉尼斯、尼森和麦格雷史，都是从同一个盖尔人的名字Mac Aonghusa（意为安格斯之子）被英国化而得来的，据DNA的证据表明，姓这三个姓氏的人都有同一个Y染色体。

在英国和爱尔兰，姓氏的分布模式是在人们发明姓氏的境况中产生的，但是在美国，几乎所有的姓氏都是由外国移民带来的，原住民姓氏除外。然而，在新世界，移民的模式和街区的形成可以通过当地居民的姓氏来源进行解释。在没有其他信息的情况下，你可以对美国、澳大利亚和加拿大现代大部分人口的祖先进行合理的猜测，他们的祖先肯定是英国人，因为这三个国家最为普遍的姓氏都是史密斯。

在高地运动会上，我认识了格利尼斯·麦克哈格·帕特森，她是麦克拉伦家族的一员，也是一名McHarg/McHargue Y-DNA项目的管理人员。

几年前，一个住在加拿大的名叫麦克哈格的人同她取得了联系，请她帮忙查询自己的出身。这个人出生在田纳西州的诺克斯维尔市，他只知道他的祖父就住在这个城市里，除此之外他对自己的家族就一无所知了。格利尼斯通过人口普查档案记录找到了他祖父的名字，并且通过父系找到了在1850年住在田纳西州山区一个小城镇里的安·麦克哈格女士。但是线索到这里就中断了，她没有找到安·麦克哈格女士丈夫的遗迹，这位失踪了的麦克哈格先生在哪儿呢?

通过进一步调查，格利尼斯听说根本就没有这么一位姓麦克哈格的男性，因为安从来没有结过婚，麦克哈格是她的娘家原姓。格利尼斯建议那个姓麦克哈格的加拿大人做一次Y染色体检测，但是他不会同McHarg/McHargue Y-DNA项目有对应线索的，这当然是因为安·麦克哈格女士是不能遗传Y染色体的。但是，他仍然可能找到有关他父系来源的线索。

这个人接受了检测，而且格利尼斯说得对，他无法同McHarg/McHargue Y-DNA项目相对应。但奇怪的是，格利尼斯找到了两个67/66模式的对应标记，并通过另一家家谱的DNA姓氏项目发现了一个名字：比布尔。格利尼斯又回去查询档案记录，终于发现了与安·麦克哈格女士相隔两个门的邻居就叫比布尔，而且还有一个17岁大的儿子。她建议这个加拿大人与比布尔姓氏项目的管理人员取得联系，并进行咨询。

过了不久，线索找到了。这个加拿大人的Y染色体的确是比布尔的染色体，而且这个项目的管理人员非常了解这一家的家族史，他证实了那个17岁的邻居比布尔就是那个加拿大人的先辈，他很有女人缘，即便是现在，他的名声也是人所共知的。

确认了同比布尔的关联，意味着这个加拿大人不但了解了自己家族父系一脉，而且由于同比布尔项目取得了联系，因此他就能够更深地了解他的家族史了。格利尼斯说，这位麦克哈格先生兴奋到了极点。格利尼斯还说，家谱的侦查工作包括“家谱学、遗传学，还有……纯粹的好运气”。

自从我开始同调查个人过去的侦探接触以来，我听到了好几个故事都涉及当事人早年的邻居，他们与无法追踪的非婚生子的案件有关联。家谱学家很委婉地把这种事叫作“父系不明事件”。到底有多少人是非婚所生？在很长的一段时间里，非婚生育率在每一代人中占10%，这个数字曾经被用来表示家谱学缺乏科学性。基于鲍勃·麦克拉伦自己对Y染色体的研究，他认为这个数字太高了，而且调查Y染色体与姓氏的连接模式的学术研究人员也认为这个数字的确太高。其他几项研究也有相同的看法，他们一致认为，确切的数字应该在5%以下，接近1%。这个数字虽然很低，但其长期的影响仍然很大，尽管如此，这也不足以说明档案文件的整理缺乏科学性。

由姓氏和Y染色体组合而成的模式还处在研究阶段，有一些不同的社会和生物因素还有待排除。即便是在同一个姓氏群体中，绝大多数人都有一个同样的Y染色体，这个染色体也不一定就是第一个采用这个姓氏的人。即便是在这个姓氏被采用之后，经过世世代代的繁衍，终于成了一个大姓氏，几百年后，其他Y染色体仍有可能传入到这个家族中来。例如，姓阿藤博勒的群体只有10%的可能性是源自最早的阿藤博勒先生的Y染色体，这个姓氏更有可能出自年代更近的、更有影响力的新成员。

研究人员发现，在爱尔兰，即便是在同一个姓氏群体中只有一个主要的Y染色体，接受检测的人也只有半数具有这个染色体。这就说明，所有的姓氏群体都是由不同的Y染色体组成的。历史中诸多的动态因素，如经常变化的地理环境，也影响着人们的生活。另外，收养、未婚生子等其他因素的相互作用，也影响着姓名和Y染色体的历史进程。

这个规律还适用于其他染色体。一旦你开始探寻由基因组中一个位点形成的模式，你就会发现尽管染色体是以整块的形式遗传的，父母双亲各传输23个染色体，但是这个染色体中较小的DNA位点可能分别在位点之间移动。线粒体DNA 同Y染色体是一样的，因为母亲的线粒体DNA是不能同父亲的线粒体DNA再组合的，因此，父亲的线粒体DNA不再传递，而母亲的线粒体DNA仍要遗传给她所有的孩子。如果她有很多女儿，她的线粒体DNA从此就会广泛散播。

X染色体的遗传历程也是很独特的，如果一个女人的儿子生的是女儿，那么，这个女人的X染色体就要进行一次有趣的隔代跳跃。我的儿子从我这里得到X染色体，是我的父母遗传给我的X染色体组合。如果我的两个儿子中有一个将来生了女儿，他就把他的X染色体传给了她，这个染色体不再重新组合。别忘了他的这个X染色体是和Y染色体结为一组的，Y染色体不再重组，因此，对于这一代人来说，X染色体的行为有点像Y染色体。

我将来的那个孙女，我们权且叫她特里克西吧，将从她父亲那里得到一个X染色体，又从她母亲那里得到一个X染色体，这时，那个隔代跳跃就出现了。特里克西从她母亲那里得到的X染色体是特里克西母亲的父母染色体组合，但特里克西从她父亲那里得到的X染色体则是父亲的外祖父母染色体的组合，这使得特里克西更像她父亲那边三代以前的人，而不像是她母亲那边三代以前的人。换句话说，就是特里克西的祖父对于她的X染色体没有贡献。

从这三个不同DNA片段主导的人类个体生活中，我们得以瞥见细致的社会发展进程和基因的交汇融合过程，它们一起构成了世界遗传史，迫使我们对人类之间何其相似又何其独特的问题进行思考。总而言之，所有这些都充分说明了我们的人生在历史长河中是多么短暂。基因的流动就像一条大河，而个人的生活就像河水中的小小漩涡。当一个漩涡出现时，水流会有一微秒的停顿，我们这些来源不同、由许多微小水滴组成的漩涡转瞬即逝，而河水则继续向前奔流，那些微小水滴也在其中，只是我们这些漩涡不再与它们同行了。

除了Y染色体和X染色体，基因组的其他部分叫作常染色体。这22对染色体在传递之前还要重组。由于科学家们已经研究出了不同的常染色体分析方法，因此越来越多的普通人开始获知自己身体中常染色体的秘密，并且了解了有关人类网络的整体样貌。

第十章

DNA碎片

温故而知新。

——孔子

1999年的冬天，凌晨两点钟，斯科特·伍德沃德家里的电话铃响了，他立刻跳起来去接电话，打电话的是一个老人，他问："这是斯科特·伍德沃德的家吗？"接着又问："你了解DNA吗？"斯科特·伍德沃德是杨百翰大学分子遗传学的教授，家住犹他州，四个儿子都十几岁了。那个打电话的人说他名叫詹姆斯·莱沃伊·索伦森，犹他州人，曾经去挪威探寻祖先，想了解一下他同自己的家族史有什么关联，但是进展不大。他打电话的目的是想知道伍德沃德能否把挪威所有人的DNA检测并分析一下，如果可能，需要多少费用。

伍德沃德是一个比较悠闲的人，他说他得考虑一下，过几个星期再给索伦森打电话。伍德沃德回到实验室，费了很大劲才找来几个同办公室的人，告诉了他们索伦森的事，并且问道："你们说这家伙是认真的吗？"这几个人回答说："听说他净干荒唐事。"据了解，这个索伦森是犹他州的首富，也是世界富豪榜上的常客。他开了32家不同行业的公司，持有60项个人专利，他这一辈子挣了十亿多美元。人们普遍认为索伦森的项目往往涉及耗资巨大的发明，有时候还能赚取很大利润。其中一个是他在20世纪50年代发明的一次性外科手术用口罩。

于是，伍德沃德开始考虑索伦森的请求。检测挪威每个人的DNA需要多少费用呢？挪威有多少人口？怎样才能收集到每个人的血样？这得需要多少血样？这些都是非常要紧的问题，但是对此事考虑得是否周全，伍德沃德心里还是没底。花费几百万美元去分析整个国家的DNA是一回事，确定这件事值不值得做又是另一回事。花费这么多时间，雇用这么多人力，索伦森提供的经费是不是发挥了最大的效用？这个工程除了满足索伦森的请求以外，还能达到别的目的吗？

当然了，所有的专业科学家都必须重视预算问题，因为用于科研的经费是有额度的。为了能够有效地使用经费，他们必须证明自己能够用经费取得最佳成果。即使科学家们对于经费资源不进行竞争，但是从本质上讲，他们也必须小心谨慎地对待经费来源。从根本上讲，所有成功的研究项目都必须少做实验，多得成果。伍德沃德还没有想清楚，获得多少研究成果才能证明这样大的项目是值得做的。

在伍德沃德估计项目费用的同时，他还要思考是否能达到他的第二个目的，这就是花费如此巨额的经费，除了要给这个性格古怪的亿万富翁一个满意的结果外，还要为遗传学做出超值的贡献。然而，他认为这个工程还没有万事俱备，这样大的研究项目所需的经费简直就是天文数字。

两个星期以后，伍德沃德来到索伦森的办公室，索伦森问他给挪威人的基因进行遗传分类需要多少钱，伍德沃德说："这个，所需费用可能相当大，恐怕你负担不起。"

"哦，是吗？"索伦森说，"到底多少钱？"

"五亿美元。"

索伦森耸了耸肩说："我可以给。"

哇！伍德沃德想，我把价码定得太低了！

近年来，有很多人意识到了DNA不寻常的潜力，科学家们致力于研究通过Y染色体来追寻去世多年的人的活动，并且越来越清楚地认识到，如果你能够确切地解读Y染色体，那么任何群体的DNA都能开启通往模糊不清的人类历史的通道，让人们更清楚地认识历史。对于像索伦森那样异常精明的人来说，DNA的微粒无处不在，就像是这个星球上的旅游者一路旅行时洒下的面包屑。

更使人震惊的是，通过DNA认祖归宗还有一个根本性的作用，那就是通过DNA，你不但能够走进久远的世界历史，还可以探寻你的DNA是从哪里来的，出自哪些祖先。遗传学不仅仅能够使你纵览历史重大事件和知名人士的生活，还能给你个人绘制一幅家族历史的画面。

伍德沃德说，就索伦森的项目而言，分析每个挪威人基因组的成果是很有限的。项目可以让人们更多地了解到挪威历史，并且告诉索伦森他自己在历史中的位置。但是同样用这五亿美元，他们不但能解答索伦森个人的问题，同时还能解答许多其他的问题。

因此，伍德沃德对项目提出了不同的建议：首先从全世界五百个不同的人口群体中各挑选两百人进行基因组分析。这十万人的基因组就构成了整个人类基因库的缩影。这些DNA不但代表所有活着的人，还能代表已经离世的，特别是生活在几百年前的人的大部分DNA。伍德沃德说，这项研究不仅仅是为了分析并且匹配很多人的DNA，而且还能追寻到每个家谱中的四代人。这是把历史进行个性化的科学，但要达到这一目的，他们首先要让十万人贡献出自己的血样。

不完全是出于巧合，犹他州是世界上开展如此大规模研究的最佳地点，因为那里有非常巨大的遗传学数据库。因此，研究小组首先从杨百翰大学这个触手可及的目标开始着手，伍德沃德把几个学生也派进了项目组，他说：“目前每个犹他州人的祖先160年前都不在这里，因为在美国，除了原住民之外，其他人都是外来移民。因此，当你把家谱信息同搜寻到的DNA信息相比对时，就相当于迅速地进入到其他很多地方采集了血样。”这个小组用了两个星期就收集了3000份血样，用一年的时间收集了10000份血样，每份血样都含有200年到300年历史的宗谱和地理信息。这个项目很见成效。

在伍德沃德接到索伦森凌晨打给他的那个电话12年以后，我在伍德沃德的盐湖城实验室里拜访了他。我问他是如何说服人们参加这个项目，如何让项目延伸到了盐湖城以外的地区。他说，当犹他州的人口群体多样性被采集殆尽之后，项目组又充分利用了遍布世界各地的耶稣基督后期圣徒教会（LDS）的家族历史中心，并且与很多家谱协会进行了接洽。

伍德沃德的小组请人们将献出自己的DNA当作慈善行为。尽管这个研究项目独立于耶稣基督后期圣徒教会（LDS），但LDS的确帮到了项目组，因为教会早已经有了基于家谱的完善的慈善活动模式了。实际上，索伦森到挪威的最初目的是为他的祖先进行洗礼，让他们加入LDS。

虽然LDS家族历史中心的网络很大，但是还不能囊括全世界的数据。因此，伍德沃德小组一旦将LDS教会网络提供的数据挖掘殆尽之后，就必须寻找那些不但对这个研究项目非常感兴趣、愿意参与的群体，而且其自身的历史很有说服力的群体。于是，他们奔赴非洲收集了10000份血样，之后又到了亚洲，来到吉尔吉斯斯坦以及其他许多国家。他们最先去的国家之一是丝绸之路的主要途经国——蒙古，在那里收集了3000份血样。

伍德沃德还以索伦森为名，设立了“索伦森分子遗传学基金会（SMGF）”，这是最早的遗传家谱公司之一。这个机构最终从全世界收集到了100000份血样，并分析了它们的Y染色体和线粒体DNA。在那个时代，这是个耗资巨大的研究项目，简直让人难以置信。但是，随着遗传学的飞速发展，他们当时所取得的成就同现在我们掌握的信息资源相比，就很有限了。2012年，索伦森分子遗传学基金会被世界最大的家谱公司Ancestry.com收购，自那以后，调查挪威人DNA的项目就完成了，而且研究成果超出了那位摩门教亿万富翁索伦森的预想。现在，伍德沃德领导的团队可以将几百万个有文件记载的家谱和70万个基因位点联系在一起，这些基因包括常染色体DNA、Y-DNA和线粒体DNA。

遗传和基因组的相关知识从发现到让公众接受，其速度之快是史无前例的。到2014年为止，除了美国《国家地理》杂志的基因图谱项目以外，还有Family Tree DNA公司、23andMe公司和AncestryDNA.com公司都可以为公众提供DNA检测和家谱查询服务。这一切取决于你购买了哪种服务，你可以对Y染色体中的111个片段进行检测（如果你是男性），还可以检测线粒体DNA，或者22个无性染色体。（23andMe公司还可以检测人体的健康和特质，详见第十四章。）一旦你掌握了这些基因组数据，还可以把它们用于DIY网站或非商业性网站，如SNPedia、Interpretome以及Dodecad 来进行解读。这些遗传家谱公司经常调查的基因组部位远比几年前学术界所考虑的部位要多。当涉及个人遗传研究时，有很多个人可以付出许多研究人员无法承担的高额费用，也就是说，Family Tree DNA公司等机构拥有的基因库实际上属于众筹的极具价值的数据库。世界最大的Y染色体和线粒体DNA数据库不是由研究机构建成的，而是由Family Tree DNA公司创建的。

那么，这些非比寻常的公司到底是什么样子的呢？毕竟，基因组是一个信息宝库，信息量是美国国会图书馆的好多倍，也超过了早已消失的古埃及亚历山大图书馆。我真想亲眼看看这座宝库，于是我访问了Family Tree DNA公司。这家公司是1999年在得克萨斯州休斯敦成立的，是第一家遗传家谱公司。那天，天气极其炎热，我从休斯敦机场开车，穿过杂乱无章的市区，来到了一幢不太起眼的办公楼。接待我的是贝内特·格林斯潘，一个留着醒目胡须、带有得克萨斯州口音、善于表现的人。

格林斯潘坐下来准备跟我谈话，但是当我问他是否可以看看检测DNA的实验室时，他却说："看那些地方没意思。"我急忙说："哪能没意思？我还从来没见过DNA实验室呢，一定非常有意思。"他把我领到套房后边的房间，顾客送来的DNA血样在这里开封。这间房与休斯敦远郊的办公用房没什么两样。房间很小，配有家具，也有窗户。在房间的一角，有一台机器正在运转，发着轻微的声响。格林斯潘说，只要你用对了机器，你就不需要很大的空间，也不需要那些闪闪发光的整套设备。这话说得没错。

格林斯潘给我看了看接受检测的人送来的样本，通常是唾液或者口腔黏膜涂片。他们首先把样本送进机器，把DNA分离出来。再把DNA放进PCR（聚合酶链式反应机）里，俗称"摇摆烘烤机"。格林斯潘说，这个机器"给DNA加热，然后降温，再加热，再降温。通过温度的升降，产生的DNA就越来越多。其主要目的就是扩大DNA的量，一开始好比从草堆里找针，逐渐地找到的针就越来越多了"。这个步骤完成以后，把DNA放进冰柜，这可是"世界上最昂贵的冰柜"了，每个冰柜可以在零下29摄氏度的温度下储存八万个样本。冷冻的样本由机器人进行分析，这样可以杜绝人为差错。样本分析是在一台装有荧光磁珠的机器中进行的，如果在样本里有他们要找的DNA成分，这些成分就会附着在磁珠上。

公司一般以图解的方式显示被检测的染色体，如果是同一家庭的成员来检测基因组，他们可以把各自的照片叠加在一起，这样就能够看出他们的DNA确切重叠之处了。譬如，你之前很清楚自己眼睛的形状和姐姐的一模一样，但是现在还可以清楚地看到你的3号染色体（或其他染色体）的某个部分与姐姐的一模一样，你们俩的全部基因组真的出自同一种原材料。

所有公司都会对你的基因组揭示出的祖先信息给出解释。譬如，你的Y染色体可能通常只会出现在非洲、欧洲、印度或蒙古男性体内。你可能会发现体内常染色体的某个特定基因序列，属于芬兰或韩国祖先遗传基因的典型特征。就在几年以前，科研人员从人类的DNA中发现了远古时代两个非人类的穴居物种——尼安德特人和丹尼索瓦人的基因。这一发现震惊了整个科学界。如今，仅仅花费一点点费用，有些公司就能分析出你的基因组有多少来自于尼安德特人。（关于这两个物种的更多信息，详见第十二章。）

格林斯潘常常亲自帮助客户弄清对过去的疑问。譬如，有一位女士给他写信，说据她所知，她的家族里根本没有犹太祖先，但是她祖父的名字是赫谢尔，而且她父亲和叔父的中间名也是赫谢尔。几年前，她发现她祖父有一张画的背后印着几个用古希伯来文写的美术字“L’Shana Tova”，是手写的新年贺词，标明的日期是1891年。Family Tree DNA公司对她的DNA进行了检测，结果显示她极有可能就是犹太人。

还有一位女士，从小在西班牙长大，信奉天主教，而家族世代相传的口述历史显示她家在20代之前有犹太祖先。通过检测，格林斯潘发现这个女士的线粒体DNA与来自西班牙、希腊、阿尔及利亚、保加利亚和土耳其等地的西班牙裔犹太人的线粒体DNA相同。她请求格林斯潘给她写一封证明信，她要把信送到犹太人的法院，来领取一张回归证书，正式确认她是犹太人。

格里斯潘对我说：“我差一点就把她的事扔在一边不管了，因为这几乎是无法验证的，很难想象根据口头相传，就能确认一个家族属于这么一个少数群体长达20代之久，这太令人难以置信了。每逢我们在没有DNA数据的情况下处理口述历史时，我都非常担心，因为研究事实靠的是多方面的证据，而讲故事恰恰缺少证据。”

经过不到15年的经营，私人遗传公司已经建立起了一个以遗传学为基础的社会关系网，与这个关系网相比，21世纪初的关系网络简直就是小儿科了。23andMe公司、Family Tree DNA公司和AncestryDNA公司的顾客能够发现一大群有遗传关联的表亲，他们不但能追寻家人，还能追踪他们基因组中的特定片段。把几百万人的档案记录和他们的DNA分析结合起来，用户可以建立一份贯穿几百年甚至更长时间的人类关系网的拷贝，并在其中找到自己所处的位置。

当客户有一个或一个以上的DNA片段与另一位客户相同时，公司会提醒这位客户。遗传学家说这些片段具有“血统遗传的特征”，意思是它们出自同一个人，也就是说遗传给这两个人的DNA出自一个祖先。公司把这种DNA相匹配的人叫作“亲戚”或者“表亲”。从根本上讲，你同某人的关系越近，你们所共有的DNA片段就越多，并且延续时间也越长。

据说，常染色体DNA起码可以把你带回五代人之前的历史，通过常染色体DNA来确定第三代远房表亲的可能性是90%，第四代的可能性是50%，第五代的是10%。格林斯潘说，他听说有人用常染色体DNA确定了第八代远房表亲。随着科学的发展，找到更为久远的表亲的可能性还会增加。

如果某位祖先的后代足够多，那么甚至可以借助这些后代重构出这位祖先的基因组。每个在世的人的基因组就如同是虚拟拼图中的一块，可以拼出这个群体共有的祖先基因组。这些祖先没有留下有文字记载的历史记录，但是从理论上讲，他们的基因组可以重现，虽然还没有人真正实践过。伍德沃德说：“只要有足够的人体信息，你就可以重现过去，譬如，再造1850年英国西兰开夏郡利克镇的人口状况。”

几年前，一位学过分子生物学的知识产权律师布莱恩·贝廷格，开始搜寻他曾祖母的DNA。她生于1889年，活得很长。贝廷格今年38岁，他还记得他小时候曾祖母的模样。由于他的曾祖母是被收养的，因此，对于她的家族血统，贝廷格一无所知。然而，她是个“影响力很大的极其强壮的女人”，贝廷格把他家族里的一些特征叫作“涟漪式特征”，这些特征好像都来自于这位曾祖母。为了探寻曾祖母的来历和她对于这个家族的影响，贝廷格开始收集她后代的DNA，以便从他们那里分离出遗传自曾祖母的基因。

在曾祖母的两个孙子的帮助下，贝廷格确定有35个DNA片段出现在她和她丈夫遗传下来的染色体中。下一步，他要分别去寻找与这些DNA片段对应的亲戚，以便把出自这位曾祖母的DNA片段与出自她丈夫的DNA片段区分开来。在说服他的家人参加这项研究的同时，贝廷格还运用表亲匹配的办法寻找到了更多具有上述DNA片段的人。

对于那些之前很少想过自己的基因的人来说，解读个人基因组分析报告是件很恼人的事。贝廷格第一次检测DNA是在2003年，当时的检测公司可以解读常染色体上的175个标记；而现在他们可以检测100万个标记。结果，贝廷格成了遗传家谱学领域的领军人物，并成为一个精英团队中的一员，这个团队致力于帮助人们了解表亲关系网络和解读自身的DNA信息。贝廷格主要通过自己广受欢迎的博客网站TheGeneticGenealogist.com来帮助人们。

塞西·穆尔是一位遗传学家兼知名博主（YourGeneticGenealogist.com）。当她的一个侄女要结婚时，穆尔打算帮助侄女合并一份家谱，从那时起她就开始对这个主题感兴趣了。她说：“对于写家谱，我知道的并不多，但这非常容易使人上瘾。”穆尔曾经是个电视节目制作人，现在是遗传家谱学顾问，与小亨利·路易斯·盖茨合作，专为电视节目《寻根》和《家谱学巡演》出谋划策。她已经创建了一个全新的职业，这个职业不仅仅要解释和阐明DNA的方方面面，还要当遗传方面的侦探，帮助委托人寻找丢失的信息。现在她的日常生活里充斥着DNA，她每时每刻都离不开DNA，甚至夜里睡觉都在想着DNA。

穆尔还是Family Tree DNA公司“被收养人DNA项目”的管理人员，越来越多曾被收养的人请她帮助寻找原来的家人。她说：“我每天都收到人们发来的邮件，这些人发现自己从遗传学上讲并不是原来的自己了。有时候，人们突然发现父亲并不是亲生父亲，还有人说他们可能出生时在医院里被人调换了。”还有一次，有人请穆尔帮助查询自己的父母，说自己是在1916年被人放在这家人的门口外面的，还有人说自己是从垃圾箱里被人捡到的。在过去的一年里，就有六个人代表曾经被人遗弃的婴儿找她帮忙。

有的时候，人们没有追寻到预想的祖先，譬如，有人以为自己是爱尔兰人，但是检测结果却显示他们更有可能是俄罗斯犹太人。穆尔说：“这只是我的个人经验，人们之所以打算检测一下自己的DNA，是因为他们总觉得自己在这个家里不太对劲儿，或者脑子里老是有疑问。这样的人可太多了。”

通过从遗传家谱数据库中探寻人们在染色体中所共有的DNA片段，穆尔帮人找到了失联的兄弟姐妹，甚至父母。她先顺着表亲家族家谱找到他们共有的祖先，然后再顺着这位祖先向下追寻，直到他们的父母。她说：“你先顺着家族树向上追寻，然后再自上而下地追寻。譬如，如果预测的二代表亲和一个寻找生身父母的人（也许是高曾祖，如果他们共有的DNA 不太多的话）共有一个曾祖，我们就可以顺着家族树向下追寻，找到年代、地点、性别都能对得上的人，问题就解决了。”有的时候，穆尔直接找到了相对应的人，因为从DNA中发现两人在很多染色体中都有共同之处，这说明他们是兄弟姐妹关系，或者是父母与子女的关系。穆尔建议她的委托人把自己的样本送到23andMe公司、Family Tree DNA公司和AncestryDNA公司，因为这三家公司共同管理着藏有一百多万个常染色体的数据库。穆尔说："你必须在这三个池塘里钓鱼，才能确保取得可信的调查结果。"有时候，她只找到了一个大致的祖先群体，譬如，最近一个委托人发现自己原来是墨西哥人，仅此而已。

在遗传家谱学的帮助下，很多人的谜团得以揭开。如果我们把查寻的中心转向不同的人类群体，共有的常染色体DNA就可以把我们带到八代人以前的时代。

现代文明很善于保存近期的一般信息，自从发明了考古学和古人类学之后，我们也可以恢复一些远古时代的信息了。然而，要想了解关于古人的更多信息，我们就必须付出更多的努力才行。我们或许对于19世纪和18世纪的人物，甚至生活在1000年前的皮克特人，以及生活在2000年前的古罗马人有种亲近感，但是对于生活在2000多年前的绝大多数人，我们几乎已经感觉不到与他们有任何联系了。从他们留下的遗迹中，我们可以适当地了解到当时的一些信息，但是几乎感觉不到他们在现代社会中得到了某种传承，不像近500年来涌现的大人物，从列奥纳多·达·芬奇到莱特兄弟，我们能够清楚地说出他们的发明创造，以及留给我们的各种文化遗产。

我们现在仍处在深度解密世界历史的高峰期，因为除了商业型的遗传家谱公司以外，还有很多科研团队正在研究不同的方法来探寻更为久远的历史。他们希望不仅按照年代顺序和情感因素来解读遥远的历史，还想弄清楚我们和那些时代一直在通过什么方式联系着。当英国的研究团队构思出一种独到的方法来揭示英国不同地区的基因融合时，来自南加州大学的生物学教授彼得·拉尔夫和来自加州大学戴维斯分校的格雷·姆库珀，共同研究出了另一种利用DNA来探寻欧洲历史的方法。他们检测了2257个欧洲人的基因组，并把这些基因组划分为40个不同的人口群体，分辨出任意两个人从同一个祖先那里继承的所有DNA微小片段。他们的目的是要弄清现代欧洲人相互关联的方式，进而了解人际关系网如何随着时间的推移而变化。

拉尔夫和库珀发现，在比邻的欧洲人口群体中，任意两个现代人就共有2个到12个生活在1500年前的祖先。这些国外的表亲关系证明了所有人之间最基本的联系，也证明了我们最终是怎样变得形同陌路的：1500年以后，住在另一个国家的12位表亲都不足以让家族再次重聚。还有一个类似的研究发现，在一个有5000个欧洲人的样本中，有几万对第二代到第九代的表亲。根据拉尔夫和库珀的研究，任何一对个人都可能共有100个甚至更多个生活在1500年到2500年前的祖先，也就是说，他们携带着80代之前的先祖传下来的同一个DNA片段，这位先祖可能是一位古罗马军团成员、一个葡萄牙水手，或是一个希腊牧羊人。在欧洲，人们生活的距离越远，他们共有祖先的可能性就越小，但是，拉尔夫和库珀说，他们仍然可能共有几位祖先。

基因组在代代相传的过程中被切割、分离，然后打乱次序，这个过程对于现在的基因组结构具有相当重要的影响。我问拉尔夫，DNA的片段是怎样分解的，然后又是怎样重组的呢？拉尔夫建议我制作一个家谱模型。于是我就回到家里，坐在厨房的餐桌旁开始制作这个模型。我先用纸做了一个基因组：红色的一条代表母亲传给我的DNA，绿色的一条代表父亲传给我的DNA。我打算顺着我的一半DNA回溯几代。我把绿色纸条先放在一边，只留下我从母亲那边得到的基因组。

我把红色纸条切成23个小块，来代表由我母亲传给我的染色体，之后，我把这些纸块放在桌子上方，就好像是我母亲在家族树的位置。为了再现我母亲的基因组原来的形状，我在红纸块堆里又加上了23个橘黄色纸块，以象征着母亲没有遗传给我的DNA。

在我面前的这套染色体看起来像是我母亲的全部基因材料了，实际情况并非如此。她遗传给我的染色体，在传递之前经历了一个重组过程，在每一对DNA中，有的部位互换了位置。她的总体染色体先是解体，然后重组，平均一个基因组重组了32次。

为了这个程序，我把红色和橘黄色的46个纸块切碎，然后每一对纸块进行交换，以象征她的总染色体的解体和32次重组。这意味着46个纸块大致可分为23对，每一对几乎都是由一片红色和一片橘黄色纸片组成的。这23对马赛克纸片代表着我母亲的实际染色体。

由于我想顺着我的DNA再往前追寻一代人，到我外祖母那一代，因此我把这个程序又走了一遍。我从每一对染色体中抽出一个来，剩下的那23个染色体就是我外祖母遗传给我母亲的染色体。我把这一组纸块又推到桌子的上方，象征着我的外祖母在家族树上所处的位置。然后我又在我外祖母遗传给我母亲的染色体中加进去23个蓝色纸块，以便与原来的23个纸块配对，代表着我外祖母所有的但从未遗传给我母亲的染色体。为了把那23对染色体拆分开，然后再重组成为我外祖母的染色体原有的状态，我把这些纸片切碎，然后小心翼翼地把细小的纸片推入纸条之间，使之与别的纸条和为一体。

这些代表着我外祖母原有染色体的纸条有四种不同的片段，分别用三种颜色表示。这三种颜色分别代表哪些片段是遗传给了我的，哪些是遗传给了我母亲但没传给我的，还有哪些根本就没有遗传。如果我按照这个程序继续追寻，直到100代，我个人的基因组碎片会顺着我的家族树越来越往上散去，并且会越来越少。

然而，当我在几代人的时间跨度中把基因块散开，然后重新组合时，我所看到的不仅仅是不同的颜色，长度也略微有些不同。在一开始，很容易就能把基因组分割开，并且可以往前推送几代人。但是没过多久，这些基因块就小得不能再分了，它们只能原封不动地从一代人传给下一代。这就是拉尔夫想让我看到的结果。这些DNA的片段常常是完整地传给下一代的，然后还能完整地传给再下一代。也许要经过很多代以后，才有可能再次被分割。

对于DNA传承方式存在着一个常见的误解，人们常常认为，当DNA传给下一代时，其中某个部分被一分为二。其实，DNA的传承过程会有例外，基因组也不是由大小相等的颗粒异常均匀地组合在一起的，并且分解重组的方式也不同。因为Y-DNA和线粒体DNA是不与其他的DNA重新组合的，通过这些DNA，你可以了解在你的家族树上生活于一万年、五万年甚至十万年前的人的一些情况。从某个角度讲，那个人依然存在于你的身体里，他存在的方式与你其他祖先存在的方式是完全不相称的。X染色体也是不一样的，因为它在几代人中间传承时，是以一种不平均的方式重新组合的。

尽管我们已经知道了Y染色体、X染色体和线粒体DNA有此特性，但仍然认为基因组的其余部分还是遵循一分为二的模式传承的。如我们所知，反对家谱学最为激烈的人喜欢引用的一个原则是：如果你追溯到10代人以前，那么就有1024个祖先，也就是说，这个祖先群体中的每个人遗传给你的基因只占你整个基因组的1024分之一，这个量太小了，简直毫无意义。也就是说，你是一碗基因做的汤，想从汤里找出关联模式来是不可能的。这可能是一个非常有影响力的观点，但是我一直想知道，这个观点的影响力是来自数学运算呢，还是漫画式的绝对主义论。

事实上，根据拉尔夫和库珀的研究，许多常染色体的DNA片段都是原封不动地、没有任何改变地一代一代遗传下来的。一个基因组的复制并不是一个平稳的、分解为更小片段的过程，其中经常出现不均衡。当拉尔夫和库珀还是学生时，他们学习到的标准观点是：DNA在传给下一代时，要一分为二，这就是说，你的祖父和祖母分别只传给你四分之一的DNA，曾祖父和曾祖母分别只传给你八分之一的DNA，依此类推，越往上追溯遗传给你的DNA就会越少。后来，他们认识到事实并非如此。拉尔夫对我说："过了一段时间，我们才习惯了正确的观点，因为我们曾经习惯于一分为二的思考方式，这是由于一开始DNA中的一切都一分为二了。但如果你取出DNA的一个片段，把它切成两半，然后把这两半分别放进两个袋子里。下次你再把它们切为两半，过不了多久，你手中的这些DNA碎片就小得不能再分了。因此，整个DNA碎片就被放入一个袋子里了。"

如果每一个DNA碎片在传给下一代时都要分为两半，结果就会是一个等比例逐渐缩小的画面，这与不断散开的表亲数量相匹配。然而，在代代相传的过程中，DNA的切割和重组不是一个稳定平均的过程，比较大的DNA碎片在传承的过程中没有发生多少变化，这就出现一些有意思的事情。例如，假设你同第5代表亲或第20代表亲共有一些从同一个祖先那里遗传下来的DNA基因碎片，那这些基因碎片的大小可能是相同的。拉尔夫的意思是，人们相互关联的时间跨度大约是500年，这就意味着如果你同某个人共有一个特定长度的基因碎片，你们就可能在500年中存在共同的祖先，小一些的基因碎片可能出自生活在500年至1000年间的祖先，更小的基因碎片就可能是从一个生活在1000年至1500年前的共同祖先那里遗传下来的。

这对于Family Tree DNA和23andMe这类公司的基因数据库来说具有一定的意义。用户可以基于共有DNA的多少来找到第1代、第2代或第3代的远房表亲。他们也许还能找到更为久远的更大的表亲群体。拉尔夫说，根据你们共有的DNA，这些久远的表亲可能是第5代，也可能是第15代，可能比你想象的要久远得多。其实，当你思考任何一个家谱时，很快都会发现得不到新的基因碎片了。每一代人的基因组都是全新的，但是它们来源于一块一块的碎片，而不是一堆粉末。

DNA在许多代中的不规则遗传还有很多其他的方式，这些方式也会产生很大的影响。例如，女人的DNA重组率比男人高。你的祖先所在群体的人口数量和这个群体的稳定状况也会影响到哪些DNA得以传承。请记住，32只是染色体在每一代解体并重组的平均次数，这个次数是会发生变化的。遗传学家还会谈论染色体的“热点”，即倾向于不断重组的部位。

如果你考虑到了所有这些因素，就可以运用来自共同祖先的一模一样的DNA片段，发现3000年前到4000年前古人之间的联系了。

奇怪的是，尽管有一些过世很久的亲戚在我们的基因组中得到了明显的体现，超出了我们的想象（相对而言），但是更多的亲戚简直就如同蒸发了一样，消失了。这是因为我们的个人遗传树并不等同于我们的家谱树，也就是说，并不是每一个直系祖先都对我们的基因组作出过贡献。

如果你往前探寻10代人，与你有血缘关系的每一个人实质上也是你家族家谱树中的一员，他们婚配生子，成为你的祖先，这是实际存在的、不变的事实。当你刚开始追溯世系时，你的个人遗传树和家族家谱树当然是完全相同的，你的以家谱而论的父母就是你的生物学意义上的父母，其他亲戚也是如此。但是，存在一个历史的节点，从那一节点往上，你同很多代之前的大多数祖先的基因关联都消失了，尽管你的家谱树仍在不断增长。

遗传学家都认为，顺着你的家谱往前数8代到10代，其中有很多人都为你的家族贡献了DNA，到你这一代的时候，其中的很多DNA丢失了。如果你能够追溯身体中的每一片DNA，那它将会呈现在家谱的分支上，但是越往上追溯，它经过的分支就会越少，你的遗传树要比你的家谱树小多了，这说明你与很多血亲在生物学意义上没有关系了，这使得你在家谱中处于一个奇怪的境地。

对于遗传树上消失人数的预估是不一样的。如果回溯10代，那么至少有一个或者多个祖辈的遗传特征可能会完全消失。如果回溯16代，你就会拥有65336位祖先（不包括可能出现的重复，因为有些祖先可能出现在多条家谱路径上）。据布洛德研究所的尼克·帕特森说，这个数字远远大于这一代祖先遗传给你的基因碎片数量；其实大约只有1000个基因碎片是你的第16代祖先贡献的。因此从遗传学的角度说，其他大多数祖先对你没有贡献。假如说，你能乘坐一个时间机器穿越时空，来到400年前，而且你不知不觉和一位16代祖母产生了浪漫关系，你可以完全放心地生几个孩子。虽然从道德上讲，这有点怪诞，但从遗传学上说是没有问题的。

但是且慢，这是不是就意味着那些反家谱学人士的观点就是对的呢？是不是等于说人类的基因组在几代中很快就化为毫无意义的尘土了呢？当然，我们很多人的基因组最终会逐渐消失，但是消失的过程也是有规律的，而且它留下的痕迹也是有意义的。如果有些人从我们的基因组中消失，而有些人则继续存在，那么这只是历史塑造的又一个结果。

如果你随便找来两个欧洲人，无论他们离得有多远，他们都很有可能在过去的1000年中共有几百万个家族家谱意义上（不是遗传意义上）的祖先。然而，虽然你的家谱树要比你的遗传树大得多，但它也不会永远呈扇形展开。因为家谱树中上一代祖先的数量都是下一代的两倍，任何人的祖先数量都会呈指数式增长，并且很快增加到比当时世界总人口还多的程度。

比如说，遗传学家和历史学家在多少年为一代的问题上有不同的观点，有的说是20年，也有的说是30年，我们假定是25年，还要假定现在世界上只有一个人，比如说你。那么，在大约750年前，地球上一定生活着10亿多人，经过一代一代的繁衍，才有了今天的你。或者换言之，大约在30代以前，要有20亿人生活在这世界上，他们的子孙后代相识、结婚、生子，直到有一天，你出生了。但事实上在750年前，世界上只有4亿人口。这就意味着沿着一条家谱路径追溯到的第30代祖先，也许还能沿着其他很多家谱路径追溯到。家谱学家称之为“家谱崩溃”。

回溯到19世纪或更早的时期，“家谱崩溃”在家谱树中是很普遍的现象。在很多文化中，表亲之间通婚不是特例，而是约定俗成的事。（更多有关人口学和表亲之间通婚的问题详见第十四章。）有些科学家（比如拉尔夫和库珀）认为，在2000年到3000年前，生活在世界上的每一个人在家谱学意义上都是所有现代人的祖先。这个观点纯粹是通过数学运算得出的结论，理论基础是：在理论上你的家谱树在2000年到3000年前是很庞大的（超过12万兆个祖先），肯定包括当时生活在这个世界上的全部人口（5000万到1亿7000万人）。我遇到的许多人口遗传学家都认为这是个完全没有争议的理论。各个国家的人类关系网络会由于一两个来自远方的旅行者而改变，全世界的人口群体会被逐步联系起来，这个过程用不了太久。其他从事历史事件研究的人发现这个理论站不住脚：虽然从技术层面来讲，这种联系事件完全有可能发生过，但他们认为世界上不同的人口群体之间完全相互隔绝的时间会更长。

如果人与人之间的高度关联是真实存在的，那么就意味着当今世界上的每一个人——你、你的邻居、弗拉基米尔·普京，还有日本天皇——都可以把同一个埃及法老或生活在那个时代的任何一个人，算作自己遥远的祖先了。有多个在家谱学意义上的共同祖先，当然并不意味着现代人没有遗传方面的差异（这些差异在很多实验中都可以观察到，譬如，上一章讲到的那些探索英国遗传结构的实验）。但是，这也不是说假如你回溯3000年，每个人的家族历史在这期间都是相同的。即便你和日本天皇的家谱树中都有同一个埃及法老，这个法老出现在你的家谱树中的次数也可能远比出现在日本天皇家谱树中的次数多。假如在几千年前，每个人的家谱树都一模一样，那就没有遗传史了。如果你能想象出一个从现在追溯到过去的巨大的祖先网络，在这个网络上的每个人都是一个节点，那么，所有生活在3000年前并留有后代的人都是重要的节点，因为生活在今天的每一个人都可以通过一条家谱路径追溯到他们——但追溯的路径不同。有些人可以沿着几千条路径追溯到同一个节点，而其他人的追溯路径会少得多。

奇怪的是，我们经常会听到有人说“我们都是孔子、布迪卡或红发埃里克的亲戚”，言外之意是这段历史毫无差别，如果你追溯得足够久远，那么所有人在那个时候的祖先都是一样的，因此，探讨一个人或者一群人同过去的祖先有什么关联就变得没什么意思了。事实并非如此。人类关系网的拓扑图（我们每个人都是上面的一个节点）相当复杂。虽然有些节点是相同的（也许我们都能与3000年前在世的每一个人至少产生一个关联），但是这些共性并不代表我们追溯共有祖先的其他路径就不重要了。如果你开始追踪携带某个基因组片段的祖先（譬如Y 染色体和线粒体DNA），那么共有祖先的情景又会变得复杂得多。全部路径展示出的模式可能会告诉我们一些从来不曾了解的历史。

还记得在英国进行的遗传学研究项目吧？康沃尔郡、德文郡和其他地区的居民都带有当地特定历史时期遗留下来的印记。他们具有康沃尔郡人或德文郡人的特征并不代表他们没有来自苏格兰或法国的祖先，也不代表他们的家谱中没有天主教徒、北欧海盗，甚至中国古代的哲人。从遗传学角度来讲，他们不再单一，家谱也不再单一。他们遗传下来的好像是一种经过稀释的东西，但是还足以追踪到某一时期、某个地点的祖先们。无论我们往回追寻1000年还是5000年，事实都是如此。

除了欧洲人亲缘关系的一般规律以外，拉尔夫和库珀还找到了一些有趣的差异。例如，欧洲东南部地区的人在遗传学意义上共有祖先的数量，比欧洲其他地区都要多。他们共有大量祖先的年代可以追溯到大约1500年前，那时正是斯拉夫人和匈奴人的扩张时期。

与欧洲其他地方截然相反，意大利人共有祖先中的大多数生活在大约2500年前，古罗马帝国之前的古罗马共和国时期。现代意大利人在最近的2500年间也存在共有祖先，但是数量却少多了。实际上，来自不同地区的意大利人之间共有祖先的数量，基本上等同于他们和其他国家的人之间共有祖先的数量。从遗传上讲，其他欧洲国家好像更为一致，而意大利仿佛是由很多小国组成的。我们对此该作何解释呢？

要想理解这一点，我们不仅要知道家庭中生命的传承方式，还要了解家庭形成的社会背景。尽管DNA是通过所有常规的复制方式在意大利散播的，但其散播的过程深受当时的文化和地理环境的影响。单凭基因学本身是无法给出欧洲历史全貌的。

有很多史实可以解释意大利人共有祖先的特定模式。拉尔夫和库珀认为，过去2000年来在欧洲其他地区发生的人口扩张，对这一地区的影响很小。拉尔夫说，为了验证有关当时社会背景的猜测，他们不得不查看人口、语言和其他历史方面的模式特点。很多因素都要考虑进来，例如，已经在意大利定居几百年之久的人，共有祖先的情况是否存在差异（从而证实这种差异并不仅仅是因为500年前有一个全新的人口群体从外国移居到意大利而导致的）。

除了意大利人2500年前的共有祖先群体更大以外，还有一点引起了我的兴趣。其他有关意大利的遗传分析显示，这个国家有很多不同的小遗传群体由北向南形成了一个渐次变化的梯度，它们以这样的方式联系在了一起。意大利经济学家吉多·塔贝里尼曾经量化过意大利南北之间在社会资本方面的差异，我问他为什么在近2500年中一些群体之间共有祖先的数量变少了呢？他说，在19世纪中叶以前，统治意大利南北方的政治实体之间是隔绝的，这种分治减少了国家作为一个整体在社会经济上的融合。另外，南北方的统治方式也是不一样的，“北部意大利政府更独立、更开明，而南部意大利政府一直受到外来势力的左右”。

塔贝里尼还说：“第二重要的差异是家庭的作用，这一点还没有得到充分的研究。如果你审视意大利的家庭传统，就会发现它们之间的差别非常大，在对待女人的态度方面也同样如此。你也可以从这些不同的家庭传统中找到原因，来解释人们对于家庭以外的人持有的态度。”

塔贝里尼所描述的社会潮流可能有助于解释意大利人共有祖先的独特模式，也可能存在完全不同的故事来解释这种独特的模式。为了找到最合理的解释，遗传学家、历史学家和其他研究人员必须通力合作。

尽管遗传历史是一个存在无限可能的研究领域，然而有些第一代遗传家谱学家的研究动机不是揭开那些消失的历史真相。詹姆斯·莱沃伊·索伦森在2008年去世，当我问伍德沃德为什么他与索伦森要做那个研究项目时，他往椅背上靠了靠，在空中打了个引号的手势，告诉我其中一大目标是“与‘美国小姐’类似的目标——世界和平这类的目标”。

伍德沃德说，他们曾经梦想着一旦有一天完成了整个项目，就能够从全世界随便找两个人，然后找到两个人共有的一个DNA片段，对他们说：“这就是你们俩共有的那位祖先。”

伍德沃德回忆道，当他和索伦森来往时，他们曾经想过“如果人们了解并知道了互相之间的联系有多么紧密，也许他们相处的方式就会有所不同，希望可以变得更融洽”。

第十一章

DNA 里的种族血统

性相近也，习相远也。

——孔 子

在将近200年的时间里，美国的国家奠基人、制宪元勋托马斯·杰弗逊的官方传记中都是这样记载的：这位哲学家、政治家、建筑师、总统、《独立宣言》的起草人、典雅的蒙蒂塞洛庄园的设计者娶了马莎·威尔斯为妻。杰弗逊和威尔斯生有六个子女，但只有两个女儿活了下来。据杰弗逊自己的记述，他的家族始于英国，父亲一脉来自威尔士，母亲一脉来自英格兰和爱尔兰。杰弗逊在自传里谈到家谱时补充说，读者应该将“他选择的信仰与成就”归功于家族谱系。

然而，即便是杰弗逊在世时，关于他的家庭除了人所共知的说法以外，也还有另外一个说法：除了马莎·威尔斯所生的儿女以外，杰弗逊还有其他的孩子。据说，在妻子去世后，杰弗逊就开始了和女奴萨莉·赫明斯长达38年的同居生活。萨莉·赫明斯的父亲是个白种人，母亲是个混血儿。杰弗逊在世时，媒体就报道过这个故事了。据说杰弗逊和赫明斯还生有一个儿子——托马斯·伍德森，但他在12岁时就被送到蒙蒂塞洛庄园了。还有人说，杰弗逊生的六个孩子都是由赫明斯在这个庄园里抚养成人的。

关于杰弗逊与赫明斯的关系，最让人信服的证据来自当时生活在蒙蒂塞洛庄园、后来以口述形式把故事传给后代的人。详尽的口述历史一代一代传了下来，尤其是在赫明斯的后代中更是如此，所有的一切都证实了杰弗逊是赫明斯孩子的父亲。甚至到了20世纪末期，与赫明斯素未谋面的远亲都讲述过类似的经历：父母曾经悄悄地对他们说，有一位最受崇敬的国父也是他们家族的奠基人之一。

一直到那个时候，还有些学者认为赫明斯孩子的父亲不是杰弗逊，而很可能是杰弗逊的外甥。但对于大多数人来说，官方的报道是最有分量的。法律学者兼历史学家安妮特·戈登里德认为，官方的报道之所以有分量，是因为历史学家喜欢用一条简单的原则来评判证据的真伪：白种人的话是可信的，奴隶的话是不可信的。

1997年，安妮特·戈登里德撰写的《托马斯·杰弗逊与萨莉·赫明斯：一场美国公众的辩论》一书出版了，这本书系统地从正反两个方面审视了杰弗逊和赫明斯的关系。作者的结论是杰弗逊和赫明斯确实有人们说的那种关系。许多批评家的反应是，安妮特·戈登里德的书是向这位最受爱戴的历史人物发起的人身攻击。其他人读过这本书后虽然非常难过，但也不去深究。普利策奖的获得者历史学教授戈登·S.伍德写道：

> 这种关于杰弗逊和他的黑人女奴之间亲密而充满爱情关系的观点，可以给我们的文化带来很大的力量和越来越多的信誉，因为它代表了许多美国人深深的渴望；也许还象征着我们的种族问题最终会得到解决。
>
> 希望他们两人的关系是真的……但希望永远不要成为历史事实。

两年以后，一个住在弗吉尼亚州夏洛茨维尔的退休病理学教授尤金·福斯特意识到借助新的遗传家谱学可以分析赫明斯和杰弗逊后代的Y染色体，分析结果可能会让人们更清楚地了解事实真相。于是，他搜集了四份样本：一份直接来自杰弗逊叔父的后代（这份Y染色体与杰弗逊的Y染色体应该是一样的，杰弗逊和威尔斯所生的直系后代都已不在人世）；第二份来自杰弗逊外甥（杰弗逊的姐姐所生）的男性后代；第三份来自萨莉·赫明斯的儿子埃斯顿·赫明斯的男性后人；第四份来自托马斯·伍德森（据说是杰弗逊和萨莉·赫明斯生的儿子）的男性后人。

福斯特发现埃斯顿·赫明斯后人的Y染色体与杰弗逊叔父后代的Y染色体是一致的，因为这是特别稀有的Y染色体。这就证实了萨莉·赫明斯的儿子是杰弗逊家的人所生。关于杰弗逊的外甥与赫明斯生孩子的古老传闻也被否定了，因为来自杰弗逊外甥后人的Y染色体与埃斯顿·赫明斯的染色体不匹配。

因为杰弗逊的Y染色体和当时去过蒙蒂塞洛庄园的杰弗逊男性亲属的Y染色体是一样的，所以无法直接证明托马斯·杰弗逊本人就是赫明斯孩子的父亲。但是，所有的一切都指向了托马斯·杰弗逊：不光是DNA证据，还有长久以来的传闻、详细的口述历史、杰弗逊给予赫明斯孩子的特殊待遇（不光是埃斯顿，还有他弟弟麦迪逊以及其他兄弟姐妹），另外还有对杰弗逊和其他男性访问庄园次数的仔细分析，也都说明了杰弗逊就是赫明斯孩子的生身父亲。

著名的遗传学家埃里克·兰德和历史学家约瑟夫·埃利斯写道，“举证责任明显地移向”否认杰弗逊和赫明斯有关系的那一边。托马斯·杰弗逊纪念堂基金会任命一个调查委员会调查此事，结果证明：“现在有最可靠的证据证明了托马斯·杰弗逊和萨莉·赫明斯的关系，很有可能导致了一个孩子或许是所有赫明斯的孩子的出生。”有些历史学家以前认为赫明斯的故事是个谜，但此时他们承认自己的判断是错误的。对于那些没有深入了解这些戏剧性事件的人来说，这个史诗般的涉及美国种族、权力和阶级的故事，以及其中出现的曲折变化都是值得颂扬的。人们普遍有种感觉，由于有了DNA，历史人物的真实情况再也不能隐藏在名望与谎言的墙壁背后了。

福斯特还检测了伍德森家族的Y染色体。伍德森家族有着很有影响力的口述历史，尤其是那段与杰弗逊和赫明斯有牵连的历史。他们确信，对于他们Y染色体的检测会证实他们就是杰弗逊和赫明斯的后代。早在1978年，在第一次伍德森家族的聚会中，他们就发现这个家族里从未谋面的成员中一直在流传着同样的故事。自19世纪初，在伍德森的后代中一直流传着杰弗逊就是伍德森的父亲这个说法。就连给他们进行DNA检测的尤金·福斯特都说，他预计DNA的检测结果会证实伍德森一家人的说法。托马斯·伍德森家族协会在他们的网站上也声明：托马斯·科尔宾·伍德森是“托马斯·杰弗逊和他的黑人女奴萨莉·赫明斯结合的后代”。

然而，福斯特的检测结果却不是这样。虽然Y染色体测试显示了托马斯·杰弗逊与埃斯顿·赫明斯的父系有关联，但却显示出伍德森家族不是杰弗逊的后代。

米歇尔·库利-奎尔的父亲罗伯特·库利三世，是美国第一位非洲裔联邦行政司法官。米歇尔还记得在她12岁时，她父亲就告诉她，她和她的两个兄弟是托马斯·杰弗逊的后代子孙。很多年以后，库利-奎尔告诉记者：“当得知我们的血管中流淌着托马斯·杰弗逊的血液时，我们都异常兴奋，激动万分。”

库利-奎尔的父亲说，她五代以前的祖父托马斯·伍德森是杰弗逊和萨莉·赫明斯生的第一个孩子。1998年，在接受采访时，库利-奎尔是约翰·霍普金斯公共卫生学院的心理学教授，也是托马斯·伍德森家族协会的成员，并且正怀着她的第一个孩子。她说她要把她的家族故事传给下一代，“具有家族感对一个人是很重要的，我认为我们低估了这种情感的重要性。这种情感让我们懂得了如何做人，如何积极地做人”。

当福斯特的Y染色体检测结果在《自然》杂志上公布以后，整个伍德森家族极为震惊，并且痛苦万分。据一位同这个家族有联系的生物人类学家斯隆·威廉斯所说，家族成员最初的反应是不相信，然后感到非常痛苦和纠结，因为家族里长期流传的故事与DNA检测结果有着天壤之别。威廉斯说，他们不理解口述历史怎么可能会出错。“他们的故事是那么的一致，而且来自不同的出处。这个家族不明白，如果事实果真如此，为什么托马斯·伍德森一定要说托马斯·杰弗逊是他的父亲，他什么也没有得到，而且还冒了很大的风险。”在一篇介绍他当时经历的文章里，威廉斯写道：“他们非常怀疑检测结果和实施检测的人员。”

这个家族的成员不但对检测结果很是吃惊，还对检测结果的公布方式非常气愤。福斯特曾向他们保证过，在公布结果之前一定先通知家族里的人，但是，在他们得知结果之前，这个消息就泄露给媒体了。托马斯·伍德森家族协会的会长罗伯特·戈尔登，是在《美国新闻与世界报道》给他致电，询问他对于DNA检测结果作何感想时，才听说了这个消息。

为了回应这个消息的发布和接踵而来的媒体攻击，托马斯·伍德森家族协会组成了一个调查委员会来调查这项检测。由于伍德森家族的一个成员——历史学家卡罗琳·穆尔，是斯隆·威廉斯的同事，因此她请威廉斯帮忙。穆尔的第一个请求是让威廉斯帮助这个家族了解一下遗传学。威廉斯预计要讲清楚这个问题，需要一顿午饭的时间，外加一两次电话。但是当他们见面之后，穆尔拿出厚厚的一本书——《伍德森家族溯源》，书中包括了所有与这个家族历史相关的文件副本。威廉斯这时才觉得在短时间内是完不成这个讲解任务了。

解释基因检测的基本知识和检测结果是否准确，需要很多步骤。在2000年，威廉斯参加了伍德森家族的会议，并同调查委员会的代表讨论了这件事。这个代表问她，是不是基因或染色体的突变才造成了这样的检测结果（答：这不是原因），而且对于Y染色体之间的差异解释得是否恰当（答：解释恰当）。据威廉斯所知，他们的主要目的是要了解对于检测结果有没有其他可能的解释。

但是，什么解释都不能使他们满意。威廉斯对他们说，托马斯·伍德森的两个大儿子的后代都具有一个相同的Y染色体，这说明这两个儿子也有这个染色体，那么他们两人的父亲托马斯·伍德森本人也应该有这个染色体。问题是这个染色体与杰弗逊的染色体不一样，这就说明伍德森不是杰弗逊所生。如果你认为伍德森肯定是杰弗逊所生，那么，对于伍德森的两个儿子共有一个Y染色体的唯一解释，就是他们实际上不是伍德森的儿子。莫非他们是伍德森的妻子从之前的婚姻带过来的？如果事实果真如此，那么，伍德森的后代既不能把杰弗逊，也不能把伍德森说成是自己的祖先了。

伍德森家族要求福斯特检测一下托马斯·伍德森小儿子后代的Y染色体，检测结果证实他的后代都有这个染色体，这就使现在所有伍德森的后代都陷入非常尴尬的境地。无论这个Y染色体是托马斯·伍德森的，还是别人的，它都绝对不是杰弗逊的Y染色体。

从第一代开始，伍德森家族出了很多天资聪颖、意志坚强、令人钦佩的领军人物。例如，其中有一位名叫路易斯·伍德森，是牧师，还是废奴主义者，曾被称为“黑人民族主义之父”。威廉斯写道：“伍德森家族为他们卓有成就的家族成员感到自豪是可以理解的。但是，他们现在失去了整个家族共享的、代代相传的口述历史，这就动摇了他们对家族所代表的素质和价值观的信任。”

到他们第二次举行家族会议的时候，有些家族成员开始勉强接受那个DNA检测结果了，但其他人还是拒绝接受这个结论。威廉斯写道，很多家族成员采取了家族学会会长的立场，坚持以前的信念。这位会长说，他不会忘记，所有来自美国各地的伍德森家族的后代在1978年举行的第一次会议中所讲述的同样的口述历史，因此他郑重声明："我是很尊重DNA一类的研究的，但我对结果还是纳闷……这些研究根本改变不了我的信念。"

据威廉斯说，米歇尔·库利-奎尔坚决不接受这个检测结论。后来威廉斯又进行了一次独立的检测，结果与福斯特的检测结论还是一样。库利-奎尔的弟弟布赖恩·伍德森，怀疑DNA的检测结果是不是被人做了手脚，被篡改了。任何人在生育后代时，他们的遗传基因都有可能发生变异，以至于兄弟姐妹有的很相像，有的却长得很不一样。虽然麦迪逊·赫明斯和埃斯顿·赫明斯是同父同母的兄弟，年龄只相差三岁，但他们长得却不一样。埃斯顿移居到了威斯康星州，并改姓杰弗逊，从那时起就被认作是白人了。麦迪逊一家仍然留在俄亥俄州的乡村，据说他们也有些家庭成员"融入了白人社会"，但很多人仍然以黑人的身份留在了非洲裔美国人社会。布赖恩·伍德森说，唯一证明与杰弗逊有关联的是埃斯顿的后代，他们早已进入白人社会。布赖恩认为这是种族主义所致。然而，这个说法仍然使威廉斯感到很困惑，假如说埃斯顿·赫明斯一脉的男性后人被确认是杰弗逊的后代，那么这里暗含的意思就是麦迪逊一脉的男性后人也应该是杰弗逊的后代，虽然他们中的很多人仍然是黑人身份。

伍德森家族后来还找到了几个托马斯·伍德森长期生活过的庄园园主的后代。虽然伍德森的Y染色体不是杰弗逊的Y染色体，但是，很明显这个染色体是同欧洲人的血统特征有关系的。跟当时许多人一样，年轻的托马斯改姓了庄园主约翰·伍德森的姓。这个家族请威廉斯检测约翰·伍德森后人的Y染色体，她发现庄园主约翰·伍德森后代之间的Y

染色体是一致的。但是，它与托马斯·伍德森家族的Y染色体不一致。后来，伍德森家族商量着能不能找到托马斯·伍德森和萨莉·赫明斯的墓地，目的是对他们遗骨的DNA进行检测，可惜没有找到墓地的准确地点。还有一位家族成员请一家遗传家谱公司给他的DNA进行了一次检测，并且请威廉斯帮他解释检测结果，结果与已知的结果也是一样的。

伍德森的故事是令人心痛的，因为一个面对逆境仍然取得了很大成就的家族，突然觉得被人从一个他们为之骄傲的群体中赶了出来，而且原本属于他们的历史突然变得与他们毫无关系了。当这个家族的成员处于生活中极为重要的时刻时，他们与杰弗逊的关联曾经给了他们很大的力量与激励。

赫明斯的两个儿子麦迪逊与埃斯顿，都是白种人与黑种人的混血。这两个家族后来的结局是不同的。对于他们来说，DNA检测给家族史提供的证明不是毫无意义的，而是令人欢欣鼓舞的。正如威廉斯所说，麦迪逊和埃斯顿的父系脉络改变了他们家族成员的生活，也为其他人提供了一个精确的模型，演示出了独立战争之后一些家族是如何演进的。在此之前，两个家族相互失去了联系，但是，当杰弗逊DNA的检测结果公之于众时，一个埃斯顿家族的白人女性后代朱莉娅·杰弗逊·韦斯特里内恩，同一个麦迪逊家族的黑人女性后代谢伊·班克斯杨相识了。从那以后，这两位托马斯·杰弗逊的白人和黑人女性后代在公开场合多次见面，畅谈她们互相接纳、互相学习的经历如何改变了她们对生活的体会。

当我们开始懂得如何从现代人体内的分子中揭示历史时，所得到的新知识很可能影响到我们对自身归属感的认知。当福斯特在分析杰弗逊的Y染色体时，遗传家谱学还是一门新生的科学，而且像索伦森分子家谱学基金会和Family Tree DNA公司等机构也处于发展的最初阶段。他们需要一个像福斯特那样的私人研究人员，虽然只有病理学背景，但却能设计实验，安排分析程序，解释检测结果。在不到15年的时间里，这门科学已经发展到任何普通人都可以通过检测自己的基因组去了解无形的家族历史的程度了。

这些检测使我们能够清清楚楚地追寻人类的历史，还能使我们在广阔的历史背景中确定个人的历史，这在遗传学上是前所未有的进步。然而，这种新信息的获得有时是需要付出代价的，因为无论出于何种原因，有些被检测者都会发现他们不希望看到的结果。阻止这种结果的办法或是终止这项研究，或是以立法的方式限制人们使用这种服务。

假如说对杰弗逊私生活的调查改变了历史，那么如果在此之前就终止了这项研究，一些相关人士的历史又将改写：一方面伍德森家族会继续保持他们祖辈遗传下来的名声；另一方面，所有麦迪逊和埃斯顿后代的身份就会继续处于不为人所知的境地。

尽管DNA在解读历史方面有很大的潜力，但仍有很多批评家以不容辩驳的语气大谈DNA的负面作用。人们确实对这个问题存在忧虑，大部分人的担心是出于对科技界的责任感。这种担心也使人感到一种渐渐逼近的威胁。

在2007年，一个科学家团队在《科学》杂志上发表了一篇文章，讨论对祖先检测应该采取什么政策。文章说："遗传意义上的祖先检测具有严重后果，接受检测的人其个人身份有可能会改变，而且，如果检测结果出乎他们的预料，或是他们不想看到的结论，那他们可能会遭受感情上的折磨。"美国人类遗传协会一开始对这个问题还比较乐观，但在2010年，协会对这个问题公开表示关切，他们说："无论是在公众社会还是在科技界，这个关于祖先的观念都容易被误解。"还有一篇发表在《英国医学杂志》上的文章说："追寻遗传特征可以对不确定的问题给出答案，但是也可能引起更多新问题。”有些批评家认为凡是想了解自己基因组的人，他们的动机都有潜在的可疑之处。

生物人类学家乔纳森·马克斯对于人们早期对遗传数据的错误解释表示担忧：“由于受到遗传数据的影响，人们所发现的人或事物有可能并不存在，还有人把某种文化方面的假设强加在遗传数据上，误以为是遗传下来的模式。而且这些错误做法都是打着现代科学的旗号进行的。”1842年，一篇文章对白种人、非洲人和黑猩猩的头骨形状进行了带有种族主义的描述，文章说：“即便是身份和血统方面最权威的观点，科学界也不可能提供完美无瑕的追踪记录。”这倒是不言而喻的观点。

亚利桑那州立大学从事美国印第安人研究的副教授金·托尔贝尔说，研究基因组的技术，尤其是研究基因图谱的技术，是在17世纪种族科学的基础上产生的。基因图谱和遗传家谱公司则希望这门科学能有所不同一不是去验证种族主义者的分类标准，而是去证明种族不属于自然的范畴，而属于文化的范畴。但是在托尔贝尔看来，他们的这个希望“起码说明了他们的幼稚”。托尔贝尔还写道，声称人类起源于非洲的遗传学证据是“反种族主义”的观点，并没有那么简单，因为它将非洲人描绘成了原始的种群。

为了钱而研究生物学一直是萦绕在遗传研究和整个家谱学领域的一个怪影，科学家的初衷就是防止把生物学当作赚钱的手段。另外，也有些人滥用科学给人们留下了深深的恐惧，例如弗朗西斯·高尔顿、麦迪逊·格兰特、海因里希·希姆莱和阿道夫·希特勒。除此之外，还有人认为，人类遗传网络把我们都变成了种族主义者，或者在为我们潜在的种族主义进行辩护。我曾经同一位专门研究纳粹大屠杀的历史学家探讨过祖先遗传学问题，这位历史学家在20世纪90年代追捕了一些残存的纳粹分子。我跟他说我们的遗传密码中的微小符号可能能为我们的父母和祖父母的种族血统提供佐证，但他却说“纳粹分子一定非常喜欢这个理论”。纳粹分子肯定会利用这个观点的，但是，当时的社会形势最终让他们彻底失败了，连同他们千方百计想制定的、极不可靠的种族衡量标准，一起被扔进了历史的垃圾堆。对人类的脑容量进行比较的做法，如同为美的观念制定客观衡量标准一样，被证实是毫无意义的。遗传历史学家对DNA所做的研究是不能够预示一个人将来的相貌轮廓、思维方式，以及生活习惯的。DNA的密码符号只是历史记录，只是告诉我们某些人口群体曾经存在过，由于他们长期居住在一个地区，最终形成了共同的基因特征。

在20世纪90年代前期，卢吉·卢卡·卡瓦利-斯福扎建立了人类基因组多样性计划（HGDP），目的是通过从全世界几万人的DNA中取样的方式，来重建人类生物家谱和语言家谱。无论是对于人类基因科学，还是对遗传学家和历史学家几代人的创新研究，卡瓦利-斯福扎所作出的贡献都是不可低估的。早在20世纪60年代，他就计划通过研究血液中存在的特征来重现历史。他在2001年首次出版的畅销书《基因、民族和语言》概括地说明了他宏伟计划的轮廓，并对从人类历史中挖掘出来的基因和语言方面的痕迹进行了归纳。卡瓦利-斯福扎说，他的人类基因组多样性计划（HGDP）不但丰富了历史资料，而且还有医学效用。这项计划还阐释了纯粹的生物学意义上的种族是不存在的，这对于反种族主义还可能起到作用。

然而，这样一个规模宏大的研究工程不得不停工下马了，这很令人吃惊。下马的原因是这个项目具有明显的理想主义，而且工程组织者没有注意到项目实施的环境，譬如血样和信息的来源等问题。一方面，西方国家里的中产阶级可以贡献血样，并且能够从这个项目的实施中在教育和医疗方面获得收益。而那些与项目相关的土著群体却仍在为获得基本的人权和医疗条件而斗争，他们还同极端贫困、极差的健康状况，以及过多的犯罪现象作斗争。他们中许多人有过受剥削的经历，还有人接受过用人体进行的医学试验。

因此，一些组织有序的小团体反对这个项目的实施，并给这个项目制造了很多障碍。他们说，尚不清楚医药公司能否得到这些DNA血样。有些公司不光是要利用所得到的信息去谋取巨额利润，而且还获得了被检测者的基因专有权。他们还说，一些土著群体害怕有人用世界科学历史来书写土著人的宇宙观。他们反对这个项目的理由还同基因所有权问题相关，譬如，如果其他的群体成员不愿意把自己的DNA交给这个项目，那么他们是否有权只把自己的DNA交与这个项目。从根本上说，在这个研究项目上投入的几百万美元，没有用在贡献血样的人身上，这是无法避免的矛盾。在一些土著群体中，这个项目被称作“吸血工程”（同时，很多有关遗传研究方面的政治斗争也在进行中）。

一小群研究人类文化的学者指责卡瓦利-斯福扎等人的种族主义倾向和狂妄傲慢的态度。还有些人甚至对这个项目是否有益处提出了质疑，暗指这个项目中有关人类历史的问题是含糊不清的。他们还质疑说，研究单个人口群体的基因除了有助于了解这一群体的历史外，对于认识其他人口群体的历史会有帮助吗？几年以后，在联合国的一次讲话中，卡瓦利-斯福扎说：“无知能够孕育恐惧和仇恨，我发现，当无知与痛恨科学的、有个人政治目的的人混在一起时，这种无知最危险。”

显然，人们对历史上多灾多难的人口群体进行遗传研究时会引起更多公开的关注。我还记得在英国遗传研究项目中，人们的基因组是如此相似，以至于现在的医学基因组学可以把它们看作是完全等同的。然而，我们仍然能够辨识出这些基因组之间的差异，蕴涵着一个个历史故事：接受检测者的祖先曾经生活在不同的地区，他们在后代的遗传结构中留下了标记。就我们目前的认识来看，这种基因差异的形成机制，与造成一些群体之间头骨形状产生差异的进化机制没什么不同。

对于此类遗传研究的批评，最让人迷惑不解的是批评者经常引用人类基因组时代最流行的观念：DNA揭示出种族是一种虚幻的概念，除了肤色不同，所有人本质上是一样的。但是，当人类基因组时代带来另一种后果——我们现在已经能够分析我们的基因组，并且能够量化种族的历史了——时，上述观点怎么还能站得住脚呢？种族到底是存在于我们的基因中，还是存在于我们的头脑中呢？

世上根本就没有生物意义上的种族，人类在各个种族之间比在同一种族之中有更多的相似性，这种观念可以追溯到1972年，当时，来自哈佛大学的进化生物学家兼遗传学家理查德·卢旺廷进行了一个具有里程碑意义的实验，这个实验到现在还影响着人们对此类问题的看法。卢旺廷检测了基因组中的17个位点，对每个位点来说，不同的人之间只可能存在一个碱基的差异。卢旺廷通过实验证明，对每个位点而言，群体之中的差异要比群体之间的差异更大（我们经常把这样的群体看作是一个种族）。这说明，人与人之间的巨大差异存在于各个领域，但绝不是种族。卢旺廷写道：

人类种族和人口群体极为相似，人类的最大不同之处是由个人之间的差异造成的。人类种族的分类没有社会价值，而且对于社会关系和人际关系具有破坏性。

既然人们认为种族分类在实质上既没有遗传意义，又没有分类学意义，那它就没有存在的必要了。

人们一般用这些发现来证明：人种之间或民族之间的差异，与他们之间的共同之处相比显得微不足道；尽管来自世界不同地方的人可能和我们长得不一样，但是总的来说，他们和我们的共同之处多于不同之处；生物学意义上的种族是不存在的。人们还用这些发现来证明，你不能从一个人的DNA中确定他的社会背景。“人类基因组多样性计划”宣称，“一个群体（种族）内任意两个人之间的差异与世界上任意两个人之间的差异几乎是一样的”。

但是，如果你检测一下更多的DNA位点，情况就不同了。2007年，一个由犹他州大学的研究员D. J. 威瑟斯庞带领的团队对同样的问题进行了研究。研究的结果证实：如果你比较不同种族的人群之间的几百个DNA位点，你仍然会发现种族之间的共同之处要多于种族内的共同之处。但是，如果你选择全球各个地区的不同人口群体，并且比较他们的数千个DNA位点，那么情况就变了：通过检测更多的DNA来提高辨识度，结果，同一群体中个体的共同点要多于和其他群体之间的共同点。

威瑟斯庞等人进一步完善了这个检测方法。他们发现，如果比较地理上分隔了很久的人口群体，你只需要100个DNA位点就能确定哪个人来自哪个群体，这好像说明了人的种族是可以通过DNA来进行确认的。其实，研究人员的确从这些数据中有所发现，但绝不是有关种族的发现。

得出这样的结论是有很多原因的，有些原因与基因无关。他们没有在基因组里发现“种族”的首要原因是“种族”在生物学中是一个不准确的、无多大用途的概念。这个词暗含的意思是种族的分界是绝对的、永恒的，但“种族”在语言中是最为飘忽不定的一个词。譬如，萨莉·赫明斯的外祖父是白种人，外祖母是黑种人，赫明斯的父亲是白种人（赫明斯与杰弗逊的妻子马莎·威尔斯是同父异母的姐妹）。然而从1790年开始，赫明斯在连续几次人口普查中都没有被统计入册，当时，是时任国务卿的托马斯·杰弗逊推进了美国第一次人口普查。她本该在第一次普查时登记在册的（不登记姓名和种族），后来的几次普查中也有可能被归入“穆拉托人（即第一代黑白混血儿）”“黑人”或“白人”。在不同的年代，用以区别种族的标准也有所不同，取决于谁有权力，谁没有权力。不仅是种族的定义有很大的随意性，定义种族的人也是经常变化的。有时候，一个种族类别是强加给人的，有时候是人们自己选择的。种族把文化特征和身体特征融合在一起，并认定身体特征决定了文化特征，或者二者不可分割。

无论是通过失败的还是成功的例证（譬如，怪异的人种改良“科学”和纳粹通过Y染色体来量化种族的失败尝试等），科学一次又一次地证明，划分种族的界线总是以文化为部分标准的，它们永远无法对实际的人群进行精确的划分。不存在预先设定的一套遗传的或者其他身体上的界线，可以将古往今来的不同人群分门别类。现代种族主义者可能希望有些DNA比其他DNA更为尊贵，但是人类基因组中没有什么东西可以用来装点古老的种族主义，比如聪慧、美貌或纯洁。

尽管种族的观念一无是处，但仍然很难去除。仅仅断言种族不存在的做法，看来不能改变人们的观念或生活方式，因为人们在日常生活中常常遇到与自己迥异的人群，这是对“种族不存在”观点最为鲜活的反驳。如果坚持认为种族只是一个文化概念的话，那么人们将无法解释这样的日常经历：遇到一个人，长得很像中国人或者北欧人，结果发现他（她）的确出生在中国或者欧洲。如果种族不是我们在其他人群身上看到的那些，那么它又是什么呢?

这种混乱源于我们在使用“种族”一词的时候，经常包含了“祖先”的概念。当人们抵制“种族”的概念，或者证明其无法在生物学上成立时，实际上也抵制了“祖先”的概念，这样一来，就会出现问题。早期的批评家认为人们之所以对于划分种族的遗传学感兴趣，是因为他们相信遗传学是医治疾病的解决方案。一位政治科学家在回答《纽约时报》2005年关于“种族”医疗功用的专栏时指出，卫生与医疗服务部、国家健康研究院的员工和保障者，都不应该发表或引用任何暗指遗传学与人口分类（包括种族或民族）有关联的文章，除非文章的发现有统计学意义，并且“对于公共医疗有明显的益处”。

虽然这些观念有些极端，但是却代表了广泛存在的担忧，这些担忧不是经常能得到如此大胆的表述的。通过政令禁止发布有统计学意义的信息是不科学的做法，而且还有违言论自由。更重要的是，这样的举措对公共医疗的危害大于保护。对疾病的遗传关联研究很容易同祖先标记相混淆。如果忽视了祖先标记中不带有意识形态色彩的中性标记，那么甄别致病基因的医学研究将被错误的判断引入歧途。

祖先是真实存在的，不仅仅是一个简单的概念。你可以从人们的面部看到他们祖先的印记，你还可以在人们的DNA中分辨出他们的祖先。不同的人群有着不同的基因组碱基排列模式，这事实上就是各个人群的“祖先标记”。

2011年，艾伦·埃尔海克受雇完成人类历史上最大的拼图游戏；实际上，这个拼图游戏就是人类历史本身。人类基因组多样性计划（HGDP）失败以后，《国家地理》杂志在2005年发起了一个基因地理工程，目的是研发出一个解读人类Y染色体和线粒体DNA的方法，有50万人积极参加了这项工程，提交了自己的DNA样本。从一开始，这项工程的研究人员就以不同的方式同土著社区进行了接洽，清楚地告诉他们仍然保有对自己DNA的所有权。人类基因组多样性计划（HGDP）曾经建议永久保持样本的细胞系活性，但是该工程承诺不会这样做，因为很多群体一想到自己去世后身体细胞还活着就会感到不安。该工程还研发出了漱口采样法，对于那些不愿意献出血样的人来说是很好的做法。尽管还有一些土著人的问题没有得到解决，但是这项工程和接受检测的人群之间，建立了一种更加尊重、和谐的关系。

2012年，基因地理工程决定将所有的染色体纳入进来，并对常染色体DNA进行分析。工程要求埃尔海克设计一个方法，这个方法要能使我们从一个样本中获取尽可能多的信息，但这些信息仅限于历史信息，而与个人的健康或者特征无关。（更多健康与基因组的联系，详见第十四章。）在此之前，埃尔海克必须收集足够多的数据，来调查尽可能多的人口群体，因为他首先要纵览全局，才能了解局部。最棘手的问题是，用以区分两个群体的一系列变异碱基很可能与区分其他任意两个群体的一系列变异碱基是不同的。

多年以来，埃尔海克痴迷于数据收集。他尽可能地从公共数据库中收集信息，也接受别人给他提供的数据。他回忆说："有许多掌握大量数据的科学家，热心同我分享他们的数据。"最后，他从近500个人口群体中收集了数万人的基因数据，组建了世界上最大的基因数据库。

埃尔海克将人口群体两两对比，找到区分这两个群体所需的最少数量的变异碱基，从而搞清楚如何将所有人口群体区分开。他举例说："如果要通过检测区分一个黎巴嫩人和一个叙利亚人，那么我需要多少个遗传标记才能准确地确定两个人所属的民族呢？一百、二百、一千，还是两千？"

埃尔海克解释道："不是每个群体都区分得开，因为有些群体从遗传学的角度无法区分。我的数据库中有很多印度群体，包括不同的语言群体和种性群体，但是无论你使用多少个遗传标记都无法将他们区分开来。" 埃尔海克发现他需要500个到2000个DNA中的变异碱基，才能区分开大多数群体。

埃尔海克研究的人口群体大致相当于我们所说的民族或种族，但实际上他检测的是"祖先"，不是种族。这不是语义上的文字游戏，也不是用一个中性词"祖先"来代替有煽动性意味的词"种族"。他的分析基于这样的认识：每一个群体中的个体们都携带有一种特定的DNA模式，因为他们是某个特定人口群体的后代。生物学意义上的种族概念无助于项目研究，这不仅仅是因为它不准确，还因为它隐含着明显的错误暗示——人们可以被分门别类地放入截然不同的基因“木桶”之中。“祖先”的概念就没有这种暗示。埃尔海克目前在谢菲尔德大学工作，Prosapia Genetics公司就是根据埃尔海克的分析建立的。

自从人类基因组多样性计划（HGDP）广泛传播不同群体之间的个体比同一群体之间更为相似的错误观点之后，人们就力图纠正基因种族的这一错误概念。纠正的方法是把人类基因组描绘成单一的连续统一体，所有的群体就像穿在一条线上的珠子。但是这个比喻作用也不大，因为你不能把埃尔海克的几百个群体都穿在一条线上。虽然人类基因组可以说是一个连续统一体，但这个统一体是随着时间分出支系，并且发生变化的。你可以把它比作一棵确定的、不能裁剪的树。每一个健康生长的枝干末端就是现存于世的一个人口群体。树干的根部是一个单一的群体，现今世界上的每一个人都源自这个群体。枝干自身也可能相互缠绕形成一簇，不同的枝干经常会融合为一条枝干。

如果你把这棵基因组树的所有部分隐去，只留下树枝的最末端，那么你实际上画出了一幅现代人口群体图。你可以清楚地看到不同的群体，也可以看到群体之间的连续性。你甚至可以从这幅人口群体图中分辨出世界地理，因为人们住得越近往往就越相像。像埃尔海克这样的科学家在分析现世群体的DNA时，实际上就画出了一整株祖先树。通过检测基因组中的祖先标记，科学家们得到了以下结果：一方面我们是不同的，因为不同的群体源自不同的祖先枝干；另一方面，我们又是相同的，因为我们都源自同一株祖先树，并且紧紧地围聚在树干周围。

设想这样一棵祖先树有什么危害吗？尽管有人抵制那些关于历史的遗传信息，但对于如何使用这些信息，还鲜有研究。虽然我们可能会担心人们对此的感受，但是他们究竟会作何反应，我们还不甚明了。

来自得克萨斯州的布赖恩（罗思研究项目中的所有人名均为化名）参加了一个DNA检测。他以前一直以为自己是白种人、移居美国路易斯安那州的法国人和法国阿卡迪亚人的混血儿，是法国人，但是检测结果显示来自他父系和母系的大量DNA都同美国原住民的DNA相同。他以前一直觉得自己是法国人，但现在他不这样认为了。检测结果还影响到他对其他人种的看法，譬如，他感觉自己有别于白种人。

布赖恩参加的是不列颠哥伦比亚大学温迪·罗思组织的一项DNA调查。罗思在欧洲的一座陵园里找到了她曾祖父的爷爷的墓碑，她对于DNA信息如何影响身份认知极感兴趣。她感到“这非常值得研究，人们普遍对此缺乏关注和兴趣”。

罗思联系了很多接受DNA检测的人，她发现人们获得新的祖先信息后的反应经常是很微妙和复杂的，并且随着时间的流逝发生着变化。大多数人并不会颠覆自己本来的身份认知，因为检测数据中没有什么出乎意料的东西。但是，当人们（像布赖恩那样）得到了一些意想不到的信息时，所有的一切都变了。不过，罗思回忆说：“我联系过的人中很少有人完全改变了对自己的身份认知。”通常来说，认为自己因为获知新的祖先信息而改变的人，会拓展他们的自我认知，将新的信息囊括进去。

有一位墨西哥裔美国人发现自己还有凯尔特人祖先，但他对于这个信息没有多大兴趣，因为人们对凯尔特人的固有看法是身材高大，而他却是身材矮小。人们很可能以为他这是在做白日梦。有些人欣然接受了检测结果揭示的祖先的多样性和复杂性，然而他们发现家族中的其他成员对此并没有保持开放的心态。有一位女士，自认为是黑种人，却发现她的基因组中有39%属于欧洲人基因。虽然她对此很好奇，但是她的妹妹就不愿意接受这个事实。还有一位女士本来认为自己是白种人，却发现父系一脉有非洲祖先，于是，她开始看一些相关的电影和戏剧，来探寻黑人的经历。然而，她说她不能把这个消息告诉她的哥哥，因为他有些偏执狭隘。

有些受访者虽然接受了新的信息，但是当这些新信息可能会改变生活的重要方面时，他们就会变得犹豫起来。例如，有一位女士发现自己有犹太血统，她受邀来到当地的犹太教堂，但是这个宗教的严格教义以及她遭遇到的一些人的偏见，使她感到缺乏归属感。

虽然有些人对于新发现的多个种族身份持积极的态度，但是他们不愿意公布这些信息，唯恐人们把他们看作是“别有用心的人”。很多接受罗思项目检测的人发现自己有美国原住民的血统，由于少数民族可以获得政府补助，因此事情变得没那么简单了。他们害怕别人会说他们是为了得到这笔钱，才把早已过世的祖先搬出来的。还有些人担心别人会误解自己打算放弃“真实”身份，接受其他身份。

有时候，不参加DNA检测的行为也能说明一些问题。譬如，罗思发现参加DNA检测的亚洲人不多，于是推测亚洲人不怎么参加祖先检测。当她询问那些参加检测的亚洲人这是什么原因时，他们回答说：“我们很多人都知道自己的祖先是谁。”罗思注意到：“亚洲人认为自己是单一血统的观念，其实并不比其他群体更准确，亚洲人通常认为他们有着共同的祖先。这与他们的民族神话和来自何方的故事有关联。”

总的来说，罗思发现有些人过分解读了DNA，而有些人则没有；有些人反应过度，但大多数人不会这样。总之，罗思的调查对象们有着各种常见的反应，只有一种例外：有些人发现关于祖先的新信息后，他们的反应是去扩大自己的知识面。譬如，有一个人发现了母亲一脉与非洲的富拉尼部落有关联，于是他开始学习富拉尼语。

罗思说：“这类检测看起来使人们更深地意识到了历史上人种融合的程度，我认为很多人一开始都认为自己100%属于单一种族，他们并不是因为想挑战这样的认知而接触到遗传学的。而是当越来越多的人接触到遗传学，尤其是参与这类检测后，才意识到自己并非100%属于单一种族……无论是在久远的时代，还是在几百年前，或是在近一两代人中，一定发生过种族融合的事。”

无论人种的融合发生在我们自己的家族中，还是我们所属的更大族群中，如果你想要了解这种融合，那么一定要了解DNA，而且还要了解相关的历史背景。珍妮弗·瓦格纳是位律师兼人类学家，经常为法律界解释科学，或者为科技界解释法律。她提倡“从历史的角度研究人类的差异，把相关文化的、社会学的、历史的、遗传学的、进化生物学等因素整合起来”。她同几个同事一起正在研发一门创新课程，运用遗传家谱学来讲授进化（“用一种更令人兴奋的方法来讲授这些概念，比研究豌豆或者果蝇要有趣得多”）。

瓦格纳说，在当今的美国，“在法医数据库中，有关少数民族的资料占比过高，而在生物医学研究数据库中，有关少数民族的资料占比过低。遗传与基因技术既可能缓解也可能加剧种族差异。我们必须注意这一点，并倾尽全力确保每个人都能分享科技进步带来的红利”。

瓦格纳在课程中将会讲授巨大的人类家谱树，它本可能长成无数种不同的形状，为什么偏偏会成为现在的样子呢？一方面是因为它的生物机制，另一方面是因为历史事件。人类的选择、偶发事件，以及不可预测的意外事件等等，都对这棵树的生长产生了影响。想要确定影响基因组的所有因素是不可能的，但是，我们已经开始具备拼合重要相关事件的能力。那么，对于今天的人类基因组而言，谁曾经是影响它的决定性因素呢？

第十二章

世界历史

人类最终只不过是基因的载体，或者说是基因的通道，基因就像骑着赛马一样一代接一代地骑着我们跑进赛场。基因不考虑什么是善良，什么是罪恶；也不在意我们是幸福，还是烦恼。我们只是它们达到目的的工具而已，基因只关心什么对它们来说最为高效。

——村上春树《1Q84》

如果你把人类想象成一棵树，那么树干就深深地扎根在非洲的土壤里。现代人起源于几十万年前的非洲，而且从25万年前起至少有15万年只生活在非洲大陆，这比我们定居到地球上其他地方的时间要长很多。

人类是纯粹的非洲物种，而要弄清楚那个时期人类的生活状况可能是科学界最大的一个难题了，因为没有留下文字记录，化石也寥寥无几，手工用具也只能追溯到7万年前。但是，这并不能说明那时候人类就不使用工具，不戴饰物。即便真有工具或饰物流传下来，我们也还没有发现呢。不过，科学家已经在着手研究这些史前历史了，每年都会发现一些新的证据，我们的视野也就随之向前延伸。我们经常把人类历史看作是一种逆向减暗的过程，越是古老的历史，我们的认识也就越模糊。如今，我们的思想和智力日益发展，我们所发现的20万年前的证据也越来越多了。就在几年前，人们发现了6万年前带有人为雕刻痕迹的鸵鸟蛋。在以色列和阿尔及利亚出土的串珠项链表明，这些物件已经有10万到13万年的历史了。在希腊克里特岛发现的古代用具也说明在10万年前就有人乘船到达那里了。有迹象表明，早在10万年前，在南非布隆伯斯洞穴就有人类在进行赭石加工了，而且在同一地方，古人已懂得如何用火来把石器的尖端处理得更加锋利，我们以前认为这个技术最早是在2万年前才出现的。在科学史上，没有几个人想象得到在那么远古的时代，人类的智慧和娴熟的技术已经发展到这样的高度了。

各个氏族和部落群体居住在非洲大部分地区的历史已有几万年了。大约在6万年前，一个或许只有1000人到2500人的非洲小群体开始向外迁移了，我们不知道他们为什么要离开非洲，也不知道他们为什么要到一个新的地方去，但是他们的迁移的确是人类基因组历史上一个最为重大的事件。

当时留在非洲的人就是现在10亿非洲人的祖先，而那一小群离开非洲的人就是世界其他地区所有人的祖先，他们所携带的DNA只是在他们离开非洲之前各种人类基因组的一个小小的样本。实际上，我们之所以知道当时的确发生了那次大迁徙，是因为现在我们仍然可以看到，非洲以外世界各地人类的基因组，仍然是非洲境内人类基因组变体的一部分。

当一个物种的基因组样本被分离出来，然后形成另一个种群时，我们把它称为瓶颈群体。（在这个比喻中，瓶子的颈部是指最初分离出去的小群体，瓶颈延伸到了瓶身，是指这个小群体的人口增长了，变成大的群体。）瓶颈群体可能是由很多因素引起的，这也说明了人类基因组形成的偶然性，而瓶颈群体就是很有说服力的例证。正如斯坦福大学的生物科学教授马库斯·费尔德曼所说的：“发生在很久以前的事情可以限制后来发生的事情，如果一场灾难杀死了某个物种的98%的个体，那么，这个物种的进化将受到仅存的2%的个体的限制。”

当一个群体通过瓶颈效应时，特别容易受到DNA流动的影响，在小的人口群体中，DNA相互融合得更快，用不了很多代人，所有人的基因组就非常相像了。流动是偶然发生的，是没有逻辑性的。DNA的微粒可以毫无原因地遍布整个群体，然后这种DNA的携带者结婚生子，再把DNA更快地往下传。在整个群体中流动的DNA可能会对整个群体产生影响，例如，红头发、突出的额头，或某种健康问题。有些DNA的微粒还可能没有凸显出来就逐渐地不为人所知了。

离开非洲的小群体是最容易确认的瓶颈群体，但它绝不是人类历史上唯一的一次瓶颈事件。大约发生在7万年前的一次瓶颈事件几乎使人类到了濒临灭绝的境地。在印尼的多巴湖，一座火山喷发，突然地改变了全球气候，火山灰覆盖了世界大部分地区，只有少数人幸存了下来。有些研究人员认为，现在世界上所有的人都是那次火山爆发幸存者的后代。实际上，如果你总结一下那些改变了人类基因组的大规模的迁移、大灾大难、疾病、创新发明，那么可以说这一切都是由瓶颈事件造成的。在这些事件中，一个人口群体缩小了，或者被融合了，当两个或几个群体生活在一起时，他们的基因材料也融合在了一起。如果想更确切地说明这些事件，你必须加进一点达尔文的适者生存理论。马库斯·菲尔德曼多年来对遍布全世界的人口群体进行了比较。他说，人口群体之间的差异“反映出两个过程，一个是从非洲的迁移和迁徙的距离；另一个是某些基因的自然选择，主要发生在农业出现以后”。

第一次走出非洲的大迁移具有非常重要的意义，因为它标志着人类从一个地区性的物种变成了全球性的物种。在此之后，人类还有过多次意义重大的迁移，但世界上大多数群体的历史都受到那次走出非洲的瓶颈群体的影响。

在迁徙中，人们穿过亚洲，沿着海岸进入东南方。他们经历过陌生的气候，到达过陌生的地带，还意外地遇到过五颜六色的、令人难以想象的野生动物，这些动物大多要伤害他们或者吃掉他们。这些迁徙中的人每到一处都要留下后代，这些后代都要适应当地的地理环境和食物。经过几代人以后，这个陌生的世界变成了他们熟知的环境。在时光的流逝中，他们后代的后代渐渐发生了变化，肤色、体型和身高都与从前不同了。

这些迁徙者和他们的后代发明了驯服动物的技术，像狗、山羊、绵羊、猫，还有马等等，都被驯服了。他们还发明了乘船和冰上滑行等交通方式。一些早期的迁徙者遇到了类似人类的体型粗壮的动物，它们是更早期迁徙者中的幸存者。有些迁徙者经过跋涉到达了一大片地块，就是现在的印度尼西亚，在那里，他们发现了一批身材只有孩子般高的人。大约在5万年前，他们到达了澳大利亚，在那片土地上，他们发现的袋熊足有2吨重，袋鼠有10英尺高，就连狮子身上都有袋子。又过了1万年，他们才来到了欧洲。

在不到18000年前，人类到达了一块我们称为北美洲的陆地。（到此时只有南极洲没有人类涉足了。）现在看来，美洲的整个土著群体的祖先是来自西伯利亚的大约80人的小群体，他们行走的路线现在已被海洋覆盖。在32000多年前，他们在白令岛的西北部避难，那是一条连接阿拉斯加和俄罗斯的陆桥。在后来的几千年里，他们走进白令岛东部，再后来，大约在14000年前，他们到达了北美大陆，并且沿着太平洋海岸向东扩展。遗传学家发现土著美洲人只有五种线粒体DNA，而且其中有四种在亚洲普遍存在。这个迁移路线说明，这群古老的土著美洲人的基因组可能源自亚洲，其他遗传研究也完全可以证实这一点。

后来，戴维·赖克的一项研究使整个情况变得更加复杂了。戴维的研究发现，现代的土著美洲人和欧洲人的基因组在古代是相互关联的，这说明在欧亚大陆曾经有一个人口群体存在，而这个群体是土著美洲人和欧洲人共有的祖先。这项研究是以现代基因组的比较为基础的，因为目前还没有发现这个群体的骨骼化石。然而，在2013年，生活在24000年前的一个小男孩的遗体化石在西伯利亚中西部的马耳他被发现，从化石中提取的DNA显示，这个男孩同现代欧洲人和美洲人都有关联。这个发现说明，土著美洲人的DNA起码有14%到38%来自欧亚大陆西部的一个人口群体。引人瞩目的是，几个月以后，又有一具古代男孩的化石在美国蒙大拿州被发现，这是个死于12500年前的婴儿，现取名为Anzick-1，这个尸体被红赭石覆盖，旁边还有克洛维斯文化的几件石器。这个男婴是第一个被测定基因组序列的古代土著美洲人。埋葬Anzick-1男婴的是现代土著美洲人的祖先（尽管他与中南美洲44个人口群体的关系比北美洲的人口群体更近）。

这两具古代男孩遗尸的发现说明：在走出非洲的大迁移时期，在世界其他地方也发生了类似的大迁徙。无论那些迁徙者在哪里停下来，即便是一个小群体在一个地方定居下来，他们的生活，还有他们的基因组，都会不断地发生着变化。这些定居者与别人联合起来，或被别人吞并；或者从他们之中又派生出一个小群体来，形成新的分支。据说在18世纪殖民化之前，澳大利亚人的基因组在几万年里一直是独立存在的，但是，在2013年，研究发现在4000年前有一个来自印度次大陆的群体进入了澳大利亚，为当地的基因组增添了新基因。大约在同一时期，那里的工具制作和食物加工也发生了变化，并且出现了野犬，这可能是印度移民群体随身携带的野犬。

当然了，不光是从非洲迁移出来的人的后代发生了变化，从基因组的角度讲，留在非洲的人口群体也是小规模的迁移群体。有标记显示，在6万年前，非洲大陆上就出现过基因组瓶颈群体；在2012年，研究人员宣布他们发现了人类家谱树的一个原始分支。生活在非洲南部的科伊桑部落，是在10万年前从其他部落分离出来的。另外，有很多群体穿过这片土地，与其他群体融合在一起。在非洲大陆的很多地区，即便是在同一个地区，当地土著人实际上经历过的生存环境也不同。在这样久远的历程中，气候在发生变化，早先是植物繁茂，动物健壮，后来冰河期开始后，这块土地就干涸了。

菲尔德曼和同事统计了一下不同的现代人口群体经历过的瓶颈数量，他们发现经历过较多瓶颈的群体在基因组中发生的有害突变，比经历过较少瓶颈的群体要多。然而，即使他们找到了分辨群体差异的方法，他们的工作也依然凸显出人类之间的共同点是压倒一切的。菲尔德曼对我说，如果你检查人类的基因组，“你会强烈感受到，来自不同大陆上的人实际上具有非常相似的基因组，而基因组中不同的部分是非常微小的，我认为只有0.01%”。

在6万年前，人类从非洲开始的大迁移绝对不是人类的第一次迁徙，但却是最成功的迁徙。在以色列的斯虎尔和卡夫扎洞穴中发现的类似现代人的骨骼化石可以追溯到12万年前。虽然那些人不是我们的直系祖先，但很可能是早期走出非洲的群体。另外，从非洲走向世界的迁移过程可能非常复杂。2014年的一项研究同时对比了人类头骨化石的形状和DNA的联系，研究结果表明，澳大利亚土著的祖先实际上是13万年前从非洲迁徙而来的，历史上起码有过两次现代人从非洲向世界迁移的浪潮。在阿拉伯半岛的内地沙漠和山脉中发现的10万年前的石器可以证实这个论断。然而，有一种与人类类似的生物离开非洲更早，几乎是在50万年前，这种生物建立的文明遍布世界各地。

通过另外一种方法，我们也能够知道非洲本地人和世界其他地方出生的人构成了人类不同的分支。为了更好地了解产生这种分支的过程，让我们把目光投回到非洲大迁徙开始时的一个事件。当一个小的迁徙群体站在欧亚大陆的门前，可能正考虑向哪个方向继续前行时，遇到了一群尼安德特人，从此以后他们相互融合，生出了人类和尼安德特人的混血儿。如今，所有在非洲以外居住的人口群体的DNA中都有那次邂逅的标记。

在近几年中我们了解到，世上85%的人口都带有尼安德特人的DNA。尼安德特人是与人类完全不同的物种，一直生存到距今27000年以前。如果说对于人类基因组的研究还没有彻底否定基因纯粹论的话，那么，我们近来对于尼安德特人祖先的发现就足以证明基因纯粹论是多么荒谬了。澳大利亚国立大学的生物人类学教授科林·格罗夫斯说："尼安德特人和智人（现代人的祖先）的区别就像狮子和老虎的区别，从基因上讲，他们是截然不同的物种，但是，他们可以混血繁殖。"

有关尼安德特人基因组的首篇文章是由一个国际科学家团队在2010年发表的，团队中的成员包括哈佛大学的戴维·赖克。我在2011年访问了赖克的实验室，并向他询问了我们的两个祖先群体首次见面的情景。他解释说，初次见面也许只有几十个智人和尼安德特人，也许有几千人。在2011年，我们还不知道人类基因组中的哪些部分是源自尼安德特人的，但是从那时起，关于尼安德特人DNA的科学研究发展得比任何人想象的都要快。

有关尼安德特人信息的迅速增多是由古代DNA科学领域的一场革命引起的，领导这场革命的是来自德国莱比锡马克斯·普朗克研究所的斯万特·帕珀。古代DNA是最难研究的课题了，长期以来，人们认为DNA存活的时间不会超过几天或是几个星期，但是现在，科学家可以从几万年前的化石中确认并提取出DNA来。第一个尼安德特人的基因组就是取自克罗地亚的一个洞穴中发现的遗骨化石，这个化石可以追溯到38000

年前。从技术上讲，解读古代DNA是相当困难、相当复杂的，简直被认为是解决不了的难题。而且在整个研究中，古代人的DNA中很可能混入现代人类的DNA，这使解读古代人DNA的工作变得更为复杂。世界上只有为数不多的实验室设立了防止这种风险发生的经过消毒的“aDNA”实验室。

从现代人类的基因组中去探寻过去的历史只是诸多不同的研究方法之一。除此之外，我们还开始建立古代基因组资料库。我们可以把古代人的DNA同现代人的DNA相比较，还可以在古代群体之间进行DNA比较。赖克领导的一项具有开创性的研究，就是对于生活在1550年前到5500年前的364个古代人的线粒体DNA进行比较，这些DNA分属于九个不同的欧洲文化时期。（因为在任何一个单一细胞里有很多线粒体DNA的拷贝，所以从古代遗尸中比从核DNA中更容易找到线粒体DNA）。这个团队发现线粒体DNA的传递有一个停滞模式，这个模式由于出现变化而中断。当种植业在欧洲中部开始兴起以后，2500年来人类的遗传构造变化不大。但是在此之后，与农民相关的基因特征开始传播。赖克团队发现了四个重要事件，比如马的使用和冶炼技术的兴起。在这样的事件中，一个人口群体扩大了，或者被另一个群体代替（通常被替代的群体与重要的文明进程背道而驰）。

2014年的一项研究运用了欧洲古代农民的DNA和采集狩猎者的DNA来解答古老的难题：是农业的浪潮迅速席卷欧洲后被采猎者所采纳了呢？还是农民占领了整个欧洲大陆，然后代替了采猎者呢？研究发现在这两种群体的DNA之间存在着很大的差异，这表明虽然采猎者的DNA有可能进入了农耕者的基因库，但是，大多数的情况是农耕者代替了采猎者。

现在，我们对于两年前还不能解决的问题已经有了答案。确切地讲，尼安德特人的DNA在人类基因组里到底起什么作用呢？难道它仅仅是远古时代不同物种相遇的标记吗？仅仅是在基因组内流动的随便组合的基因位点吗？还是因为某些尼安德特人的某些DNA位点对于我们有益才得以延续下来的？

尽管大多数非洲以外的人具有1%到3%的尼安德特人的DNA（我有2.7%），但是总体看来，尼安德特人全部基因组中的60%以微粒的形式分布在整个非洲人以外的群体中。有几个研究团队已经证实，因为有了尼安德特人的DNA，那些早期走出非洲的迁移者可能更快地适应了更寒冷、更恶劣的气候。有些经常出现的尼安德特人的变异基因组位点对于头发和皮肤的颜色具有决定性的影响，而且很可能使最初的欧亚大陆人的肤色比他们非洲祖先的肤色更浅。在其他受尼安德特人基因组影响的地区，人们更容易患上某些疾病，例如狼疮、局限性肠炎和2型糖尿病，而且也更容易出现吸烟成瘾等行为特征。有些尼安德特人的DNA对某些人口群体更有用，譬如相对于亚洲人来说，欧洲人带有更多的有助于类脂分解代谢、胆固醇和脂肪酸以及相关分子处理的尼安德特人的DNA。

有些尼安德特人的DNA甚至可能是有选择性地保留下来的。在人类基因组中的某些部分根本没有发现尼安德特人的DNA，例如那些决定人类睾丸特征的基因。这可能是因为最初遗传到这些DNA位点的人没能继续把它们成功地传承下去。

在对尼安德特人的DNA测序后没多久，帕珀带领的团队就发现有些人带有来自完全不同的古代物种的DNA，现称为丹尼索瓦人。在2010年以前，我们甚至不知道丹尼索瓦人的存在。虽然我们只有在西伯利亚阿尔泰山的一个洞穴中发现了少量遗骨和牙齿的化石，但科学家仍可以从这些化石中提取DNA，并且同现代人的基因组进行比较。丹尼索瓦人可能一直散布到了东南亚。澳大利亚土著人、美拉尼西亚人，以及其他一些亚洲群体，除了携带有尼安德特人的DNA之外，还携带有5%的丹尼索瓦人的DNA。人们认为有一个早期离开非洲的族群在亚洲遇到了丹尼索瓦人，从此把他们的基因组向外扩散，并在5万多年前把基因组带到了澳大利亚。

唯一的一个既没有尼安德特人DNA痕迹，也没有丹尼索瓦人DNA痕迹的群体，是撒哈拉沙漠以南的非洲人，但这个时期并未被发现。然而，研究人员正在检查非洲人的基因组，以期搜寻他们与其他古代种群更早的通婚证据。2011年，有消息宣布一些非洲人携带着一个完全不同的未知种群的DNA。

我们携带古老未知的非人类DNA的事实，不但改变了我们对人类和非人类的观念，也改变了我们对整个古代历史的看法。我们总是把走出非洲的大迁移看作是一个伟大的历程，一小群果敢坚毅的人英勇无畏地出发，奔向未知的世界。但是现在看起来，即便是在那么早以前，世界各地也都已经住着各种与人类相似的种群了。地球上的居民除了尼安德特人和丹尼索瓦人以外，起码还有一个神秘种群——霍比特人，一个在13000年前生活在印度尼西亚岛上的身材矮小的类人族群。

尼安德特人和人类的融合是一个物种渗透的特例，因为这两个群体的关系是非常远的，其实在历史上还有很多影响深远的人种交融案例。马库斯·费尔德曼说："历史上改变基因的最大因素可能是殖民主义，无论是入侵中亚的蒙古人把基因散播到了各地，还是英国对澳大利亚的殖民统治在澳大利亚土著人口中留下了大量的英国特征基因，还有西班牙在美洲的殖民统治也改变了当地人基因库的构成。"

一方面，人口群体分离，产生瓶颈效应；另一方面，也会出现持续不断的人口潮，它们之间相互推动、融合，或者是两个单独群体的交融，或者是一个归入另一个，侵略者和被侵略者在基因组中都只留下了很少的痕迹。

基因组学使我们能够发现几千年前发生的殖民运动的影响。费尔德曼和他的团队证明，5000年前班图人开始向整个非洲迁徙，又过了2000年，他们到达了非洲南部，并同很多当地的群体融合在一起。因为班图人是农民，所以他们赶走了很多以采猎为生的当地群体。与班图人建立了劳动关系的比格米人，其后代的基因组里还留有班图祖先的明显痕迹。费尔德曼说，与此相反，来自纳米比亚的布须曼人，既没有欧洲人血统，也没有其他非布须曼人的血统，“他们的血统中只有自己的特征”。

如果能看到布须曼人的基因们在遗传时结伴而行的密集程度，就有可能知道布须曼人的基因组有多古老。费尔德曼解释说：“你可以想象一条线上穿着很多珠子，DNA的每一个位点代表着一颗珠子，每当产生新一代人时，彼此相邻的两颗珠子就可能断开，并组成一条新线。如果这个脱落重组过程以一定的速度发生，长此以往，你再想发现同一条线上最初那两颗珠子的可能性是很小的。”这叫作连锁失衡，费尔德曼和他的团队发现布须曼人是世界上连锁失衡最少的群体，这也说明他们的基因组反复循环的时间最长。

人类基因组的历史大部分都处在有公共交通工具之前，这一时期人口群体的瓶颈效应和渗透效应是以行走的速度发生的。但是，在较为近代的历史中，地理踪迹与遗传踪迹明显地分离了，因为我们每发明一个交通工具，都加快了基因组分离和融合的速度。正如马库斯·费尔德曼所指出的那样，在广泛使用马的时代，大规模的殖民主义成为可能。

然而，在大型轮船兴起之后，到了探险、奴隶买卖，以及大规模移民时代，巨大的基因浪潮才席卷了整个世界。1511年，当葡萄牙药剂师汤姆·皮雷斯乘着信风来到马六甲（如今是马来西亚的一个州）时，他发现这是一个有着多元文化的港口城市，人们说的语言有80多种，包括源自欧洲、非洲、欧亚大陆、中国和南太平洋诸岛的语言。

到了哥伦布航行发现新大陆的年代，欧洲、亚洲和中东的奴隶买卖一直是贸易的重要组成部分。随着美洲的发现和殖民开拓（包括加勒比地区和巴西），新建的蔗糖和棉花种植园需要引进大量的劳动力，这些劳动力来自西非的奴隶。今天，如果按照中世纪非洲人的后裔人数排序，巴西排名第二，仅次于尼日利亚。总的来说，从1501年到1866年，有550万非洲人被运送到巴西。

即便是在19世纪中叶的土豆大饥荒之前，爱尔兰人就已经开始向美国、加拿大和澳大利亚移民了。大饥荒发生之后，移民数量激增。到1890年，生于爱尔兰的人当中有40%移居到了国外。如今，世界上有7000万人宣称有爱尔兰血统，而他们当中只有500万人还住在爱尔兰。在现代移民潮出现之前，大多数爱尔兰人已经在爱尔兰岛上居住了几千年。

基因组不但是人口融合的历史记录，还能向我们展示这种融合是怎样发生的。费尔德曼说："美洲土著人的Y染色体绝大多数出自欧洲祖先，而他们的线粒体却不是这样。"这说明美洲的殖民者都是男性，当他们涌入美洲后，杀掉了大部分当地的男性人口，比较彻底地消灭了他们的Y染色体。同时他们同土著女性繁衍的后代继承了这些殖民者的Y染色体，而他们孩子身上的线粒体DNA是由母亲遗传的。

这种模式适用于很多人口群体，包括非洲裔美国人。从现代基因组中你会发现杰弗逊和赫明斯的故事并不是特例，很多非洲女人生的是白种男人的孩子。

据布洛德研究所的尼克·帕特森说，当出现多个男性入侵的浪潮席卷一个女性群体时，不仅仅是Y染色体发生了变化，常染色体也有可能完全被替代，只有线粒体DNA保持不变。你还可以在X染色体中追寻到更为复杂的历史，因为X染色体的三分之二源自女性祖先（女性有两个X染色体，而男性只有一个）。X染色体包含的信息比线粒体复杂得多，因为它是男性和女性的结合体，但它主要呈现的是女性的历史。

每当我思考是什么因素改变了我们的基因组时，我就好像看到了一团团巨大的末日乌云掠过黑暗的天空，或者是一个冰雪覆盖的世界，又好像是发生了幸存者寥寥无几的大饥荒。或者我的脑海里仅仅浮现出时间，千百年的时光流逝，岁月翻腾，把一代又一代的人嚼碎了，再吐出来，连续不断地改造着人类的基因组。然而，自然选择并不都是灾难，有些事件悄无声息地改造了一半的物种。

想象一下有这样一种饮料，如果经常饮用，能够彻底改变饮用者后代的生活，一代接着一代，延续千百年。这听起来像是科幻小说，但它不是，而是活生生的古代历史。8000年以前，人类在断奶以后对奶的消化就变得不太容易了。等到人们第一次懂得了饲养山羊、绵羊和牛，他们才开始试着喝动物奶，久而久之就越来越依赖从动物奶中汲取营养了。在世界上的很多地方，喝奶竟然变成了谁能活下去并繁衍后代的决定因素。随机的基因变异，意味着有些人对牛奶有更强的耐受力，他们把这种耐受力遗传给了后代，这些后代因为不存在乳糖耐受问题而得以生存。饮用牛奶的能力在不同的群体中多次进化。

对于牛奶的适应源自文化生物学，即在人体中发生的变化是人们在创造自身环境的时候，由他们自己的选择引起的。我们一般认为自然选择（亦称“物竞天择，适者生存”）是指一个孩子生下来带有的基因变异，使得他具备更强的免疫力，或者有更高的身材，导致他的繁衍能力也优于同辈。因为占据优势的后代把他们优秀的特征又遗传给了更多的后代，这个新特征以及构成这个特征的DNA在人群中也变得越来越常见，甚至有可能占据了主导地位。当自然法则在非洲塑造我们的时候，人类还是一个很小的群体，因此它塑造的是整个人类的基因组。淀粉酶基因是借助古代人的厨房研究文化生物学的又一个案例。淀粉酶帮助人们分解淀粉，2007年的一项研究发现，一个群体摄入的淀粉越多，他们身体中的淀粉酶基因拷贝就越多。不清楚是以淀粉为食的人天长日久获得了更多的淀粉酶基因拷贝，还是那些不以淀粉为食的人失去了原有的淀粉酶基因拷贝。淀粉酶很可能是人类发展历程的主线之一——我们分解淀粉的能力越强，能够迁徙的范围就越广阔。

随着时间的流逝，不同的人口族群四处迁移，并且分裂为不同的群体，自然选择以不同的方式影响着不同的族群，因为自然选择本身也受群体不同行为的影响。马库斯·费尔德曼说，大多数的改变都是迫于采集狩猎生活方式向农耕生活方式的转变，“我们在这里谈论的是允许我们食用牛奶的基因，允许我们食用小麦的基因，这些食物在农耕时代以前的食谱中是不存在的。这类食物是在1万年前通过农业而得到推动的”。

在进化的过程中，人类也失去了大量的功能基因，以及由这些基因产生的能力和特征。近年来，科学家宣称人类的苦味感受基因正在失去其功能。识别苦味的能力可以帮助动物避开有毒食物，因为确切地讲，很多有毒食物都带有苦味。但是对于人类来说，肉吃得越来越多，植物类食物却吃得越来越少，而且火的使用又可以消除很多食物中的有毒物质，这就意味着自然选择不再刻意保留人的苦味感受基因，因此这些基因事实上也就没用了。

味觉的退化仅仅是大量功能丧失中的一种。同古代的人类相比，我们对自然界许多信号的敏感度大大下降。很多与嗅觉、视觉，以及识别信息素能力相关的基因都不起作用了。人类原有的大量嗅觉感受基因，现在仅仅保留了400个，而鼠类则有1000多个嗅觉感受基因。现代鼠类的基因组更像远古时期人类和鼠类共同祖先的基因组。除了嗅觉和味觉以外，还有科学家提到人的听觉范围也在缩小。再过几百万年人类是不是就变成了耳聋、味盲、没有嗅觉了呢？这可不是我们通常想象的人类进化方向。

460年前，几次灾难般的墨西哥大瘟疫夺去了几千万当地人的生命，这些人死于史无前例的（也是后无来者的）发热出血症状。一次瘟疫杀死了80%的墨西哥土著人，接下来的瘟疫又杀死了幸存人口的50%。再加上毁灭性的旱灾、天花的传入和殖民主义侵略者的残酷压迫，墨西哥的土著人口濒于灭绝，他们的基因多样性被永远地改变了。

你可能认为深深影响我们精神世界的历史事件，就是那些塑造我们基因组的事件。有时候的确如此，譬如，实行了几百年的奴隶贸易改变了几百万人的生活，造成了经济落后，还把人际间的不信任感传了下来。奴隶贸易还彻底改变了人类基因组的面貌，在输入奴隶的国家里，有很多现代人口群体的基因组显示出这些人是被卖奴隶、奴隶贩子和其他移民的后代。

然而，人类基因组具有一个奇特的事实：世界历史在你的细胞中可能是显而易见的，包括所有和你的家族切身相关的历史，以及部分与更广阔的背景相关的历史，不过，尽管历史塑造了你，但你只是被部分历史塑造的。

从本质上说，引起瓶颈效应的疾病和灾难，通过对祖先的基因池产生瓶颈效应来影响后代的基因组。与此类似，导致一个分支人口群体灭绝的事件，其实也是一个与基因组相关的事件，因为这个事件把一种类型的基因组从基因总库中清除了。在这种情况下，重大的历史事件，像两次世界大战，还有1918年的流感大流行（即便那次流感导致世界各地都有人死去）等，可能不是同类型的基因组事件。尽管流感病毒极大地影响了一些相对较少的人口群体，例如西萨摩亚的土著居民，他们的致病死亡率更高，但是这些人口较少的群体又得以恢复原状。西萨摩亚现在是自给自足的群体。

在基因组中留下痕迹的历史事件也不一定是历史上最重要的事件。有很多重要事件可能都没有留下记录，这就是古代DNA成为如此重要的工具的原因。那些无法通过检测现代人基因组发现其Y染色体的古代人，我们将无法找到他们的踪迹。

如果虱子也有名字，从理论上讲，你可以创建一个家谱，把所有的虱子连同它们的宿主人类联系起来，然后顺着虱子和人类的共同家谱一直追溯回非洲。虱子基因组的最新测序，大致上代替了这样的家谱记录，印证了以上的故事。通过确认虱子的四个主要分支群体，研究人员发现虱子的基因组树可以覆盖在人类的基因组树上，这两个物种的迁移经历可以同步追踪。还有一个类似的故事，是关于太平洋地区两种截然不同的幽门螺旋杆菌。幽门螺旋杆菌是一种能够引起胃溃疡的细菌，它随人类一起发源于非洲，也受到了后来的瓶颈效应和分隔效应的影响。研究人员发现一支迁移到新几内亚和澳大利亚的古代移民也把这种细菌的一个古代品种带到了那里。相比之下，有一批完全不同的移民在稍后的时间移居到了美拉尼西亚，之后又到达了波利尼西亚，这一点是通过检测他们身上的幽门螺旋杆菌的DNA而得以证实的，因为这些幽门螺旋杆菌是人类带到新几内亚和澳大利亚的幽门螺旋杆菌的远祖演化来的。

当我们学着解释世界历史留在我们基因组中的痕迹时，我们还洞悉到世界历史是如何影响其他物种的基因组的。令人惊奇的是，当人类在某种动物的世界里发挥着很重要的作用时，我们能够在它的基因组中看到人类的历史。对于家畜的驯养彻底改变了它们的生理习性。在一开始，这种塑造有点出于偶然，但是自从罗伯特·贝克韦尔在18世纪中叶把这一行正规化以后，我们就一直在有目的地挑选并繁育牛、马、羊和其他牲畜。总的说来，对于狗和猫的饲养实用目的要少一些，但是对于它们的基因组来说仍然意义重大。

2008年，约克大学的遗传学家们发现鼠类留下的基因痕迹同人类十分相像。随着北欧海盗的轮船来到奥克尼岛的啮齿动物，最终给岛上的鼠类群体留下了它们DNA中的很多特征。实际上，斯堪的纳维亚的鼠类遗留下来的基因模式非常清楚，以至于科学家们发现，单单根据这些老鼠的活动，他们就可以描绘出人类活动的精确地图。在近来的一项研究中，科学家追溯了10世纪早期从冰岛（在那之前是从挪威或者不列颠北部）进入格陵兰岛的掠食鼠类。研究人员曾经试图在纽芬兰岛上的鼠类身上寻找随着北欧海盗而来的鼠类DNA，但是没有找到。就像短命的海盗在新世界短暂的停留一样，海盗带来的鼠类也没有留下长久的痕记。

同样地，某些古老的海上贸易路线和源自非洲并穿越近东及地中海沿线的畜牧业传播情况，通过现代山羊的Y染色体和线粒体DNA的分析就可以得到。

用同样的方式探寻我们直系亲属的过去，可以改变我们对于时间、历史和自身所处位置的看法，以这样的观点去探寻我们的远祖也是一样的。在很久以前，历史就是现在的记忆加上日益模糊的过去记忆。现在我们可以使用文字记载的资料以及有文字记载之前的文物和化石来探寻历史。把所有这些信息资源和DNA结合起来运用，可以同时使我们了解人类历史、进化的动力和我们自己。家谱学把历史和科学自然而然地结合到了一起。它解释了我们的直系亲属在整个人类大家庭背景中的境遇，也解释了人类大家庭对我们直系亲属境遇的影响。

血统解释了人类的进化机制，不过还要考虑那些一次性的事件，包括影响基因组不同位点的遗传标记和特征的不经意变换。血统贯穿着整个人类历史，从我们200代以前的祖先到最近两代的祖辈，还有他们所传承的社会的和基因的遗产。它还间接地涉及我们每个人，因为至少就目前而言，任何血统的末端都是我们。

血统还让我们了解到，长期居住在一起的人组成了人口群体。它带来这样一种观点：那些人口群体是由流动和选择影响而形成的。它还展示出一个人口群体的成员可能不仅共有身体上的特征，还共有着历史的遗传标记，这些标记同他们的特征没有任何关系。血统还让我们认识到，通过对孩子祖父母的了解，我们可以更深入地了解我们的孩子。

对于血统的研究当然有它的复杂性。检验历史中的遗传线索和其一直以来的影响，可能会对我们在社会范围和个人范围内的自主决定权构成威胁，譬如，美国人原来很在意他们的英国血统，而现在他们更多地在意美国血统。这对于其他殖民地国家也是一样。

家谱也会带给我们一些负面的认知。有一位英国艺术家在描述英国上层阶级的传统时，谈到他们选择在家里摆放什么样的物件仅仅是因为这些物件象征着家族的“历史渊源”。这位艺术家发现，从上层阶级的厅堂摆设就能“看到”他们显赫的家谱，比如那些有象征意义的鹿角，这使他们背上了延续家族辉煌的责任。

然而，如果你发现自身的血统能够为自己、家庭成员，或者你的身体提供诠释，那么它就值得研究。如果你的血统能够给你提供一个框架，把你的一些分散的概念、思想和情感都连接起来，那么，对于血统的研究不仅会变得有趣，还会变得富有成效。

至于那个永远有争议的种族问题，如果你发现很难摆脱它的字面意义，那你可以把它重新界定为“祖先”。从这个意义上讲，种族就是记录：“种族”在我们基因组中的痕迹，就是我们祖先遗留下来的生活痕迹。同样，医学界开始探究把医学个性化的理念，你可能会发现，当你思考个人历史和个人健康时，把种族个性化，有助于你更好地运用个人和群体间存在的差异信息。

在中世纪，僧侣们在兽皮上写字。当他们发现皮纸不够用时，他们就把旧的文本刮掉，然后重复在上面书写。由于有了现代技术，人们不但能够看懂僧侣们最后一次在皮纸上写的字，还能看到他们之前写下的文字，因为皮纸上留有之前书写的印记。除了僧侣们直接在皮纸上记述的故事以外，一层一层的书写方式本身也是一个故事。这些文件被称为“重写手稿”，现代的科学家通过分析皮纸的DNA，就能知道如何解读另一层的文字，还能了解贡献出这张皮纸的动物所生活的年代。

DNA也是一种“重写手稿”，在我们的基因组中留下了很多故事。随着人类的进化和迁移，家族也在做同样的事情，旧的故事上面又添加了新的故事，而且通过了解这些故事发生的年代，以及是如何一层一层书写的，我们就能够知道得更多。（文化也是“重写手稿”。我们作决定的方式，譬如，谁可以信任、要不要离婚等问题，可以把我们带回到发生在古代的个人事件，或者更大的社会事件中去。）

然而，DNA不仅是历史记录，它还是塑造我们的基本材料——一套不断改进的、指导我们身体构成和运作的指令。DNA还可以影响我们的情感、行为和外貌，这些特征当然还能影响到他人对待我们的态度。

DNA和个人生活经历把我们的身体变成了“重写手稿”。当我们了解了如何在遗传符号的背景中解读身体时，就开始认识到了命运之手的选择，以及很久以前DNA走过的旅程如何影响着我们现在的生活。

遗传是如何塑造身体和健康的

3 PART 第三部分

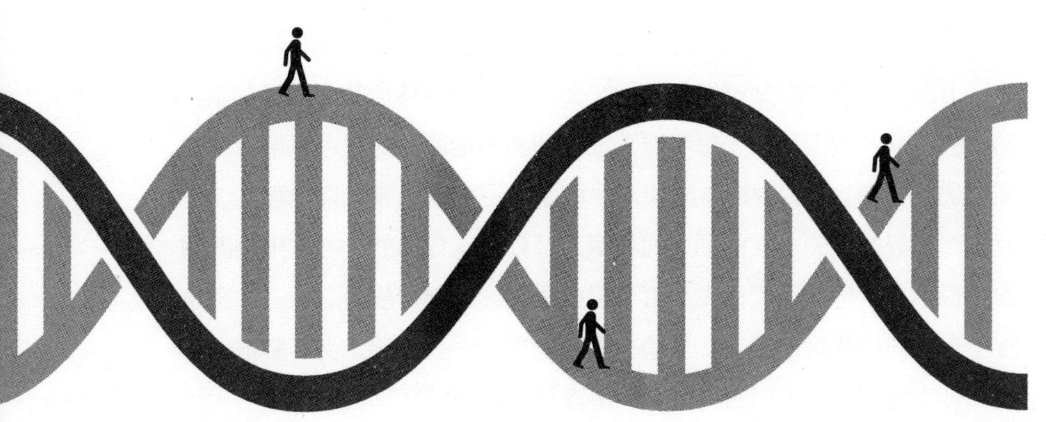

第十三章

过去写在你的脸上：DNA、特征以及我们看待它的方式

想完全隐藏自己的基因是很难的。无论一个人多么不愿意暴露自己的基因，别人只要有足够的好奇心和知识，就能够从他自己表露出来的特征和他亲戚身上的特征中得出结论。

——菲利普·基彻

《未来的生活：遗传革命和人类潜能》

韦恩·温克勒的父母是在20世纪50年代搬到底特律的，但是在温克勒小的时候，他们一家人每年夏天都要回到田纳西州的汉考克郡探望父亲那边的亲属。在12岁那年的探亲之旅中，温克勒读到一篇登载在汉考克郡《邮报》上关于默伦琴人的文章，开篇是这样写的："在田纳西州的传说中，默伦琴人的祖先一直是最令人着迷的神秘故事之一。"文章接下来这样描述默伦琴人，"他们肤色黝黑，一些浪漫主义作家把他们比作莎士比亚笔下不朽的人物——奥赛罗"。

温克勒真想看看那些难得一见的默伦琴人，于是他就向父亲打听，可是老温克勒对默伦琴人也说不出个所以然来。后来，温克勒的母亲告诉他，他的祖母就是默伦琴人——这意味着不但他父亲是默伦琴人，温

克勒自己也是默伦琴人。再后来，他发现祖父也是默伦琴人。尽管温克勒原来就知道他的家族有土著美国人和白种人的血统，但是，这个新的联系着实让他非常惊讶。温克勒回忆说："我一直以为父亲的家族大多是印第安人，因为他们不仅长得很像，而且常常自称有印第安人血统。"当他询问父亲为什么总说自己是印第安人时，父亲回答说："大家都知道印第安人，但是，解释清楚什么是默伦琴人却需要花上一整天的时间。"

尽管温克勒家族的历史被模糊了，但温克勒对此事却格外着迷，他为自己成为新种族的一员而感到骄傲。而此时恰好也是詹姆斯·布朗的歌《大声说：我是黑人我骄傲》轰动一时的时候。温克勒说，他在民权运动开始时出生，尽管那时候南方还在实行种族隔离，但许多美国有色人种群体的民族觉悟和自豪感变得越来越强。1968年，一个田纳西的组织居然还排演了一出关于默伦琴人的话剧。

时代的自由倾向和他父亲与叔母对他所提问题的开放态度，使温克勒很受鼓舞。他说："我的叔母黑兹尔给了我一些从旧报纸杂志上复印的文章，这是我最早的研究材料，但是这些材料非但没有回答我的问题，反而提出了新问题。"然而，温克勒家族的其他人对这个问题就不那么开放了，要想从他们那里得到更多关于自己和祖先的信息还是很困难的。温克勒回忆起他向亲戚们问起默伦琴人的事，"他们会说，'嗯，我不记得那些事了。'这真让我扫兴"。

温克勒的一位叔叔虽然不能给他提供什么线索，但经常会同他谈论很多。温克勒回忆说："他是个怪人，一个喜怒无常的人，尤其是喝酒的时候更是如此。他经常喝酒，是那种你时刻要小心提防的人。"然而这个老人对温克勒却很溺爱，以至于其他亲戚对此都感到很惊奇。在叔叔去世多年以后，温克勒的母亲对他说："你叔叔从来不谈论默伦琴人的事。"但温克勒回答说："妈妈，我给您看样东西。"说着递给她一本书，这是琼·帕特森·拜布尔在1975年出版的《默伦琴人的昨天与今天》，温克勒的叔叔把一本手抄本作为礼物送给了他。温克勒说："我想这就是他谈论默伦琴人的方式，'对，没错，我们就是这样的。'"

在温克勒小的时候，他叔叔曾带着他到家族农场附近散步，"他把我带到一个没有标志的小墓地——我讨厌用这个词，然而他却这样说——'这是个老黑鬼的墓地。'墓地里只有几块墓碑，我说'那上面有我们家族成员的名字，我祖母斯坦利的名字就在上面'，'是的'他说道，除此之外没再多说什么别的"。

谁是最早的默伦琴人呢？他们又是从哪里来的呢？寻找这些问题的答案成了温克勒一生的兴趣，也是他研究多年的题目。默伦琴人基本上源自居住在田纳西州、弗吉尼亚州和肯塔基州特定郡县的相互关联的家族。最开始是周围的人把他们叫作默伦琴人，后来他们也逐渐这样称呼自己。很多姓氏反复出现在默伦琴人的群体里，像邦奇、科因斯、柯林斯、肯尼迪、迈纳、马林斯、奥斯本、鲍曼、穆尔、赖特。在温克勒祖母的墓碑上刻的姓氏是吉文斯，是她的娘家姓。另外一块墓碑上刻的姓氏是邦奇。

几百年来，默伦琴人笼罩在重重迷雾之中。近200年来，默伦琴人的老照片正是这种不寻常之处的最佳例证。根据不同的历史文件和口述历史，他们有白种人的特征，但肤色是黑的，眼睛是黑的，浓密的头发也是黑的。他们周围的白种人认为他们不是白种人，可谁也不知道他们是哪类人。有些人认为他们是白种人和土著美国人的混血儿，另外一些人认为他们是白种人和逃跑奴隶的后代，还有些人觉得他们是这三种人的混血。在温克勒的童年记忆里，"默伦琴人"是个骂人的脏话。在附近白人村庄里长大的人还记得，在他们小的时候，经常听家里大人对他们说，如果不听话，默伦琴人就会来捉他们。

同美国的非白种人一样，默伦琴人有过很多遭受合法种族歧视的经历。自从欧洲人来到北美大陆，不同种族的人被迫遵从不同的法律约束。据温克勒说，在殖民地时期，英国人禁止不同种族之间通婚：1662年，他们禁止黑种人和白种人通婚；1691年，禁止白种人和印第安人通婚。在1846年有8名默伦琴男子由于参加了选举投票而遭到起诉，因为出于“肤色原因”，当时他们的参选是违法的。在1924年，弗吉尼亚州的种族完整法案加重了对不同种族间通婚的惩罚（当时已经是违法行为）。这个法案还重新界定了白种人和非白种人的特征。因此，以前有可能是合法的婚姻，例如，白种人和印第安人之间的婚姻，当时就被完全禁止了。弗吉尼亚州禁止所有白种人和非白种人之间通婚。

尤其是在弗吉尼亚州和田纳西州，对默伦琴人公开表达厌恶情绪是不受限制的。1890年，田纳西州的一个立法委员说：“默伦琴人不是黑人，不是印第安人，也不是白种人，只有上帝知道他们是什么人。”他接着说：“我应该管他们叫民主党人，可他们总是给共和党投票。”还有一位参议员当着记者的面儿把他的竞争对手形容为“像默伦琴人一样狡诈”。他把默伦琴人详尽地描述成“卑鄙的、鬼鬼祟祟的窃贼”。

然而，很多人对默伦琴人也感到非常好奇。早在19世纪后期，报纸上就刊登过有关神秘的默伦琴人的文章。1890年，威尔·艾伦·德罗姆古尔德女士（她曾采访过上文提到的两位议员），发表了一组著名的连载文章。文章把默伦琴人描述为贫穷、受人鄙视，并且保有蒸馏酿酒习俗的民族。德罗姆古尔德的文章有独特价值，经常作为默伦琴人生活的记述被人引用。但是用现在的观点来看，很难把她写到的默伦琴人遭受的侮辱，与这位记者本身给默伦琴人造成的侮辱区分开来。她写道：

他们不断地寻找着（火车）……即便被遗弃、受人排挤，也要把欢乐带到车厢里；而他们的确受人排挤。只有那些深感自己被人排挤的黑人向默伦琴人敞开大门。

他们极其懒惰，生活勉强能糊口，住的是肮脏杂乱的房子，简直不是人住的地方。他们根本不懂耕种土地……他们个个是酒鬼，男人、女人，甚至孩子也不例外。

战争爆发以后，他们只有少数人应召入伍，而大多数人待在酒厂里，掠夺抢劫无助的女人和孩子。他们住的大山变成了让旅行者恐惧的地方；直到过去五年，通过默伦琴人的领地都不安全。

如今，人们认为默伦琴人起源于三个种族（黑人、白人和印第安人）。实际上，自从人们开始保留历史记录以来，在美国就有很多被称为“南方小种族”的种族，还有很多已经消失了的源于三个人种的群体。就像温克勒的氏族一样，他们是相互关联的大群体，长久以来被当地社会认定为“非白种人”。

据说在殖民地时期的美国，起码有200个源于三个人种的群体，譬如，西弗吉尼亚州的吉尼族人（Guineas），北卡罗来纳州、南卡罗来纳州和马里兰州的克洛坦族人（Croatan），还有马里兰州的韦绍茨人（Wesorts）。至于默伦琴人，没人知道他们的祖先，他们的名字还经常被人们嘲弄。弗吉尼亚州的伊舒茨人（Issues）之所以有这样的称呼，是因为free issues（自由的后裔）一词，在南北战争之前是用来诋毁free blacks（自由的黑人）的。“韦绍茨”这个名字据说源自一个短语“我们这种人（we sorts of people）”，与you sorts相对应。吉尼族人（Guineas）这个名字与独立战争期间在美国流通的英国金币几尼（Guinea）同名。

尽管这些族群历史上从没在传统的印第安文化环境中和传统印第安

部族居住在一起，但他们通常承认自己有某种印第安文化的传承。现在，他们中的一些族群被联邦和州政府确认为土著美国人。2011年，韦绍茨种族正式被马里兰州确认为土著皮斯卡塔韦人的后裔。尽管有很多族群长久以来拒绝承认自己有任何非洲裔美国人的血统，但据说这主要是因为他们担心遭受歧视。现在，人们普遍认为，同现代美国白种人一样，默伦琴人和其他“小种族”的祖先都包括非洲裔美国人。

然而，有关这些族群的祖先，还有其他说法。有一种传言说默伦琴人的祖先是消失的罗阿诺克殖民地的幸存者。1584年，英国人试图在罗阿诺克建立殖民地，但是遭遇彻底的失败，以至于后来当英国政府试图寻找幸存者时，连一个人影也没找到。还有些传言认为他们的祖先是在海上遇险沉船的海盗。更富有戏剧性的说法是，他们的祖先是在很久以前乘船来到新大陆、留下来和土著人通婚的腓尼基人。根据各种历史文件记载，默伦琴人认为自己是葡萄牙人——或者按照他们的发音是Portyghee——这同英语Portuguese（葡萄牙人）的发音相似。还有一个传言说他们的祖先至少有部分土耳其人的血统。

撰写《默伦琴人：一个骄傲民族的复兴》的作者N. 布伦特·肯尼迪，与韦恩·温克勒有着相似的个人经历。他认为默伦琴人是一群地中海海员的后代，这群海员在北美大陆登陆以后，又过了几十年，第一个未间断的欧洲定居点詹姆斯敦才建立起来。肯尼迪认为这些默伦琴人是掉队的人，被胡安·帕多遗弃在了美洲大陆。胡安·帕多是西班牙人雇用的一个葡萄牙海员。肯尼迪说，帕多修建了一座城堡，并在城堡中关押了一批囚犯，这群囚犯包括葡萄牙人、摩尔人、法国胡格诺派教徒、土耳其人和伊比利亚人。后来这群囚犯向内地迁移，并与来自弗吉尼亚和南、北卡罗来纳州的土著人一起建立了自己的社会。在这个新的人口群体中，土耳其人和摩尔人所占的比例最大。

肯尼迪还有一个论据可以支持自己的论断，那就是当地印第安人的方言和土耳其语中的一些词汇具有惊人的相似之处，根据他的研究，田纳西（Tennessee）很像土耳其语中的“tenasuh”，意思是“灵魂四处游荡的地方”，“肯塔基”（Kentucky）是印第安语，意思是“黑暗而有血迹的地面”，这个词很像土耳其语的“kan tok”，也是“浸透着血液”的意思。

就是默伦琴（Melungeon）这个词的起源也有很多有趣的故事。有些人说Melungeon出自一个法语词mèlange（融合）的意思，当时一个法国殖民地离默伦琴人18世纪的定居点不远。还有人认为这个词出自非洲裔葡萄牙人的用语melungo（同船水手），或者阿拉伯语melun jinn（被诅咒的灵魂），或者土耳其语melun can（被上帝抛弃的人）。最不切实际的说法是源于古英语词malengin，意思是“邪恶的阴谋、奸诈、欺骗”。这个词还出现在埃德蒙·斯宾塞1590年撰写的小说《仙后》里：

“巧舌如簧，世故机巧，看一眼他的脸就会上当受骗；因此，人们称他为Malengin人。”

《仙后》一书在美国最初的欧洲殖民地中人尽皆知，而且，据说默伦琴人当时仍然使用古老的词汇，而其他使用英语的群体早就不用这些词汇了。

今天的默伦琴人身体上的特征也是追寻他们祖先的线索。这包括头顶后部有隆起凸出的大包，人们称之为安纳托利亚人凸起，有时还被称作甜甜圈形状。那凸起很夸张，头骨从一个角度拐到另一个角度。另一个默伦琴人的特征是所谓的铲形牙齿，在每颗门齿后面有一个凹口。还有一个特征就是上颚节状物，即上颚顶部凸出的骨头。

布伦特·肯尼迪还认为有些特定的疾病常常在默伦琴人中流行，包括肉样瘤病、珠蛋白生成障碍性贫血和家族遗传式地中海热病。肯尼迪就是在被诊断出得了肉样瘤病后才开始对家族家谱展开调查的。

发现自己是一个几近虚幻的族群中的一员，这是一种非常奇怪的感觉。韦恩·温克勒写到，当他第一次和一位女士交往到谈婚论嫁，告诉她自己是默伦琴人时，她当时的反应就好像听说了他是个爱尔兰神话中的妖精。

“她以为默伦琴人是故事中的人物，只是个民间传说。”温克勒回忆说，“对于默伦琴人，有各种各样的民间传说。事实上，电视台的历史频道曾派了一个摄制组到田纳西州的金斯波特镇录制节目。在一个购物中心的停车场，他们随机询问人们‘关于默伦琴人，你们都知道些什么？’，人们的回答五花八门，有的说他们是巨人，有的说是食人族，还有的说他们住在树上，是最野蛮的家伙。好多我闻所未闻的说法。”

温克勒出版了一本关于默伦琴人历史的书《向着日落漫步》，影响很大。他的叔母黑兹尔和他父亲一直非常愿意分享自己过去的经历。尽管在温克勒写这部书时，他的父亲已经去世，但他的叔母仍旧很为他骄傲。温克勒说：“他们是家族里最年轻的后辈人，我想他们遭受的种族歧视比他们的前辈要少一些。”然而，在写书期间，他还是必须同那些认为默伦琴人是神话故事的人打交道。但是当这本书出版以后，温克勒说：“虽然我几乎没怎么涉及我个人的亲戚朋友，但仍有很多人对我谈论这个家族的方式表示不满。”

其实，对于默伦琴人，并不是只有这两个相互矛盾的观点——默伦琴人根本就不存在；他们存在，但是没有人承认——让温克勒的研究步履维艰。默伦琴人的历史异常复杂，大部分没有文字记载，而且在诸多方面都处于隐秘状态。界定默伦琴人的标准从来没有被充分记录过或是正式确定过，每个人仅仅知道群体中的其他成员是默伦琴人。现在，因为从那个时代生活过来的人都已经去世，因此那些复杂的社会关系就都消失了。温克勒解释说：“这类家族的研究人员都会发现，几乎所有能够给他们提供有价值信息的人，在你想起问他们问题之前就已过世了。你总是晚来一步，以至于无法得到好的回答，无法去了解那些真正有可能告诉你一些答案的人的想法。”

温克勒观察了他那些不情愿的亲戚们：“我想他们感到了一种耻辱，那就是他们认为人们对他们没有好感，但歧视的方式很奇怪，从来不明说。”当他的这些亲戚还年轻的时候，官方人士“只是对他们说‘这就是你们该去的学校’，或者说‘这就是这些人该去的学校’，大家或多或少都明白是怎么一回事”。

即便是社会观念变得更开明了，人们也闭口不谈过去的生活状况，也不说清楚为什么会有这些改变。温克勒说：“一切一下子都消失了，对于这种变化的方式我压根儿也没弄清楚。我同周围的人谈过这些事，好像没人知道到底发生了什么事。但是，就在第二次世界大战期间，默伦琴人与非默伦琴人之间的隔离不知为何一下子就消失了。人们开始把参军的默伦琴人确定为白种人。我想当时人们一定认为，既然把他们送到军队里去，我们就应该把人家当白种人看待，这样他们会受到更好的待遇，将来复员以后，他们的子女就不必去什么特别的学校了。”

人们可能希望默伦琴人的自豪感迅速提升，并重新得到一个复杂的非白种人的身份，这可能会带来令人满意的转变。但是，情况比想象的更为复杂。有些默伦琴人自己就把这个称谓限制在非常窄的范围，而把大部分潜在的默伦琴族成员排除在外。正如有个人这样告诉韦恩·温克勒：“如果你不能把你的家族出身追溯到汉考克郡的话，你就不能算是默伦琴人，这就是结论。”

人们希望重新获得默伦琴人血统的动机也值得怀疑。一直以来就被认作是默伦琴血统的当地人，对那些“崇拜模仿者”持怀疑态度，觉得模仿者希望被确认为默伦琴人，是因为这个血统有异国情调或者很时髦。即便现在宣称自己是默伦琴人变得更加容易，也不会遭受往日这一族群背负的公开歧视和侮辱，然而，对 “崇拜模仿者”的指责，给那些有特殊动机的人贴上了一种潜在的粗鲁标签。

温克勒对自己执着于自身血统的原因给出了这样的解释：

> 我想尽可能详细地把那些人的生活记录下来，他们为了生存同种族主义和强制实行的阶级制度作抗争。我们这些默伦琴人的后代应该感谢我们的祖先，正是他们想方设法让自己的孩子们过上了他们自己从没享受到的高质量的生活。

肯尼迪在他的书里写下了这种耻辱心理对于家族几代人的影响，长久以来，他一直想知道为什么家族里有那么多人长得很像地中海地区的人，为什么他们经常住在不友好的地方，为什么周围的人群对他们如此不好。他的曾祖父甚至在20世纪仍然没有参加选举的权利。当肯尼迪问起这些问题时，家族里没有人愿意给出解释，或者说即便是解释了也没有说服力。每每谈到这个话题，他们常常不敢直视他的眼睛。只有在追踪到一条一条的证据（其中很多证据是他的家人刻意隐瞒的）后，肯尼迪终于发现自己就是默伦琴人。在找回了自己的身份后，原来许多令人费解的事情都有了答案，例如，他的母亲在年轻时，总穿长袖衣服，长裙子，戴着帽子，就是在夏天也是这样。原来她是怕晒“黑了”，被别人认作是默伦琴人。

几百年的沉默毁掉了他的家族，肯尼迪在书中写道：“我觉得在自己的许多行为中，仍存在着由这一困境带给我的束缚。这只沉默的怪兽仍旧活着，喘着粗气。如果我们真正想要逃出它的魔爪，就必须勇敢地面对。”肯尼迪相信恢复自己的血统，公开自己“默伦琴人的身份”，是修复心理创伤的关键之举。一开始，肯尼迪的母亲对儿子的决定感到不安，但最后终于接受了，她说：“我觉得就好像听到坟墓里传来一阵哭声，你必须决定要不要做出应答。”

对于默伦琴历史的调查大多是由非专业人士来做的，许多调查很彻底、很负责任，也很有说服力，但是就像在家谱和个人历史领域里的研究一样，缺少大学或者公司的认可，使得这个研究领域容易被否定，被认定为范围太窄，而且不可靠。当肯尼迪在报刊上第一次发表关于这个题目的文章时，还没有互联网，更没有像推特这样反应神速的网络服务。他收到了几百个电话或信件，都说在他的文章中找到了自我。但当他真正开始进行研究时，写信或打电话咨询了很多专家学者，还想办法给历史学和人类学部门发传真，然而却没有收到任何答复。

遗传学能够为默伦琴人这样的族群历史增添可信度吗？就目前来讲，真正的遗传学同传奇故事一样复杂。从理论上讲，如果遗传学家能够确认大的人口群体的血统，他们就应该知道如何集中研究更小群体的更近的历史。实际上，能够探测英国小群体差异的科学家们，为此类脉络细腻的历史研究打开了一扇门。但是到目前为止，对于默伦琴人群体，人们只进行过几次DNA分析。

新近规模最大的研究发现，有证据显示默伦琴人具有男性非洲裔美国人的血统和女性欧洲人的血统，这同某些传说的情况是一致的。这次接受检测的群体仅限于从19世纪后期到20世纪初期的历史记录中记载的默伦琴人的后代。尽管在19世纪末期一段很短的时期内有许多个人在人口普查中被登记为默伦琴人，但是，把默伦琴人作为一个特定群体来分类的记载却很少，也不完整。这次研究中的检测对象仅仅是来自田纳西州和其他几个州的家族中很小的样本。另外，在这些家族之中，研究人员仅仅检测了Y染色体和线粒体DNA，这些DNA可能只是32个高祖辈中某两个人的一小部分DNA。

对于默伦琴人身体特征的研究情况又如何呢？即铲形门齿、头顶后部凸起、上颚的节状物。人类学早就认识到，不同的身体特征（例如头部或牙齿的形状，两眼之间的距离等）在不同的群体中出现的频率也不同。来自里诺市内华达大学的人类学教授理查德·斯科特说，只看一个人的牙齿，他不能区分德国人和意大利人，但是他能够把一个德国人从日本人或班图族人中区分出来。这很像纸质的记录和DNA，有些身体上的证据可能是很可靠的，而有些可能是不完整的：问题的关键是确定哪些证据是可靠的，哪些证据是不完整的。

确定默伦琴人是否有特别的齿列，首先是要研究铲形门齿和其他典型特征是否在默伦琴人的家族中比在总体人口群体中更为常见。如果是更为普遍，那么就说明它们纵然不是人口群体层面的特征，也是家族之内的特征，即便如此，我们也仅仅只是找到了答案的边界。

人们认为默伦琴人有铲形门齿特征的原因之一，可能是土著美国人有这个特征。根据斯科特的研究，98%的土著美国人都有这个特征。如果默伦琴人有土著美国人的血统，那么他们的土著美国人祖先就有可能把这个特征遗传给他们。实际上，铲形门齿的特征还可以追溯到更为久远的年代。大约在14000年前，一个极为强健的群体走出西伯利亚，穿过白令陆桥，进入到北美洲。第一个穿过白令海峡的群体来自亚洲，他们也把铲形门齿带到了北美。就是现在，浅凹型牙床仍然是亚洲人和爱斯基摩阿留申人的普遍特征，而且90%的中国人也有铲形门齿。

这种特征也在欧洲人和非洲人中出现，但是少多了。一般来讲，把不同的群体区别开来的不仅仅是这一特征存在多少，还有牙齿呈铲子型的程度。斯科特说：“出于某种原因，人们过分关注铲形牙齿，但铲形牙齿只是我们所检测的诸多特征中的一个。”其实，牙齿起码是有26个不同特征的，这些特征都能帮助我们刻画出血统。就铲形门齿而言，欧洲人和土著美洲人倾向于处在标尺的两端，也就是说，欧洲人有这种特征的很不明显，而土著美洲人的这种特征最明显。在其他牙齿特征方面，欧洲人、非洲人和土著美洲人也是截然不同的。如果默伦琴人的确源自这三个种族，那么应该有很大的可能从他们的牙齿上清晰地看出来。

如果我们确切地知道基因是怎样产生这些特征的，而且具体是哪种基因在起作用，那我们就能拼接出默伦琴人的历史。但是，身体特征方面的遗传学是一门新兴的科学。由一个或几个基因制造的简单特征比较容易确定，例如，耳垢的湿度可能与一个基因内的单一微粒有关系。

然而，我们的很多特征是由几个基因决定的，譬如，身高就是典型的多基因特征。起码有40个基因与身高的形成有关，而且有几百个基因对身高有影响。这听起来可能有点夸张，但是你想想看，身体上有多少部位对身高的形成起了作用？有些人的胫骨、股骨很长，有些人的脊椎比一般人长，或者有人具备所有这些特征，而且每一个特征都是由多基因控制的。我们曾经认为蓝色眼睛和棕色眼睛显然是符合孟德尔遗传规律的特征。尽管你可能在高中学习过相关的知识，但是两个蓝眼睛的父母，也可能生出棕色眼睛的孩子。远在人类基因组序列测定之前，或者说在确定构成牙齿形状的基因之前，人类学家就通过探寻家族特征，早已知道了很多牙齿特征是由多基因控制的。2011年，科学家确定了EDAR基因是形成铲形门齿的第一个基因。但是距离全面掌握人体特征的形成，我们还有很长的路要走。

当然，即使你现在检测的是基因，你也不能只局限于基因。有些特征的确是由基因控制的，但它们同时还受到其他因素的影响。我们经常把基因比作人体的总开关——把它往这边一按，你就是蓝眼睛；把它往那边一按，你就是棕色眼睛。但是，基因可能受到其他因素的影响，包括别的基因、非编码DNA、表观遗传标记（附在细胞上的非遗传性基因），以及细胞内的化学变化等。这些化学变化本身是由体内更大的系统引起的，一个人的身体当然要受它赖以生存的环境的影响。

例如，上颚的节状物是逐渐形成的，斯科特说："上颚的节状物与纬度有着很强的关系。"而且这种特征主要在爱斯基摩人、依努依特人、西伯利亚人和土著美洲人的群体中出现。斯科特还检测了古代北欧人的遗骨，发现这种特征经常出现在中世纪格陵兰岛居民身上。尽管这个特征受到基因的控制是很清楚的事实，然而上颚受到机械性压力，例如经常咀嚼晒制的驯鹿肉也可能引起节状物的形成。

在19、20世纪，默伦琴人并没有因为他们的铲形门齿而受到排挤，因为谁也看不到他们的牙床。他们之所以受到不同的对待，是因为他们看上去长得异样。人的脸部是人类文化和生理特征极其重要的组成部分，实际上人的脸部就是这两者的结合点。我们的面部特征和表情变化影响着我们与别人的初次接触和人与人之间最亲密的关系，脸部就是人内部状态的一扇窗，而且还不仅仅局限于心理层面，与生理层面也有关系——有很多不正常的脸部特征与我们某些器官的缺陷有关联。人的大脑甚至有特殊的人脸识别机制，但对于人脸形成机理的研究，我们才刚刚起步。

人们普遍认为人脸的特征主要是由我们的血统决定的。孩子长得随父母，兄弟姐妹长得很相像，双胞胎长得更是一模一样，甚至有时候孙辈长得很像祖父母。当我的大儿子两岁时，邻居在街上碰见我，总是会大声对我说："你的小宝贝简直就像是他爸爸克隆出来的。"我的二儿子也是如此，他和他爸爸虽然有着35岁的年龄差，但两人的婴儿照总被认为是同一个人。

家人之间长得很像，这件事变得既有趣又使人困惑，其原因可以归结为概率：因为你从父母身上分别得到50%的DNA，你很可能长得和他们两人都很像。但是在你的家族遗传过程中，会出现一定数量的故障，譬如，假如你的某位曾高祖辈是表亲结婚，那么当他们生育孩子的时候，就贡献出了更多同样的DNA，后代也就更有可能重现更多的DNA，因此传到你这里的DNA多样性也就少了。

所以，你从父母那里各得到了50%的DNA。有时候，人们长得既不像父母，又不像家庭其他成员。有的孩子身材很高，可父母却很矮；有的人肤色比较黑，可他的父母和兄弟姐妹却是肤色白皙。虽然人的外貌可以作为一个家族血统的特征，但不一定总是那么可靠。

在寻找脸部形状的关联基因时，大多数研究是尝试着去探寻出现异常形状的原因。2012年，国际可见性状遗传联盟的一组科学家发表了一项脸部形状关联基因研究成果，这是最早的全基因组关联的研究之一。在荷兰伊拉斯姆斯大学医疗中心曼弗雷德·凯泽的领导下，研究人员给5000多人拍摄了三维照片，并且检测了1万多欧洲人的200多万个基因组标记。

为了研究48个不同的脸型特点，研究人员对这些照片进行了分析。他们试图建立基因组与不同的面部特征之间的联系，最终发现有五个基因会影响脸型。譬如，TP63基因影响两眼之间的距离，而PAX3基因对于眼睛和鼻根的距离有影响，鼻根就是前额与鼻子的连接点。研究还显示出许多基因与脸的轮廓和大小有关，但相对来讲作用要小。对于发现更多与不同脸型相关的基因，凯泽持乐观的态度。

在凯泽开拓性的发现公布之后，另一个团队找到了许多DNA非编码位点影响脸型的证据。时过不久，又有一个团队宣布，他们运用600个受检测者的三维照片确定了20个对于脸型起着巨大作用的基因。这些基因密码中有一个变量对于脸型有着非常好的预测作用，以至于这个研究团队竟然能够仅凭一个人的DNA，就能勾画出他脸型的大致轮廓。总而言之，这种成果为借助古代遗骨重塑人的脸型提供了帮助，甚至最终能够用于警方的法医人像重构。

位于澳大利亚北部地区东南角的阿纳姆地，有一处名叫古尔库拉的古代集会地。在那里有一位名叫古鲁姆布鲁的女性长者知道跨越白种人和黑种人世界的方法：她在给她女儿和孙女讲解这些古老方法的同时，也展示给一大群白种人和外国旅游者看。古鲁姆布鲁女士是嘉玛节的教师，嘉玛节是澳大利亚土著人发起的最大的节日。在节日期间，人们唱歌跳舞，放电影，讲故事，但禁止饮酒。节日中的每一天，土著人都要在脸上涂着白色条纹，围着鲜红的披肩，或是系着黄色的束发带，在一大片森林旁边的空地上载歌载舞，这片森林绵延数英里，直到卡卡杜国家公园。巨大的磁石白蚁堆，形状就像橡胶树林中的灰色墓碑。树林里到处是蜇人的绿色蚂蚁，它们身上的蚁酸闻起来就像柑橘。走过树林，在令人神往的绿色的卡奔塔利亚湾矗立着一座赭石色的悬崖。

有一天拂晓，我同50个自费旅游者步履维艰地走在没有灯光的土路上。我们跟着一队长者走到悬崖边，安静地坐下来，看着太阳慢慢升起。这是一个专门为妇女设立的名为“为国家而哭泣”的仪式，那些长者中主事的人大声警告来宾“不许拍照”。就在破晓之前，鸟儿开始鸣唱，说话尖声尖气的土著妇女也提高了嗓音唱起来，哀叹她们失去的土地。她们的声音是悲伤的，令人恐惧的。这时突然出现了小小的争执，原来是一个游客偷偷地照了张照片，另一个游客生气地制止他。这时又有一个女人提高了嗓音，同那些长者一同喊起来。她不像是土著人，她的肤色是白的。坐在她周围的女人看上去有些不安：她是谁？怎么也参加合唱?

早上的仪式结束之后，在回去的路上，那位参加合唱的女士给我讲了她的身世。她出生在新南威尔士州一个贫苦的家庭，由她的单身母亲抚养成人。在离开学校以后，她有时候会到人迹稀少的内陆小镇旅行。当地的澳大利亚土著人不止一次地把她从同行的伙伴之中挑出来，并对她说："你是我们中的一员。"还欢迎她参加土著人的聚会。据她所知，她是个白种人，因此她把这一切当作是简单的好客行为。又过了很久，她发现母亲实际上有一半土著人的血统，这件事几乎瞒了她一辈子。几年以后，当她在拂晓时分来到悬崖边时，她觉得自己仿佛就属于这里。那些长者像是她从未谋面的姑姑和姨妈们，从此，她为母亲哭泣，为母亲的父亲哭泣，为她的家族失去的一切而哭泣。

我们往往把一些特征与不同的血统联系起来。在电视系列节目《非洲裔美国人的生活》中，主持人小亨利·路易斯·盖茨会对不同嘉宾的DNA剖析展开讨论，比如喜剧演员克里斯·罗克和演员唐·奇德尔。节目的嘉宾描述自己家族有关土著美国人祖先的传言；还有亲戚们的评价，诸如"那是印第安人的头发""你的颧骨真的很高"。同样地，人们经常会说在爱尔兰只有六种脸型。Y染色体数据显示，爱尔兰人的基因组有很多是重叠的，即便这种重叠会产生相似的特征，我们也不知道所有爱尔兰人的基因组有多少是重叠的。还有多少过去刻在了我们的脸上呢？

牛津大学的遗传学家沃尔特·博德默爵士对人脸的兴趣由来已久："同卵双胞胎的脸部特征非常相像，当然他们的基因构成本质上是一样的，这一事实说明人的脸部特征肯定主要由遗传决定。脸部差别与脸部识别的演变，一定是人类社会和文化演变非常重要的组成部分，它很可能与归属感和辨识群体成员相关联。几乎可以肯定地说，在选择结婚伴侣时，人脸也起到了重要的作用。"

博德默和他的同事正在英国地区进行的一项遗传研究中调查人脸的情况。他说道："看起来是有一些脸部特征与特定地区或国家相关联，尽管这些地区或国家之间本质上有着很紧密的联系（比如说在欧洲大陆），这是很普遍的观察结果。当然，在主要的种族之间存在着非常明显的差异，譬如欧洲人和东亚人之间。”

但这就提出了一个问题：如果这份英国人群基因组样本的独特程度不足以在医学研究中显现出不同，那这些基因组又怎么能够产生不同的脸型，甚至是很微妙的不同呢？博德默说：“即便是在欧洲大陆之内，人们在选择伴侣时，也一定会考虑脸部特征，这就是说，总体而言，人们会挑选长相有些相近的人。我认为这是人类进化当中非常强大的力量。”博德默的团队正在给参与第一阶段研究的对象拍摄三维照片，每一张都有3500个参照点位（“可称为全景画面”）。

回想一下那个“为国家而哭泣”仪式上的女士，她本该知道自己其实不是白种人的，特别是考虑到其他土著人对待她的方式。她长得很像母亲，母亲长得很像外祖父，而外祖父一看就知道是澳洲土著人。其他的澳洲土著人能看出她有土著人血统，是因为他们自己就是土著人的缘故吗？事实证明，有些人比别人更擅长依据人的外貌来判断其祖先血统。几十年来，心理学家和人类学家调查了一种名为“同族偏好”的现象。至少有40个不同的实验证明，人们更擅长记忆与自己同属一个种族的人群的容貌。无论观察者和被观察者是什么种族，结果都是如此。实验结果还显示，当人们觉得照片中的人与自己同属一个种族时，就会更准确地预知自己在人脸识别任务中表现如何。也就是说，我们高估了自己从其他人种之中辨识人脸的能力。人们还没有完全研究清楚“同族偏好”的形成机制。“同族偏好”最重要的后果之一是在有目击者的情况下，如果被告人与目击者属于不同种族，那么目击者证词的可信度可能被降低。

2012年，宾夕法尼亚州立大学的人类学家马克·施赖弗（研究方向是人脸和基因之间的相互关联），进行了一项实验来调查祖先的遗传标记同人脸上发现的祖先痕迹之间的关联。他让200多个住在新墨西哥州的实验对象，根据14张西班牙人的脸（基于正面和侧面两个视角的照片），来判断其祖先构成。研究人员已经分析过照片中这些人的基因组，确定了其混血情况，即祖先来自土著美国人、欧洲人、非洲人或东亚人中的哪几种人。

施赖弗发现大多数观察者对于照片中人物混血情况的猜测比那些随便请来猜测的人准得多。尽管如此，他们的猜测还远远没达到完美的程度，这说明虽然我们通常具备一些辨识祖先血统的能力，但还不是完全可靠。施赖弗的研究结果与其他的研究结果相吻合，那些结果也表明，观察者的祖先与照片上的人的祖先越相近，他们对被观察者的家族历史猜得就越准确。对此最可信的解释是这些观察者已经熟悉如何解读他们最为熟悉的脸部特征了。

在基因以何种方式影响人体特征的研究中，人的肤色是另一个重要的研究案例。肤色是一种遗传性的特征，一万年来，多种不同的肤色以一种令人惊奇的方式从环境和人类活动的交汇点显现。在人类离开了非洲后，他们的肤色就慢慢变浅了。长久以来，人们把这归因于自然选择以及皮肤制造维生素D的需要。随着人类遗传历史的细节逐渐被发现，有些变化看起来更像宽泛的选择，而不是自然选择。许多基因与肤色相关；黑色素皮质素受体1基因（MC1R基因）对于黑色素的产生非常重要，而肤色发黑正是黑色素造成的。在今天的非洲，起码有11种MC1R基因的变体被确认，但是其中8个是所谓的等同变异，这种变化实际上不影响蛋白质结构中的相关氨基酸或者是蛋白质的功能。大多数的非洲MC1R基因变体都是等同变异，这一事实意味着MC1R基因在那个特定环境中是至关重要的。在非洲以外的地区，MC1R基因经历了更多的变异，许多变异对于黑色素的产生确实是有影响的。当非洲强烈阳光照射下来之不易的正向自然选择——对不易受到强紫外线伤害的黑色皮肤的严格基因控制——不再影响到人类生存时就消失了。在非洲以外的地方好像有许多途径可以让肤色转白。虽然MC1R基因的非等同变异因地域而不同，但大多导致了同样的结果：减少了黑色素的产生。有些变异仅仅改变了MC1R基因的功能，而另外一些变异则完全关闭了这一基因。不列颠群岛上很多人的红头发和脸部雀斑就是由其中某个变异造成的。

肤色不仅仅是基因影响的结果。浅色皮肤甚至可能遗传自尼安德特人，因为促成肤色形成的基因组部位显示出了源自尼安德特人基因组的影响。然而，变化不仅仅发生在远古时期。有来自古代DNA的证据显示，就在过去的5000年，浅色皮肤、头发和眼睛在欧洲获得了优势选择，即具备这些特征的人在人口中所占的比例日益增加。这种变化或许是因为能产生更多维生素D的人会更成功，也可能是因为人们选择伴侣的结果——肤色浅的人会获得更多繁衍后代的机会。

DNA如何影响着人的特征，特征又如何影响我们的生活（我们获得的能力或者别人对待我们的方式），在这些方面，我们还有很多要研究的东西。这种联系中最重要的一个方面是基因影响我们健康的方式，要么让我们易于患上某种疾病，要么保护我们免于得上某种疾病。与其他和DNA有关的事情一样，命运和偶然性的力量对于人的健康起着很大的作用，而家族常常是这种戏剧性事件的熔炉。

第十四章

过去的，不见得会让人好受：DNA、历史和健康

即便你拒绝从遗传法则中吸取教训，它们依旧放之四海而皆准。

——艾利森·普洛登

杰夫·卡罗尔16岁高中辍学，20岁参军，并被派往欧洲。他在德国服役一年以后第一次回家过圣诞节，父亲告诉他，从症状上看，他母亲辛迪·卡罗尔好像得了亨廷顿病——一种杰夫从没听说过的病。亨廷顿病是最残酷的诊断结果，因为得了这种病的人不但会慢慢失去控制身体的能力，还会失去记忆和思考能力。他们可能还会性情大变，经常攻击自己的亲人。这种衰退是缓慢而不可逆的，在生命的进程中逐渐显现。虽然辛迪·卡罗尔在40多岁时，身体就开始出现不自觉的抽动，还忘记了一个她最要好的朋友的名字，但是在此之后她又活了很多年。

在父亲告诉杰夫诊断结果以后，他回到了军队，后来报名学习了一门军队的生物学课程。复员以后，他读完了生物学专业的大学本科，又开始在一个专门研究亨廷顿病的实验室攻读博士学位。在此期间他结婚了，就在母亲离世的那年，妻子生了一对双胞胎。

在那段时间，辛迪·卡罗尔的身体经常会因为难以控制的抽搐和扭

动（这种症状叫作舞蹈病，是亨廷顿病的典型症状）受到极大的影响，以至于她所在的疗养院只能将她放在地板的垫子上，以防她摔伤自己。在她去世的那天晚上，杰夫把还是婴儿的小儿子带了过来，小心地放在她脖子的弯曲处。辛迪已经有好多年认不出自己的儿子了，可是就在婴儿依偎在她身上的时候，她短暂地安静了下来，显得很安详。这种缓解虽然只持续了一分钟，可对杰夫来说感觉像过了几个小时。

母亲去世后，杰夫告诉一位记者，这种病最糟糕的地方并不在于它是不治之症，而是“它毁掉了你的性格，把你变成了一个让家人害怕的东西”。然而，这一切还没有结束。亨廷顿病是有遗传性的，当人们谈起命运、遗传，以及预知自己如何死去是否明智的时候，他们经常会想到亨廷顿病。辛迪·卡罗尔是在2006年去世的，也就是她的母亲因为亨廷顿病去世6年之后。当辛迪第一次被确诊为亨廷顿病时，杰夫和他的兄弟姐妹得知，由于亨廷顿病变异作用的方式，他们自己有50%的可能性得这种病。

1993年，研究人员确定了引起这种疾病的基因变异。这一发现极大增加了找到治疗方法的可能性，而且还促进了测试方法（测定一个人将来是否会患上这种病）的发展。在这样的测试方法出现以前，亨廷顿病患者的孩子们只能眼睁睁地看着家人遭受病痛的折磨，并且忐忑不安地等着看自己是否会出现症状，掉东西的时候也要问一下自己是因为笨拙，还是因为出现了亨廷顿病的症状。现在，这种检测方式给出了残酷的确定性：如果接受检测的人具有这种基因变异，那么他们就会得亨廷顿病。然而，能够接受这项检测的人当中，有80%都不愿接受检测。

杰夫一直想接受检测，但是直到2003年他才开始接受检测。2003年7月31日，他和妻子去拜访了一位医生，以便领取检测结果。那位医生告诉杰夫，他的基因变异呈阳性。

在中世纪的文献中就有了类似亨廷顿病症状的描述记载。在16世纪，亨廷顿病患者不能自控的抽搐，以及突然的、环状的、持续的动作，最先是作为一种舞蹈记载下来的。后来，观察者对这种病的认识越来越清楚，到了19世纪，终于把一个人身上的病痛与他的父母一方类似的病症联系了起来。1872年，一位名叫乔治·亨廷顿的年轻医生第一次清楚地描述了这种疾病的遗传性和逐渐恶化的特性，患者一般在他们30多岁时开始发病。这位医生还写道："如果一个人40多岁的时候没有出现症状，那他就几乎不会得这种病了。"

又过了大约200年，亨廷顿病的研究被一位名叫南希·韦克斯勒的神经心理学家永远地改写了。南希·韦克斯勒，时年33岁，在纽约工作，她的母亲在1968年被诊断为亨廷顿病。韦克斯勒写道："就好像有一个发疯的木偶操纵者在控制着她的身体。"1979年，韦克斯勒来到委内瑞拉的马拉开波湖，拜访世上最大的亨廷顿病家族。自20世纪50年代以来，住在这片宽阔而古老湖泊附近城镇的居民，因为高达十分之一的亨廷顿病发病率而在医学文献中为世人熟知，当地人把这种病叫作elmal，意思是"坏事"。

韦克斯勒建立了美国-委内瑞拉合作研究项目。几十年来，她每年都要到这个地区访问，研究宗谱，采集血样。她计算出居住在马拉开波湖畔的村民，在十代人中出现了18000多个亨廷顿病患者。对于亨廷顿病何时开始出现在马拉开波湖畔、由谁带来的问题，流传着几个版本的故事。有人说最初患上这种病的是19世纪初一个名叫玛利亚·康色普申的女人的子女。康色普申生了10个孩子，据说是孩子的父亲把基因变体传给了他们。家谱研究人员在康色普申的家谱中发现了很多亨廷顿病例。还有一个可能是杜撰的故事，来源于一位20世纪50年代给当地村民诊断亨廷顿病的医生，他说当地村民告诉他，在1862年到1877年之间的某一年，有一位航船上的牧师安东尼奥·胡斯托·多利亚下了船，决定在湖畔安家。他娶妻生子，后来，人们看见他“走路动作很奇怪，就像跳舞一样”。目前，这个地方有1000个亨廷顿病患者，大约有5000人携带有致病的变异基因。韦克斯勒在2010年来到此地拜访的时候，遇到了一个大家庭，父母和14个孩子当中的10个都是亨廷顿病患者。

1983年，当韦克斯勒团队发现了一个与亨廷顿病密切关联的基因标记时，他们离发现致病基因更近了。1993年，他们终于发现了决定亨廷顿病的亨廷廷基因（Huntingtin）和致病的变异。因为亨廷顿病的变异基因是显性的，所以只要你从父母中的一方遗传到一个变异基因拷贝就会患上亨廷顿病。亨廷顿病的界线是很清楚的——要么你会得，要么你不会得——奇怪的是，亨廷顿病的基因基础却没那么确定。亨廷廷基因包含了重复的CAG碱基序列。在正常的亨廷廷基因拷贝中，CAG的序列大约会重复17次，而且它的重复多到26次也不会有什么明显的后果。但是，如果CAG序列重复40次以上，这个基因的携带者就会患上亨廷顿病。杰夫·卡罗尔的检测结果显示，他的CAG序列重复了42次。

尽管40次重复是绝对明确的界线，但是CAG重复还有一个奇特的附加效果，圈内人士把它叫作“灰色区域”：如果你有35至39个CAG重复，你就会得这种病，但是不会在你70岁之前发作。

如果你有26至34个重复，你自己不会得亨廷顿病，但是有可能发生一种小概率事件——如果你遗传下去的基因进一步发生变异，你的孩子可能会得上这种病。卡罗尔解释说，尽管亨廷顿病具有很强的遗传性，但每年新发病例中的10%却发生在没有遗传病史的家庭里。一开始，人们认为那些病例可能是收养和非婚生育的情况，但是这种说法被证明是错误的。

亨廷顿病的症状通常在患者30~50岁之间显现，但在很罕见的情况下，儿童也可能出现症状。亨廷顿病患者出现症状的年龄经常与其父母发病的年龄相近。不过还有一个倾向：如果基因变异是由父亲遗传的，发病时间可能会更早一点。韦克斯勒认为，一个人含有的CAG重复越多，那么他发病的时间就越早。有记载的亨廷廷基因CAG重复最高次数接近100次，这个变异基因的携带者是一个男孩，他两岁时就开始出现症状了。

亨廷顿病可能是我们思考生物学和个人命运最严酷的案例了，它是孟德尔式遗传疾病，也就是由单一基因导致的。

对于如何认识所有的DNA而言，亨廷顿病也带给我们深层次的反思。虽然在过去的150年中，我们在遗传学领域里逐步获得了如此多的知识，并在过去20年中取得了辉煌的成就，然而，在这个特定的遗传学“宇宙”中，“暗物质”仍然占据多数。卡罗尔评论道：“我们刚刚学会了字母，就要宣称能写莎士比亚戏剧了。其实从字母到莎士比亚巨著，还有相当长的路要走。”

现在，围绕亨廷顿病形成的科学和公民群体是一个教育水平很高的群体。亨廷顿病致病基因的发现对于亨廷顿病和整个遗传学都有着巨大的影响。亨廷顿病变异基因检测是第一次为成年后发病的遗传病提供的检测。确定亨廷廷基因的一些技术后来被运用到人类基因组测序中。

然而，尽管科学家已经深入研究到影响基因的最小分子了，但是他们还有很多重大的基本问题没有找到答案。譬如，对于携带两个变异亨廷廷基因拷贝的人身上发生的情况，科学家们感到迷惑不解。这样的病例十分罕见，除非一个患有亨廷顿病的男人与一个同样患病的女人有了孩子。这个孩子有75%的可能遗传到一个变异基因拷贝，有25%的可能遗传到两个。然而，尽管一个变异基因拷贝上的CAG重复越多发病时间就越早，携带两个变异基因拷贝的人却不会比那些携带一个的人出现更为严重的症状。

当卡罗尔讲解亨廷顿病时，有时候会给听众们展示一张黏菌的图片，因为黏菌也有一个亨廷廷基因。如果像黏菌那样简单的生物与人类都共有一个基因，那么我们就可以这样认为：黏菌和人类共同的祖先（一种生活在几亿年前的物种）也有这个基因。这也意味着黏菌和人类之间巨大的进化树上所有的生物都可能有这个基因。如果一个基因持续保留在了很多生物的基因组中，那是因为这个基因具有非常基础和重要的功能。譬如，同源基因就是所有脊椎动物所共有的基因，它控制着身体基本框架，即中间一条脊柱，从脊柱向两边突出肢体（与之形成对比的是类似水母这样的无脊椎动物）。然而，科学家并不知道亨廷廷基因对人类到底有什么用。

黏菌非常生动地演示了亨廷廷基因对它们的意义所在。当研究人员关闭黏菌的这条基因时，黏菌就生病了。不过令人惊奇的是，黏菌的亨廷廷基因和人类的亨廷廷基因竟如此相似，以至于研究人员把一个健康人类的亨廷廷基因植入一个生病的黏菌体内时，黏菌恢复了健康。

亨廷廷基因非常与众不同，这不仅因为它存在于各个物种的广度，还因为它在体内分布的范围也令人称奇。一般来讲，基因只在特定细胞内制造蛋白质，而在其他细胞中则不起作用。而且基因只在特定的时间制造蛋白质，然后就停止工作了——它们在发育成长的正常阶段开启和关闭，通常就是这个样子。相比之下，亨廷廷基因则是一种罕见的基因，它在所有机体组织内和全部生命进程中都得到了表达。根据这个基因表达制造的蛋白质也叫“亨廷廷”，在心脏、肺部的细胞中，在血液、大脑和骨骼中都能找到它。可是，科学家还不知道这种蛋白质真正有什么用。“亨廷廷基因不是超级动态的，”卡罗尔解释道，“它和其他很多基因不同，好像不会根据信号改变自身表达的级别。它就像一位管家，一直在那儿。”

卡罗尔身材高大，着装整洁体面，长着一头略带红色的金发，很有军人气质。当每次开会介绍到他的时候，主持人总是会拿他的英俊相貌开玩笑。（2012年，一位同事在欢迎他上台演讲时说，在科索沃战争期间，战争双方的妇女都劝说自己的丈夫停战，好让她们一睹卡罗尔的风采。）卡罗尔大学毕业以后有幸进入著名临床医生兼研究员迈克尔·海登的实验室工作，实验室位于温哥华。当时，海登领导的团队正在研发一种药物，以期让亨廷廷基因变异保持沉默。"亨廷顿病的基因沉默真的很有吸引力，"卡罗尔解释道，"因为它是一种孟德尔式遗传疾病，所以99.9%的亨廷顿病患者都有同样的基因变异（虽然长度不一但是位置相同）。几乎所有患者都有一个好的基因拷贝和一个坏的基因拷贝。"上文所说的药物本质上是"一小段DNA或者RNA"，可以用来关闭坏的基因拷贝。

大多数关于基因沉默和亨廷顿病的研究，都集中在让整个亨廷廷基因保持沉默上，也就是说要让变异的和没变异的拷贝都保持沉默。卡罗尔解释说，虽然这个目标起步更容易，但无法引导研究人员走得更长远。在子宫内就把两种基因拷贝都进行基因沉默的老鼠是无法活下来的，长大一点再进行基因沉默的老鼠会活得好些。但是，目前尚不清楚这种治疗方法应用于人类的效果会怎样。

亨廷廷基因沉默的最佳方法是把目标仅仅对准变异的基因拷贝，这也是卡罗尔的工作重点。他的团队发现，在变异基因附近非编码区域，DNA中的一些碱基与变异有着密切的联系。通过把这些碱基当作变异基因的一种地址标示，研究人员就能在实验室的试验中让坏的基因拷贝保持沉默。在老鼠体内进行的变异亨廷廷基因静默试验中，有一个意想不到的结果是回弹效应：老鼠的病情不仅停止了恶化，实际上还出现了好转。"科学家把这种结果称为'亨廷顿节'"，卡罗尔说道，这些药物可能无法终止亨廷顿病的发展，但是它们能够给予大脑"一些空间来补偿其遭受的一些损伤"。

卡罗尔在药物研制中投入了长期艰苦的努力，但是当药物进入实验阶段时，他并没有被那些小心翼翼、缓慢枯燥的安全试验鼓舞。“我不再自以为是了，”他解释道，“治疗的进展让你感觉自己很渺小，你意识到自己并没有那么重要。这是一个团队的努力，我不一定要成为获得最终胜利的那个人。我可以决定自己的一生如何度过。”

如今，卡罗尔致力于亨廷顿病和新陈代谢方面的研究，因为他被那些“未解之谜”深深地吸引。譬如，虽然亨廷廷基因在身体各处都获得了表达，但是它表达最多的部位并不是病发过程中损伤最严重的部位。大多数研究检测的是亨廷廷基因对于大脑的影响（因为大脑退化是那么明显和剧烈），然而卡罗尔却对肝脏、胰脏和其他组织因为变异基因发生的变化很感兴趣。他说：“如果你得了肝硬化，你的神经系统就会出现很大的症状。”这些病例中的神经影像在某些方面很像亨廷顿病人的神经影像。“因此，脑部疾病不见得就是大脑退化造成的，外围器官的异常也可能导致大脑功能异常。”

卡罗尔还研究了亨廷顿病与食物的关系问题。“看护人员和护理人员都知道，亨廷顿病人的食量非常大。”卡罗尔说道。有些患者每天要摄入5000卡路里才能维持体重。“他们食欲惊人，但仍在逐渐消瘦。”他说。很多病人是饿死的，卡罗尔解释道，但“没人知道为什么会这样”。

卡罗尔还和亨廷顿病临床医师埃德·怀尔德开通了一个名为HDBuzz的网站。他们深感忧虑，是因为媒体上那些有关亨廷顿病的假信息和炒作；他们也深受触动，虽然说患者的家人非常需要关于亨廷顿病的最新研究信息，但其实亨廷顿病的研究人员也急需患者的家人帮助他们开展研究。这个网站帮助二者沟通联系。

当卡罗尔发现自己携带亨廷廷基因变异时，他下定决心永远不要孩子，他不想冒这样的风险——把变异基因遗传给后代。但到了21世纪初的那几年，当科学家找到了一种方法，可以确保亨廷廷基因变异携带者的孩子绝对不会遗传上变异基因拷贝时，卡罗尔改变了主意。实际上，有两种方法被研发出来。医生可以在孕妇妊娠早期检测胎儿，如果发现胎儿携带变异基因，则马上中止妊娠；还可以在胚胎植入前进行基因诊断。医生使用一对夫妇或者捐献者的卵子和精子，就可以创造胚胎并检测它是否携带变异基因，然后利用体外受精技术把一个不携带变异基因的胚胎植入体内。杰夫·卡罗尔和妻子梅甘就属于第一代使用第二种方法的夫妇。经过一次尝试，他们就怀上了不携带亨廷廷基因变异的异卵双胞胎。

在此之前，大多数人在成家时并不知道自己患有亨廷顿病。他们经常是在显现出症状之前（甚至在他们的父母显现出症状之前）就有了孩子。还有很多情况下，人们把得病的事情当成一个秘密来保守，更愿意隐藏诊断结果或是闭口不谈。有时候，这些症状被认为是由酗酒等其他原因引起的。

尽管有了检测手段，但在亨廷顿病的高危人群中起码有一半人仍然没有使用这些最新的技术就有了孩子。甚至有些人接受了亨廷顿病的产前检测，却仍然非常不愿意去了解自己的状况。尝试在胚胎植入前就进行基因诊断的夫妇，甚至可能怀上孩子也不去看看自己是否携带有变异基因。

在家庭和亨廷顿病群体中，决定是否查明一个人的基因状况是个非常容易引起矛盾和让人痛苦的问题，然而，自欺欺人是一种危险的，尤其是当其他人受到同样的基因或者同样的信息影响时更是如此。在一个有亨廷顿病病史的家族里，有一位年轻的女士想去接受检测，但她的母亲却阻止她这样做，因为母亲不想知道自己是否带有变异基因。女儿最终没有理会母亲的劝阻，接受了检测，结果显示她携带有变异基因。

让这种变异基因保持沉默，不仅能够终止亨廷顿病，也能消除所有围绕信息公开的争论。但是在此之前，争论将会异常激烈。很多未接受检测的亨廷顿病高危人群担心，如果他们的检测结果呈阳性，雇主就可能知道其健康状况，更糟糕的情况是保险公司也将知晓。尽管各类组织都在呼吁防止基因歧视，但是还不清楚政策将如何推进，因为这门科学变化太快（更多有关保险的问题，详见“后记”）。不过一般来讲，高危人群对于照顾患病家庭成员感到身心疲惫，对于自己将来也可能得病深感焦虑。人们收到正式诊断之前的那段时间是自杀的高发期。即便是检测结果呈阴性的人，也可能被幸存者的内疚心理困扰。对大多数人来说，想象着自己没有变异基因，要好过为了知道自己没有而去承担查出自己携带变异基因的风险。

卡罗尔属于少数接受检测的人。“有些人就是一定要知道。”他解释道。卡罗尔甚至属于更小的群体：有患病危险的科学家，还把自己的职业生涯投入到了变异基因的研究之中。他认为自己能够在严重症状开始显现之前干到49岁。在此期间，他还有工作要做。

亨廷顿病可能是典型的孟德尔式遗传疾病病例，但并不是所有单一基因遗传疾病都是一样的。其实，单一基因影响人体健康的方式是多种多样的，一次基因检测改变人生轨迹的情况也是不一而足的。

撒玛利亚人住在以色列霍隆镇和约旦河西岸基利心山科雅特卢扎村，信仰古老的宗教派别，具有世界上最高的近亲结婚率。

在罗马统治时期，这里生活着150万撒玛利亚人。根据他们自己的历史记载，撒玛利亚人是约瑟夫儿子们的后代，大约公元前1000年居住在所罗门时代以色列的北方王国。在公元前8世纪初，亚述人入侵了这个王国，流放了很多当地居民，自己取而代之。然而不知是什么原因，撒玛利亚人得以留存了下来。当以色列人从流放地返回故里的时候，将撒玛利亚人驱逐出了以色列部族，因为撒玛利亚人采纳了一些亚述人的习俗。据一位研究这一群体的遗传学家马库斯·菲尔德曼说，即便是在今天，撒玛利亚人也不会被认作是犹太人。但是菲尔德曼实验室开展的研究证明，犹太人和撒玛利亚人的祖先非常接近，他说："撒玛利亚人的基因组毕竟与其他犹太人的基因组非常接近。"

在亚述人入侵后的几百年里，一个接一个的浩劫降临到撒玛利亚人头上。在接连遭受罗马人、穆斯林和奥斯曼人的进攻后，撒玛利亚人口持续减少。到1917年的时候，撒玛利亚人只剩下不到150人了。在此之后，这一群体从极端的瓶颈状态中逐渐得到恢复。到2009年的时候，大约有750个撒玛利亚人了。

人口增长如此缓慢的原因之一，是他们属于某些遗传病的高危群体。在20世纪的大部分时间里，撒玛利亚人的流产、死胎、严重残障（如耳聋、智力障碍或无法行走）以及退行性疾病导致婴儿死亡的发生率相对较高。这些问题部分是因为撒玛利亚人承诺只与本族通婚。近亲结婚增加了罹患遗传疾病的危险，因为如果在一个更大的家族群体中存在隐性基因的变异，当父母都来自这一家族时，两个人同时携带这种隐性基因变异的可能性就会降低。可是撒玛利亚人选择配偶的偏好是独一无二的，他们不仅在更大的家族中通婚，而且还在同姓家族中通婚。整个撒玛利亚人群体只有四个姓氏，这大大缩小了他们的基因库。

撒玛利亚人的婚姻起码有84%是在堂（表）兄弟姐妹之间，或远房堂（表）兄弟姐妹之间。菲尔德曼说，堂（表）兄弟姐妹之间的婚姻可能增加患上一些慢性疾病的风险。但是很多代人不断地选择与堂（表）兄弟姐妹通婚，将大大增加患上遗传疾病的风险。简单计算一下我们就可以知道，在一个人往上追溯10代的家谱树中，共有1024个人结为夫妇。这1024个人都是家族的祖先，但是如果说他们给现今后代的基因组贡献了什么的话，那么仅仅是一点点DNA而已。然而，现实情况经常要复杂得多。这种算法只有在家谱树中不存在亲属之间通婚的情况才是正确的。当一个小的人口群体不断出现表亲之间的婚姻时，任意一对配偶共有DNA的数量都会增加，第10代人（其他代人也是一样）中家族亲戚的数量就会减少。如果家族的祖先减少了，那么从他们身上遗传一个DNA片段的概率就会增加。虽说一个变异基因经过很多代的传递，同时遗传给一个孩子两个变异基因拷贝的可能性是微乎其微的，但是当一个群体偏爱同族通婚时，这种可能性就增加了。

譬如，夫妻是表亲关系，那么他们的孩子将只有六位曾祖父母，而不是八位。如果往回追溯10代，那这些孩子的祖先将少于1024位。在这样的婚姻中，夫妻双方的四位父母中肯定有两位是兄弟姐妹。如果两代人都是堂（表）兄弟姐妹之间结合，那么孩子就只有四个而不是八个曾祖父母了。如果这种婚姻模式在几代人中不断出现，那么这个家族的祖先数量就会大大减少。

生活在21世纪的人，在过去300年不可能没有家族内的姻亲。然而据菲尔德曼说，全世界仍有超过一半的人热衷于有血缘关系的婚姻，有多达10%的人与堂（表）兄弟姐妹结婚，或与远房堂（表）兄弟姐妹结婚。

阿什肯纳兹犹太人的人口远比撒玛利亚人多，然而从10世纪到15世纪也经历了一段瓶颈期，这发生在阿什肯纳兹犹太人被驱逐出法国和莱茵兰之后。虽然这个群体在世界范围内已经扩展到1000万人，但所有的阿什肯纳兹犹太人互相之间是不超出九代的堂表亲。他们今天要面对的遗传疾病是台-萨氏综合征，一种隐性遗传、退行性的遗传疾病，患者通常活不过4岁。在美国，通常每250个成年人当中就有一位携带一条台-萨氏病的隐性基因拷贝。然而在阿什肯纳兹犹太人群体中，每27个人中就有一位。相比于其他许多群体，阿什肯纳兹犹太人更容易患上起码20种基因疾病。菲尔德曼说，这一系列的患病危险是因为在小群体内通婚的偏好和受到族群创立者的影响。

创立一个族群的父母们可能对于他们的后代有着巨大的影响。想想看，一个小族群的创立者只是他们原本所属发源族群的随机样本。这一样本只能代表发源族群多样性中很小的部分，或者更有可能的是样本只是发源族群基因库中很小的分支。如果创立新族群的人当中有一位携带一条隐性变异基因拷贝，再加上族群内通婚的习俗，那么，在经历几代人之后就很可能出现携带同一条变异基因拷贝的两个远房表亲结为夫妻的情况。台-萨氏病源自HEXA基因上的一个变异，据推断，把这个变异引入阿什肯纳兹犹太人群体中的一位祖先就生活在15世纪的人口瓶颈时期。

像台-萨氏病、高雪氏病和布卢姆综合征，都是阿什肯纳兹犹太人易患的遗传病症，但是这些病症并不是阿什肯纳兹犹太人的专属。还有其他人群也是这类疾病（或者那些阿什肯纳兹犹太人不太容易得上的疾病）的高危人群。爱尔兰人、法裔加拿大人和卡津人当中台-萨氏病的发病率也比其他人群要高。这些人群没有表亲之间通婚的习俗，然而他们都是小群体，本地人其实更偏爱与自己相似的人或是住得近的人结婚。奇怪的是，两个或多个群体共有同一种基因疾病，并不一定意味着他们拥有共同的祖先。虽说在通常情况下，一个基因上的特定变异可能造成灾难性的后果，而在同一基因中的不同变异根本没有任何明显的影响；但是有时候，同一种基因疾病却源于同一基因中的不同变异。譬如，法裔加拿大人就携带有与阿什肯纳兹犹太人不同的HEXA基因变异，这个变异可以追溯到17世纪的一位携带基因变异的人。

不过，卡津人携带的基因变异与阿什肯纳兹犹太人中受到台-萨氏病影响的多数人携带的基因变异是一样的。在19世纪以前，卡津人与外界相对隔绝，他们在大家族内通婚的比率很高。即便到了20世纪，很多家庭几代人都在同一个地区居住，能够证明个人之间有亲戚关系的痕迹（如共同的姓氏）都已经随着时间消失了。

在20世纪90年代后期，路易斯安那州伊奥塔小镇中的台-萨氏病患者急剧增加，令人担忧。在几个月当中出现的4起台-萨氏病例引起了伊曼纽尔·夏皮拉的注意，他是新奥尔良的临床医生兼遗传学家。当更多病例接踵而来的时候，夏皮拉开始尝试追踪这条隐性基因。他来到伊奥塔镇，在采集了230个血样后发现这里携带台-萨氏病变异的比率是犹太人群体的两倍。它是从何而来的呢？夏皮拉和他的同事检查了7个受到台-萨氏病侵扰的家族家谱，这些家族都住在方圆70英里之内。大多数家族成员有共同的祖先：一对18世纪初从法国移居路易斯安那州的夫妇。被研究的7个家族，有5个可以直接追溯到这对夫妇；另外两个可以追溯到大约同时期住在附近的同姓人家。这两个家庭也可能与法国夫妇有亲缘关系，但没法与这对夫妇建立确定的联系。虽然目前无法知道这对夫妇是不是犹太人，但有些评论者推断他们肯定是。

这些家族共有一个祖先，说明恰巧带有HEXA基因变异的相同DNA片段的多个拷贝，来自大约300年前的同一个人。变异在卡津人群体中被拷贝和再次拷贝，到了20世纪后期，群体成员已经不知道互相之间是否有或者有着怎样的亲缘关联了。实际上，他们之间的关联也不是我们通常想到的那种。除了那个致命的HEXA基因片段以外，他们也许根本就没有太多其他的共有DNA了。但是在整个卡津人家谱树中的祖先中，那对法国夫妇起到了独一无二的重要作用。

为什么经过了几百年的隔绝，如此多带有隐性基因单一拷贝的年轻人无意中又结为夫妇了呢？实际上，前几代人也很可能是这种状况。一旦某个患病儿童的大家族了解了其疾病，很多人都能回忆起上几代人中出现的类似病例——一个正常的婴儿停止生长、逐渐退化，最后在4岁时死亡。当地人曾把这种病叫作“懒惰婴儿病”。

一个群体对于自身基因组的亲身感受不仅与基因组相关，还与这一群体能够接触到的基因技术有关。不出所料，撒玛利亚人对自身基因组和遗传信息的体验与亨廷顿病群体很不一样。只要携带一个致病基因拷贝就会患上亨廷顿病，带有亨廷廷基因变异的人即便知道了诊断结果，也没有办法改变现状。但是撒玛利亚人的情况不同，他们通常要面对隐性致病基因（需要一个变异基因的两个拷贝才会致病），因此可以采取一些防范措施。虽然还没法治愈这种基因疾病，但是携带隐性致病基因的成年人是不会发病的，他们的关注重点是在下一代中预防。撒玛利亚人积极检测可能降生的孩子的基因组信息。现在，他们既参加婚前检查也参加产前检查，尽管每五例妊娠中就有一个不正常，但他们能够测出带有两个变异基因拷贝的胚胎，选择终止妊娠。虽然这种方法既没改变他们的基因组，也没改变文化习俗，但是检测确保了只有不会发病的孩子才会降生。

除了基因检测以外，一小部分撒玛利亚人还借助专业服务机构的介绍迎娶非撒玛利亚人当妻子。在过去的10年中，有许多年轻的乌克兰女性应招同撒玛利亚人结了婚，她们带来了全新的基因组，以维持撒玛利亚人延续了3000年的文化。然而，很多撒玛利亚人仍坚守着家族内通婚的习俗。2009年的时候，有一位撒玛利亚人告诉路透社记者：“我反对与家族以外的女人通婚。”在谈到几个儿子的婚事时，他说：“如果他们找不到媳妇，我妹妹有三个女儿，我表哥也有三个女儿。”说完，他又补充道：“当然，我们首先要让他们做基因检测。”

在过去的20年里，这种与基因检测紧密关联的情况，在更大的犹太人群体中变得很普遍。在以色列，基因筛查和咨询已成为文化的组成部分，每个人都接受脆性X染色体综合征的筛查，还有其他一些检测免费提供给那些高危夫妇。人们仍在不断发现一些基因变异，这些变异会导致一些罕见但危害巨大的基因疾病。2012年，导致小脑逐渐萎缩（一种致命的退行性儿童疾病）的基因变异被确定，以色列政府把这一检测增加到了更大的一组检测当中。

马库斯·菲尔德曼本人就是阿什肯纳兹犹太人，我问他是否担心生育孩子的问题，他回答道："一点都不担心，只要相隔两代表亲以上，产生基因疾病的危险就能降到很低。"

菲尔德曼还解释说这个风险"足以促使人们主动去接受产前检测，但是我不认为人们会去做常规的布鲁姆综合征检测，因为这些疾病虽然在阿什肯纳兹犹太人群体中偶有发生，但即便是在阿什肯纳兹犹太人群体中也是非常非常罕见的"。

在美国的正统犹太人社区中，有类似Dor Yeshorim这样的组织执行婚前检查。如果检测结果显示男女双方都携带有同一个隐性遗传疾病的致病基因，那么就不予批准登记结婚。Dor Yeshorim以及类似的项目非常成功，以至于现在这些社区的台-萨氏病的病例比非犹太人社区还少。在美国和加拿大，犹太人社区的台-萨氏病例自2000年起减少了90%以上。事实很清楚，遗传风险因素已经同文化风险因素分离开来，为了减少遗传风险，文化也做出了改变。目前，卡津人社区里的公共医疗信息和基因检测还比较落后。那对从法国移居路易斯安那州的夫妇和其他有着不同家族历史的当地家庭，在21世纪的今天仍然可能有很多后代携带台-萨氏病基因变异而不自知，他们还是可能会生出饱受病痛折磨的孩子。或者如果检测出配偶碰巧没有携带这种变异基因，他们也就不必去了解自身的状况，去应对台-萨氏病了。

在其他带有最初创建者的基因组或是近亲通婚后遗症的群体，也存在有针对性的筛查项目。很多国家，包括加拿大、塞浦路斯和伊朗，都有针对β地中海贫血症的筛查项目，这是会严重影响人体发育的一种血液疾病，病人有可能需要终生输血。这些国家在自愿还是强制检测、婚前还是产前检测以及提供何种咨询方面有所不同。在塞浦路斯，如果男女双方打算在塞浦路斯正统的教堂结婚，就必须接受筛查后获得认证书才可以。在塞浦路斯，β地中海贫血症的发病率下降了接近90%，加拿大和巴林也大致如此。而在其他国家，比如印度，发病率就几乎没有什么改善。

婚姻和基因检测话题会极具文化敏感度。在英国的布拉德福德市，有一个200万人口的巴基斯坦人群体，他们的遗传病发病率是普通群体的100倍，这一情况被公布后在公众中引起了很大的争论。这个群体在移民英国之前就有很多代家族内通婚的历史，现在仍然喜欢与表亲通婚。如今，他们的孩子有十分之一患有隐性遗传的疾病或在婴儿期就夭折了。在一档英国电视节目进行的采访中，一位当地的医生估计，布拉德福德医院每年会遇到大约140个隐性遗传疾病病例，而其他医院每年通常只会遇到20到30个。英国政府已经拒绝系统地解决布拉德福德的公共医疗问题，他们对于评论这个国家内相对较新的文化习俗还是有很大顾虑的。有些人坚持认为表亲通婚不是政府该管的事，其他医学界和政界人士正在讨论解决这一问题的方式。

阿兰·比特尔斯是一位研究血缘关系的世界顶级专家，著有《相关环境中的血缘关系》。他是在20世纪70年代去印度班加罗尔作研究的时候对这一课题产生兴趣的。一天，比特尔斯与一位教授共进晚餐，那位教授介绍到他的家人时说："这是我妻子，也是我的侄女。"比特尔斯还见到了这对夫妇的孩子。"他们既聪明又漂亮。"他说道。这件事让他对当时医学界给血缘关系贴上的危险警示产生了怀疑。他解释说，绝大多数第一代堂表亲之间的婚姻并没有生下有先天缺陷的孩子。从根本上讲，问题的关键不只是血缘关系，还包括这一群体的人口规模、生育了多少个孩子、这个群体的祖先与外族隔离的程度，以及诸如母亲受教育程度和生育年龄等社会经济因素。而且，存在许多种不同的血缘关系，每一种对孩子的基因组都有各自不同的影响。譬如在班加罗尔，叔叔与侄女之间的婚姻非常普遍，这种婚姻近亲繁衍的程度是第一代表亲之间婚姻的两倍。基于这种原因，最好把血缘关系看作是一个“幅度范围”——它取决于父母双方从同一位祖先那里遗传到了多少相同的DNA片段。

任何人口群体，无论规模大小，都可能比其他群体更易患上某些疾病。尽管西欧和西非的人口群体几乎不可能被认为是与外族隔绝的，但在每个群体内部仍然存在大量共同的基因群组，这些基因群组可能会影响携带者的生活。每2000个西欧新生儿中就有一个受到囊肿性纤维化病的影响，而这种病在非洲人中却很少见。然而西非人必须应对每600个新生儿中就有一个患有镰状细胞贫血症的状况，可这种病在欧洲人中却很罕见。

一个群体共有的DNA数量不只是受到文化选择、中世纪、殖民地时期人口瓶颈效应的影响。就是在今天，一件发生在6万前的事仍然在影响着我们：人类走出非洲之旅。在人类离开非洲向世界各地迁移期间，一个群体定居下来，逐渐扩展，然后分出一个小群体迁移到别处，建立了另一个人口分支。马库斯·菲尔德曼的同事布伦纳·亨领导的一项研究发现，每次出现人口瓶颈状况，都对应着基因多样性的减少和基因组中有害变异的增加。目前，菲尔德曼和布伦纳·亨正在查明这些因素是否会影响到现代人的健康。

很多人都受到了孟德尔式遗传疾病（也被称作“单一基因疾病”）的影响。每1000个新生儿中就有一个受到单一基因疾病的影响，这样的疾病至少有1万种。虽然这个数字非常庞大，但是人们仍然认为孟德尔式遗传疾病是罕见的。弗朗西斯·高尔顿是伟大的革新家、人种改良学家，也是达尔文的表弟，他使我们认识到不是所有遗传都可以由单一基因来解释。现在，因为全基因组关联研究方面的变革使我们能够对很多人的基因组进行比较，所以我们可以明白这样一个事实——大多数的身体特征与疾病都是多个基因共同作用的结果。很多特征和常见疾病集中在家族之中，因此我们本该在家族基因组中追踪到这些病症的踪迹，但到目前为止却很难找到这些踪迹。某种原本巨大的影响因素正在渐渐地从整个图景中消失。

虽然我们最终证实了“一种疾病由多种基因引起”的基本观念，但我们仍然不知道那些基因是如何各司其职的，这成了推动科学之轮前进的关键所在。现在，我们有技术能力去确定任意一个基因的影响，不过看起来这些基因在大多数时候根本没发挥多大的作用。

以人的身高为例，它好像有很强的家族遗传性特征。此外，全基因关联研究显示，身高起码受到40个不同基因的影响。然而，当科学家们试图去弄清楚这些基因如何导致特定遗传模式时，却发现自己对这件事情无能为力。群体身高差异中仅有5%可以借助身高相关的基因来做出解释。很明显，在基因组和个人之间还发生了很多事情，但我们现在还不能准确地了解到。遗传学家把这叫作“遗传力的遗失”问题。

最先的解释自然是其他基因。如果一种病症是由多个基因引起的，那么看起来某些基因或者非编码DNA的活动，就可能影响其他基因的行为。还有一种可能性：一些仍未被追踪到的罕见基因变异影响着一些常见疾病。因为医疗水平的进步使很多人的寿命比几百年前的人长了很多，所以本来罕见的变异基因很可能也在逐渐增多。“遗传力的遗失”问题也肯定和研究范围的局限性有关。到目前为止，全基因组的研究对象大多是欧洲人。随着世界范围内更多的基因组加入到检测中来，基因组的全貌必然会变得更加详尽。

一些常见的疾病或特征可以用基因组结构上的特质来解释：基因片段可能被倒置或者移动到了不同的位点，还可能出现很多不同类型的重复，比如亨廷廷基因中的CAG重复。新的基因变异也是一些疾病发生的原因。有小部分自闭症病例就是由新生点变异引起的，也就是说，尽管基因发生了突变，但这种疾病是不遗传的。除了这些如同暗物质般的成因以外，还有非编码DNA。当遗传学家发现DNA中的差异与健康方面的差异相对应时（譬如，患有某种疾病的人，基因组的某个位点上是T，而不是A），很多人也发现这些重要的差异不是在基因中，而是在基因组的非编码区域出现的。为什么会这样呢？遗传学家还不得而知。

还有一种情况是环境改变了基因，但谁又能确定哪些环境因素在起作用呢？你小时候睡得有多好？你吃得怎么样？另外，有没有精神压力也是重要因素。你是在战争环境中长大的吗？你家境贫寒吗？你家里有人吸毒吗？你的家族病史和家庭受教育程度又是怎样的？你是经常处于严重污染的环境中吗？请记住，环境改变基因的方式并不是含糊不清的：我们听到、看到、感觉到和触摸到的一切事物，都通过某种类型的生化作用转化到了我们的机体组织中，这些是可以追踪到的。

我们的父母和祖父母的生活也可能影响遗传疾病在我们体内发生的方式。20世纪遗传学领域最核心的一个事实是，父母传给孩子的基因组不受父母生活的影响。但在过去的十年中，人们发现这一规则有一些至关重要的例外。表观遗传学告诉我们：你祖父经历过的事可能以某种方式让你的基因产生了一点改变。经典的表观遗传学研究证明：在荷兰，某些成年人的DNA因为他们的祖父母经历过1944年大饥荒而刻下了抹不掉的标记。在这类案例中，一种标记（它本身不是基因）被遗传给了下一代，并借助基因发生作用。例如，有这样一个案例：让老鼠经历一种痛苦的事情，同时释放一种特殊的臭味。这些老鼠的后代以及它们后代的后代对这种臭味的反应，比没有过这种痛苦经历的老鼠们生出的后代更为强烈。2014年，第一个古代人的表观基因组被公之于众，这个表观基因组取自一个4000年前生活在格陵兰岛的男子。没过多久，尼安德特人和丹尼索瓦人的表观基因组草图也被公之于众。这些信息为我们对比现代人类的近亲与祖先的差异开辟了一条全新的途径，为了解他们把经历和患病倾向遗传下来的方式提供了全新的可能。然而，目前还不清楚这些基因上的附着物能够遗传多少代。

即便我们有能力解读几万个人的海量DNA编码，但就目前而言，研究家族历史仍然是很多健康问题最好的预测方式。譬如，BRCA基因变异加上家族的乳腺癌病史，将显著提高一个女人患上乳腺癌的概率。

现代遗传学是错综复杂的，其中最为实际的观念之一就是把基因当作危险因素看待。携带BRCA基因变异并不意味着你肯定会得上乳腺癌，但是它增加了你的患病风险。除了基因变异、家族历史和个人经历以外，在你的人生中还有其他一些因素也会进一步加剧患病风险。以亨廷顿病为例，如果在亨廷廷基因中携带有40个或更多个CAG重复片段，那就意味着致病死亡的风险会非常大。但是，如果能研发出延缓或者阻止发病进程的治疗方法，那么对风险的评估也将改变。

想一想没那么致命但仍然很重要的F5基因上的变异，携带这种基因变异的人体内会生成一种被称为莱顿第五因子的蛋白质（而不是正常的第五因子），它会增加血液凝固过度的可能。如果携带这种基因变异的人长时间地乘坐飞机，那么他们特别容易在长途飞行综合征出现时发生血栓。了解到这个信息以后，这类人群应该加以认真对待，在乘坐飞机时经常站起身来做做拉伸，活动活动身体。

就在几年以前，大多数人还只能通过基因方面的咨询服务来了解自己的基因组信息。如果在怀孕前或者孕期内怀疑胎儿可能会患有某种遗传疾病，那么就可以接受这样的咨询服务。因为大多数需要检测的遗传疾病是孟德尔式的遗传疾病，所以这样的基因信息意义重大。基因检测结果由专业人士当面告诉本人，这些人受过训练，可以提供指导和帮助。不过从2007年开始，任何人都可以通过寄送面部擦拭采样样本或是唾液样本获知自身面临的很多基因危险。

例如，23andMe公司检测了帕金森病、多发性硬化症和糖尿病等很多疾病的遗传标记，它还可以从基因上确定个人对某些药物反应的敏感度。我发现自己对华法林（一种在中风等紧急情况下使用的抗血栓药）的敏感度比大多数人都要高。如果我什么时候需要服用这种药，那么医生会适当地减少药量，以免我出现出血过多的症状。另外，我还了解到自己患乳糜泻的可能性比常人高4倍。这些信息使我开始关注起一年多来出现的隐隐约约的胃疼症状。最终，我去看了医生并做了检查，发现自己没得乳糜泻，但存在食物不耐受的问题，这完全改变了我的饮食习惯。现在这些症状都消失了。

我的丈夫是怀着非常期待的心情等待23andMe为他检测的结果的，因为他的母亲在他21岁时死于多发性硬化症。尽管很多患有多发性硬化症的人可以勉强度过一生，但是丈夫的母亲在身体上和精神上都被疾病摧垮了，到后来都不认识自己的孩子了。由于多发性硬化症有遗传性，因此当丈夫接到检测结果时，首先查看的就是多发性硬化症那一栏。检测结果显示他患这种病的概率比常人还低。这个结果并不意味着他不会得上这种病，但是在目前科学可以分辨的程度来看，他也不会一定得上这种病。

尽管这类信息的实用性显而易见，但对于是否允许人们获知与自己健康相关的遗传信息，医学界和遗传学界还存在着巨大的争论。2013年，美国食品和药物监督管理局（FDA）暂时终止了23andMe公司的健康服务项目，尽管该公司和监管部门现在正在协商此事，但是尚不清楚何时可以恢复这一健康服务项目。争论的焦点包括提供信息的准确度，以及是否应该对遗传信息采取特殊的安保措施。这对于孟德尔式疾病是不言而喻的。如果消费者发现了有关自己或家人的可怕消息该怎么办？这种风险不可小视。然而，就我们目前所知，从基因组中获取的大多数危险信息不是有关孟德尔式遗传疾病的，而是取决于多种因素的疾病。

罗伯特·格林是一名医生，也是一名医学家，他在布里格姆妇女医院和哈佛医学院工作。罗伯特·格林告诉我，对于遗传信息的恐惧心理大多是在混乱的遗传信息咨询过程中形成的，他说："长期以来，亨廷顿病一直是基因检测的范例。但它真的不是很好的范例，因为这种病是确定的，而对于其他大多数疾病的遗传变化，甚至是孟德尔式疾病的遗传变化，人们还没有完全洞悉。"

目前，几乎在遗传学应用的每个方面，都存在着对很多基础问题讨论过多、研究过少的现象。由医疗机构以外的个体来发布重大的遗传风险，是否像很多人担心的那样有潜在的危害性呢？初步的研究显示，这些信息不一定像研究人员猜想的那样令人震惊。格林曾经从事过药物临床试验的设计和实施工作，因此，他决定像对待药物一样来测试人们对待基因信息的认知——这些信息给人带来的是益处还是危害，或是两者兼而有之？在他的研究中，研究对象会被告知是否携带有常见的APOE基因变体（这个变体会大大增加患阿尔兹海默症的危险）。他说："我们认真地设计了这项研究，采取了很多安全措施。一开始，我们尽量把研究对象限定在很小的范围内，即有必要回答这一问题的人群以内。这项研究和其他几项研究（最终研究对象都超过了1000人）的结论是：告知志愿者面临的遗传病风险，即便是像阿尔兹海默症那样骇人的不治之症，也不会引起过度的反应。"

对于直接面向普通消费者的检测结果而言，有很多过滤信息的简便方法。23andMe鉴定公司的做法是，按照科学可信程度将检测结果分级，并告知受测者这些可信等级。如果受测者想要检测某种严重的遗传疾病的患病风险，那么他必须勾选愿意获知检测结果的选项，这样就有心理准备了。（23andMe鉴定公司提供亨廷顿病检测。）

当我问到杰夫·卡罗尔如何看待直接面向普通消费者的基因检测服务时，他说他主要担心对儿童不加监管的检测。譬如，如果没有出现早期的症状就对儿童进行亨廷顿病检测，那将是非常不道德的行为。因为检测结果一旦为阳性，就会严重影响人们对待这个孩子的方式以及孩子的自我感受。只有当孩子年满18岁以后，自己去接受这种检测才是合法的。

即便了解自身潜在的遗传病风险对人们没有危害，批评者们还是想知道人们会不会利用这些信息改进自己的生活，帮助家人增进健康，减少发达国家巨大的医保支出。事实上，Navigenics等公司所做的小型研究显示，当人们得知自己的遗传病风险时，并没有太多积极的回应。例如在某一项研究中，研究对象呈现出比常人更高的2型糖尿病患病风险。众所周知，这种病是与生活方式息息相关的。但是，即便研究对象们获知了自己属于高危人群，也没有多少人因此而减少脂肪摄入，增加体育锻炼，或咨询医疗专家以降低患病危险。

具有讽刺意味的是，这一发现恰恰支持了以下观念：大多数有关基因的信息并没什么特别的，不该得到监管者们的特殊对待。众所周知，任何健康信息，无论是与心脏有关，还是与体重或年龄有关，都很难让人们从沙发上站起身来出去运动。然而，谁也不会建议医疗部门应该停止向公众宣传进行体育锻炼和饮食控制，只会建议改进宣传方式而已。

那么，到底人们想不想知道自己的检测结果呢？在2012年的一次遗传学研讨会上，我听到了这样一篇报告，讲述了受测者在同意了解自己是否携带某种癌症的关联基因后采取的一系列做法。研究人员发现，虽然每个人一开始都决定参加，并约好时间来听取个人的基因风险报告，但是，很多人第一次就没有赴约，他们并不想获取更多有关这种疾病的知识，二次赴约来取检测结果的人就更少了。这被解释为人们不想了解他们的患病风险，还是这种消极的态度只是代表人们工作繁忙，无暇顾及呢？如果是相关医疗机构把获取信息搞得太难了，受测者们不想费力去得到呢？也许人们并不是害怕得到患病危险的信息，而是因为了解疾病预防的方式太费时间了。有一位研究人员对一个贫困社区的居民进行了调查，询问他们对于基因风险信息的反应。他们中有许多人都感到异常恐惧，而且非常迷信。有一个人告诉研究者，他不想知道那些检测结果，因为担心一旦知道了基因风险，反而会引发那种疾病。很明显，为了帮助人们认识基因本身并不会决定他们的命运，必须对其开展教育，最为直接的方式之一就是帮助人们熟悉自己的基因组。

到目前为止，医学界对基因组数据的应用还非常少。23andMe公司的客户和其他类似公司的客户说那些医生对他们的基因检测报告经常是不屑一顾。罗伯特·格林对此提出了疑问：“临床医生该怎样对待基因组报告呢？应该如何为他们设计基因组报告呢？他们将如何对待定向的检测发现，又将如何对待附带的发现呢？”所有这些问题都滞后于飞速生成的海量基因组数据。格林还评论道：“为什么要把基因组信息与医生处理的其他敏感信息区别对待呢？比如病史、精神病史、药物滥用、艾滋病病毒携带和性取向等信息。医生要了解所有敏感信息，并且有责任保护病人隐私和为病人解读这些信息。除非医学界愚蠢到想要推卸这些责任，否则传统医学界有责任把基因检测信息合理地整合进医疗实践中去。”

对于直接面向客户的检测，最重要的是提供的基因风险信息必须准确可靠。在很多研究项目中，美国政府部门和科学家们对于来自不同检测公司检测报告中的结果进行了比较，发现这些公司对于如何分析检测结果普遍存在着差异。有些差异是不可避免的，但针对某些疾病进行检测的同一组基因却因为检测公司的不同而出现了高风险、低风险、无风险三种检测报告。对批评者而言，这一发现足以作为抵制任何基因测试的有力证据。

归根结底，所有参与个人基因检测的人，无论是出于历史原因还是健康原因，都应该理解这门特殊的科学仍处于引人瞩目、蓬勃发展的初期。现在这个时期之于基因组的未来，就好比20世纪70年代和80年代初之于电脑一样。当时，史蒂夫·沃兹尼亚克、史蒂夫·乔布斯和一些名不见经传的精英们在车库里摆弄着最初的个人电脑。现在，大多数人每天都在使用的数码设备都不止一两个，而是很多个。假如明天有人关闭了所有的电脑，世界就会停止运转。使用基因服务的人需要容忍一定的不确定性，因为这门科学还有待完善。不过，凡是基因组涉及的问题总会存在一些不确定性。

1998年，美国人类学协会发表了一则有关种族和人体差异的论述，这个论述在2014年仍然没有过时：

> 历史研究证明，一直以来，“种族”的概念承载着比单纯的身体差异更多的意义。其实，不同人种在身体上的差异，除了人类赋予它的社会差异以外没有任何意义。

令人惊奇的是，人口群体身体的差异并无超越社会范畴的意义，这一观点现在仍然有着巨大的影响力。我们都是基因组和家族的产物。小型、中型和大型人口群体的历史，扎根非洲和走出非洲的经历，还有其他不计其数的历史巧合，都在影响着生活中各种事情发生的概率。

致命的孟德尔式疾病是最具伤害性的基因遗产。但这仅仅是基因影响我们生活的诸多方式之一。隐性遗传疾病和复杂遗传疾病的出现频率也受到祖先的影响。有些遗传因素影响着我们的外貌（别人会对此产生反应），而外貌又影响着我们的反应、情感和行为。一个生命源于两个生命基因组的随机组合，这有很多种结果，如果不考虑DNA，我们将无法完全理解任何一种结果。

DNA告诉我们，我们都是机会和命运的产物，而且任何两个人都不相同。我们总是把自己看作是一个整体，但是看看基因组就会发现自己是由很多碎片粘连而成的。许多碎片都有着不同的历史，每个碎片都给我们的生活带来了不同的可能。杰夫·卡罗尔评论道："没有人会有一套完美的等位基因。"他还说：

西方人往往认为自己是纯洁质朴、完美无瑕的……认为努力工作就可以做成任何想做的事情，只要努力就没有什么可以阻挡我们。这的的确确是一个大家都信以为真的美丽谎言。然而，我们需要去懂得这是个谎言……我们中的一些人遇到了一些极端的案例……（但是）即便你遇到了某个极端案例，你仍旧可以成为一个有用的人，把自己的工作做好。

我们是永恒的事实和有趣的可能性的产物。自打你一出生，你在人类这棵树上的位置就确定了。在你之前塑造这棵树的所有一切总会在你身上有所体现——生理的和历史的。最开始构成你的千百万个片段——文化的和遗传的片段，每个都带有各自的危险因素、倾向性和可能性——都是由从前的一切塑造而成的。

当你逐渐长大，又慢慢变老，无论你生活在什么样的世界里，人生的推演都在改变着。你的家庭、你所在社区的历史、你的政府，甚至你吃的食物都在改变着推演。你也在改变着这一切。为什么不去搞清楚这些推演的结果呢？这样做虽然保证不了你可以预知未来，但可以帮助你思考未来的种种可能。基因组就是生活发给你的第一手牌，怎么打就看你的了。

后记

在写这本书的过程中，我认识了很多失去亲人的人。他们的亲人并不是因为年老体衰最终离世的，而是突然地或者非自然地与他们阴阳两隔。

有一位朋友曾经在我家暂住，他和我们谈起了他的父亲。他的父亲出生在台湾，而他自己是很小的时候被收养的，可是一直不知道自己的身世，直到成年以后，未婚妻的家人调查他的背景时他才知道了真相。妻子告诉他，他现在的父母其实不是他的生身父母。后来，他开始寻找生身父母，在一个小村子里遇到了一个女人，自称是他的母亲。从此以后，他给她送钱，尽量让她过得舒服，直到她去世。现在，他的儿子怀疑这个女人跟他们一点亲缘关系都没有。我的这位朋友最近把他的DNA样本送到两家基因家谱检测公司进行检测，期待着检测结果可以证明他的中国血统。但是，两家公司的检测报告上都显示他的DNA中有7%可能来自别的地方，其中一家公司认为，这神秘的7%是波利尼西亚血统。

有一位女士跟我在同一座大楼工作，她告诉我，她的父亲是一个弃婴，被人放在英格兰一户人家的门口。除了奶奶的名字之外，她对祖父母便一无所知了。她开始在档案记录中搜寻，还把父亲的DNA样本送到基因家谱检测公司检测。后来她找到了几个同名的女人，最后锁定了一个人。每次我见到她时，她的调查都小有进展。

我还认识一位遗传学家，他从小就注意到自己的父母年纪特别大，但是从来没把它当回事。长大以后他才发现，他所谓的“姐姐”其实才是他的母亲，把他抚养大的是外祖父母。

对于我的祖父，我了解得也不多。自从我开始写这本书以后，我的父母才慢慢开始和我说起一些有关家谱的事情，然而想让他们说些我想知道的事情还是很难。探寻仍在继续。

21世纪的遗传学最有趣的发现之一，就是遗传并不像我们害怕的那样具有决定性的作用。越来越多的证据显示，文化历史给予我们的影响比我们知道的要更加深远。文化的作用会延续多久呢？世界银行的高级经济学家卡拉·霍夫，通过对印度的种姓制度和决策进行调研，提出了自己深刻的见解。

种姓制度是一种社会等级制度，有着几千年的历史。虽然从历史上看，种姓制度具备一些灵活度，使得个人可以改变自己的种姓，但自从英国统治印度以来，种姓制度的划分是很严格的。高贵种姓总是拥有更多的自由、更高的地位和更大的权利，而低贱种姓总是干些卑微的工作，比如处理死尸、打扫厕所等。高级阶层把最低的阶层叫作“贱民阶层”。

划分贱民阶层的做法在50年前就被废止了，今天，各种姓在法律上的区别已被根除，很多社会差异也被抹平。一个属于高级种姓的人不见得一定就富有、受过高等教育，或者与当地的政界有联系。然而，各个群体仍旧严格监督着种姓之间的社会界限。高贵种姓与低贱种姓的人结成夫妇，被私刑绞死、强奸或殴打的事件屡见不鲜。2014年4月，一个17岁的达利特（属于贱民阶层）男孩被一群高贵阶层的人殴打、勒死，就是因为他们看见男孩和他们的妹妹坐在一起。据报道，种姓歧视和种姓暴力在印度80%的村庄都发生过。

霍夫调查了现如今群体内部的团结程度是如何受到种姓制度影响的。她安排了很多次试验，让来自高贵和低贱种姓的三个人玩一个欺骗和惩罚的游戏。她发现，来自低贱种姓的人不愿意惩罚任何人，无论骗子属于哪个种姓。然而，当骗子来自其他种姓时，来自高贵种姓的人却非常乐意惩罚那些伤害到自己同一种姓成员的骗子。即便把财产、受教育水平和政治参与度考虑在内，种姓的影响依然是相同的：已经获得特权的人是相互支持的。

霍夫认为，愤怒的惩罚和强烈的群体认同在高贵种姓家族里传承了下来，因为这有助于维持他们的权利。考虑到高贵种姓在印度享有特权的历史相当地长，因此，这些处事态度看来也已经在许多家族里传承了几百年。

对于霍夫这样研究发展的经济学家来说，首要问题是这些极端的古老处事态度能否改变。她对此充满希望，并给我讲述了一项最新研究。这项研究跟踪了1993年宪法修正案颁布以来，在印度社会中发生的一些变化。1993年的宪法修正案要求在三分之一的印度村庄里，村长一职必须预留给妇女。她说："他们发现在短短的七年当中，接触女性村长根除了男人评价女性领导时带有的偏见。虽然男人仍然不喜欢女性领导人，但是他们在评价女性领导人的政绩时，也还算公正。父母对于女儿的期望值提高了，即便村长没有凌驾于警方之上的审判权，而且公开报道家庭暴力的层级也得到了提升。即便在取消这种预留职位以后，妇女仍然可以参加竞选，而且比过去更有可能获得竞选。研究结果预示着社会文化发生巨变的可能。"

霍夫还说："如果你认为文化就是一套实际的经验——不要相信女性，不要选女性当领导，也不要让女儿受教育——那么它就很难去改变了，因为这些是你从小就耳濡目染的。"

现在，我们用以了解文化历史和个人历史的工具非同一般。比方说，如果人人都做了DNA分析，并且把这些信息同自己的历史信息联系起来，那将会非常接近人类历史这本书了。但是，我们应该去做DNA分析吗？这其中有现实的考虑和潜在的负面结果，涉及保险、隐私、健康等问题，还有整个行业如何发展的问题。任何想要分析自己DNA的人都要考虑这些因素。

2010年，我在一家名叫deCODEme的冰岛公司做了DNA分析。这是第一家在网络上提供个人DNA深度分析的机构。它的母公司deCODE是基因组研究领域知名的创新公司。2013年，deCODE公司被一家世界最大的生物药品公司接管，属于公开交易。估计这家收购deCODE的公司肯定要回答投资者如何从中获利的问题。从那时起，deCODEme公司不再接受新顾客了。

当deCODE公司被出售的时候，我没有收到有关deCODEme暂停服务或deCODE新股东的消息。到2014年5月为止，我还能够登录网站查看deCODEme为我做的DNA分析，但是一直没有更新。我不禁要问，几年以后会出现什么情况？10年以后呢？100年以后呢？如果像这样的公司更换了股东之后，又会遵循哪些政策条款？不同的公司对客户所做的承诺是不同的。对于打算检测自己DNA的人，最明智的做法是首先仔细阅读那些难懂的条款，再送交自己的样本。但是我也在想，无论现在说法如何，任何公司都可能倒闭，你的DNA样本却仍然可以继续存在，并永远指向你。

乔治·丘奇负责哈佛大学个人基因组项目（PGP），其目的是收集大量完整的基因组，以供科学家研究。现在，任何人都可以自愿为工程提供自己的基因组，一旦被接受，他就要缴费测定基因组序列。每年有很多PGP成员都要参加在波士顿召开的专业会议，与会科学家都热衷于探索他们的基因组和由这些基因组表达的特征。在2013年的会议上，我看到PGP成员进行了嗅觉测试、呈送了含有细菌的口腔黏膜，还猜测了一些名人的出身。每个与会者都过得非常愉快。

在一开始，这个项目只有10名志愿者。认知心理学家史蒂文·平克是第6位。他的基因组连同他的病例都可以在网上查到。他当时写道："基因组与互联网一样，信息应该免费。"2014年，他把美国食品与药物管理局对23andMe公司的干涉称为监管过度。他说："人们更多地了解自己的基因组并无害处，如果他们想这么做，那么不关政府的事。"PGP的第4位志愿者、杜克大学的教授米沙·安格里斯特告诉我，基因组序列会改变他的自我认知，这种预期的感觉比了解事实本身更棒。现在，安格里斯特每隔几个月就检查一次基因组，他说："我注意到，原先被定为高危倾向的等位基因已经被调低风险等级了。这是意料之中的事，当我们给越来越多的基因组测定序列时，我们才开始发现那些变异（看上去真的会破坏某种蛋白质的变异）其实在我们身边比比皆是。"他又补充说："这也提醒了我们自己是多么幼稚，而且对人类生物学的理解又是多么浅薄。"

我遇到的第3位PGP志愿者是投资人兼技术评论员埃丝特·戴森，她跟我说，她小时候得过水痘，于是每天都要仔仔细细地数一数脸上起的水泡。那个时候她就对"量化自我"很好奇。现在，她从量化的基因组中了解到什么了呢？她说，实际上这不是什么大事，对大多数人来说都是如此。她解释说："就像了解美国历史一样，你可能对你自己了解并不多，但是对历史背景却了解很多。作为一个受过教育的人，这是你应该知道的东西……它会使你对事物有更深的理解。"

她想了想，又补充道："实际上，我有一个APOE4变异，这说明我患阿尔兹海默症的概率比别人高了一倍，但是说实话，这并没有改变我的生活，也没有改变我对事物的看法。我清楚地知道有一天我会死去，其他所有事情都是细枝末节。"

丘奇跟我说，在项目发展的初始阶段有一点是很清楚的：这个项目无法确保传统实验对象拥有的隐私保护。DNA是一个不容忽视的身份特征，而在我们生活的时代，一旦把信息放入公版领域共享，就再也无法把它撤回了。事实上，2013年的一项研究显示，运用另一个数据库（千套基因组项目）中的DNA数据，再加上其对外公开的年代和地点数据，研究人员能够使用一个家族家谱网站，按照姓名来识别出千套基因组中挑选出来的五个人。因为他们一旦发现了个人的家谱，也就找到了他们的家族。

丘奇的方法是请志愿者"公开同意"，意思是不承诺实行匿名制。志愿者要接受咨询和审查，他们必须证明自己在加入项目之前就了解了面临的风险。

很多我采访过的人都担心保险公司可能会获取他们的基因数据（尽管大多数DNA并不起决定性作用），并且根据这些数据调整他们的保单。这种担心是有根据的。近来在美国，反基因信息歧视法案（GINA）防止了健康保险公司强迫投保人提供基因信息的情况发生，但是如果保险公司已经知道存在某种健康风险，那么他们就可能要求某个人接受特定检测。不过，反基因信息歧视法案不适用于人寿、残疾和长期护理保险。在英国，暂停向保险公司提供DNA检测结果的法案数次延长期限，目前有效期到2017年。然而，英国保险公司要求人寿保险的保额超过50万英镑时必须向其公布亨廷顿病的检测结果。在澳大利亚，接受基因检测的人可能会被迫向保险公司提供检测结果。2013年，一家保险公司甚至为投保人提供打折的基因检测服务。这项服务美其名曰帮助人们关注自身健康，但是却在条款说明中声明投保人必须公开检测结果。目前，很多欧洲国家都禁止基因歧视，但在加拿大却没有这样的法律。

现在，政府在做大规模全基因组关联方面的研究，以调查普通疾病和罕见基因变异，人口之间的生物联系网络只会不断增长。除了美国、英国和许多欧洲国家的研究项目以外，位于北海的法罗群岛（维京海盗在9世纪时曾在此定居）政府也计划为全部五万人口进行基因组测序。这些项目会有很大的收获，但如果监管不到位的话，人们很想知道保险公司和医药公司在掌握了我们子孙后代（甚至在他们出生以前）的基因信息后将如何对待他们。

抛开保险不谈，在今后几年中，随着缺失的遗传信息得到填补，我们将会读到更多关于遗传和健康的故事。除了遗传以外，研究人员还要考虑社会经济的影响，这一点很重要，要时刻牢记。即便是现在，很多研究也显示，表面看来是某一人群具有某种疾病的遗传倾向，如2型糖尿病，但实际上是社会经济影响的结果，或者是遗传与社会经济共同作用的结果。

随着研究人员对文化和DNA的理解逐渐加深，最令人激动的前景也许是一个更大的知识综合体系，它能够解释历史影响DNA的方式，以及DNA影响历史的方式，这两者都以某种形式作用于我们身上，无论是我们个人还是家庭。最近，有一项欧洲民间故事方面的调查，运用了人口遗传学的技术来研究这些传说的地理分布。研究人员发现，这些传说的地理位置分布与基因的分布相同，而且我们可以通过一个故事的不同版本来确定语言和民族的边界。实际上，地理和语言边界对于民间故事的影响要大于基因的影响，这说明基因在人口群体之间的交融更加细腻。就群体之间的融合来说，即便语言不通，两个人之间的基因融合也比故事跨越语言进行传播更为容易。这或许正如遗传学家兼科学博客作者拉吉比・汗所说的那样，文化是博大厚重的，而基因是光滑细腻的。

既然我们可以清楚地看到什么传承给了我们，那么，我们能否有选择地阻止哪些东西传承下去，哪些东西继续传承、如何传承呢？毫无疑问，我们会继续借助所有的传统方式进行传递，但是我们也多了一种全新的方式。科学家们注意到了DNA是一个存储高密度信息的非凡介质，他们已经开始探索将其作为数字化存储设备的潜能。在20世纪末，人们就开始尝试利用DNA进行几个词的编码，10年以后，科学家就能够把复杂的故事记录在DNA上了，这包括马丁・路德・金的演讲《我有一个梦想》，一篇科学论文，当然还有莎士比亚的十四行诗。坦率地讲，这项新技术有可能为古老的DNA“羊皮卷”书写上更多的内容。

致谢

请允许我对以下人士表示感谢和敬意：

Misha Angrist、Andrew Appleby、Tony Arthur、Gil Atzmon-Druze、Holly Choon Bachman、Barbara Barandun、Nola Beagley、Alan Bittles、Blaine Bettinger、Cinnamon Bloss、Sir Walter Bodmer、Baiying Borjigin、Jeff Carroll、Stanley Chang、George Church、Anna DiRienzo、Peter Donnelly、Eric Durand、Esther Dyson、Eran Elhaik、Eric Ehrenreich、Jim Ericson、Yaniv Erlich、Edward Farmer、Ellen Gunnarsdóttir、Marc Feldman、Cassandra Findlay、Jill Gaeiski、Ivy Getchell、Leanne Goss、Robert C. Green、Bennett Greenspan、Colin Groves、Helen Harris、John Hawks、Brenna Henn、Karla Hoff、Evan Imber-Black、Dan Jones、Turi King、Damian Labuda、David Allen Lambert、Andrei Lankov、Stephen Leslie、Donald MacLaren、Joe Mauch、Janet McCalman、Gavan McCarthy、Michael McCormick、Rhonda McClure、Glynis McHargue Patterson、Robert McLaren、Garry McLoughlin、Geoff Meyer、CeCe Moore、Joanna Mountain、David Murray、Leo Myers、Paul Nauta、David Noakes、Robert Noel、Nathan Nunn、Paul Nurse、Katy Oh、Peter Pan、Nick Patterson、Steven Pinker、Ugo Perego、Peter Ralph、David Reich、Mark Robinson、Thomas Robinson、Wendy Roth、Jacqueline Ross、Kevin Schurer、Richard Scott、Leonie Sheedy、Guido Tabellini、Shelly Tardashian、Jay Verkler、Nico Voightländer、Jennifer Wagner、Leonard Wantchekon、Bruce Whinney、Sloan Williams、Wayne Winkler、

Scott Woodward。

特别要感谢Gisela Heidenreich、Gudrun Sarkar和 Wolfgang Gliebe。

对于那些同我私下会谈，但没有留下记录的所有人士，表示感谢。

感谢Debra Hine，没有你的帮助，本书的出版还会推迟很多年。

感谢Daniela Diedrich，祝你早日获得博士学位。感谢Eric Maisel和Razib Khan。

感谢Gavan McCarthy为我提供有关Heinlein的引述。感谢Helen Harris给我提供了精湛的专业知识。特别要感谢Alison Alexander同我度过了一个愉快的下午。

感谢艾伯特斯堡女修道院和那里的所有工作人员。

感谢可爱的Stephen Armstrong给我提供机会，使我对问题进行深入广泛的思考。

感谢范围广泛的写作组，包括Simon Caterson和Cordelia Fine。感谢Anne Baker和John Katinos给予我的热情招待。还有你PP，非常感谢。还要特别感谢Sheri Fink、Susan Cain、Monica Dux、Caleb Crain、Peter Terzian、Libba Bray和 Marci Alboher。

Amanda Schaffer给了我很大的启发，十分感谢！

对于和蔼可亲又才华横溢的Shelagh Lloyd表示感谢。

感谢从事北欧海盗和威廉·莫里斯研究的所有人士，包括Francesca Belanger、Hilary Roberts、Nicholas Bromley、Hal Fessenden， Shannon Twomey，更要感谢我的编辑Rick Kot和我的代理人Jay Mandel。

本书中的一些论述引自我发表在《周日时代》《愉快周末》《月刊》《麻省理工科技评论》等杂志和NewYorker.com 的文章，在此，我想对给我的写作提供帮助的John van Tiggelen、Ben Naparstek、Mary-Anne Toy、Brian Bergstein、Jay Kang，以及其他杂志的编辑表示感谢。

Nessie借给了我私人藏书，在此我深表感谢。

另外，我还要感谢Bob和Eileen Jukes同我分享家谱。

感谢Damien Kenneally和Mary Kenneally、Conrad Mackle、Angela Kenneally、Michael Jukes以及Allen Baldwin。

对于我的父母、Hugh、Katherine、Steve、Angie、Mick、Shelagh和Simon，我深表感谢。

最后，对我的丈夫Chris Baldwin以及儿子Nat和Fin，除了道声谢谢外，更要说一声：我爱你们！